アイヌ 敍事詩, 神謠・聖傳の研究

아이누 서사시, 신요・성전의 연구 1

〈지식을만드는지식 고전선집〉은
인류의 유산으로 남을 만한 작품만을 선정합니다.
읽을 수 없는 고전이 없도록 세상의 모든 고전을 출판합니다.
오랜 시간 그 작품을 연구한 전문가가
정확한 번역, 전문적인 해설, 풍부한 작가 소개, 친절한 주석을
제공합니다.

アイヌ 敍事詩, 神謠·聖傳の研究

아이누 서사시, 신요·성전의 연구 1

구보데라 이쓰히코(久保寺逸彦) 지음

이용준 · 홍진희 · 박현숙 옮김

대한민국, 서울, 지식을만드는지식, 2025

편집자 일러두기

- 이 책은 일본 이와나미 쇼텐(岩波書店)에서 출간된《アイヌ敍事詩. 神謠・聖傳の 硏究》(1977 초판)를 원전으로 삼아 번역했습니다. 이는 저자 구보데라 이쓰히코(久保寺逸彦)가 1960년 취득한 박사학위 논문을 여러 사람의 손을 거쳐 정리한 것입니다. 출간을 위해 마지막으로 정리한 사람은 문화인류학자 사사키 도시카즈(佐佐木利和)입니다.
- 홋카이도 아이누족은 문자가 없습니다. 따라서 이 책은 채록한 '노래(서사시)'를 로마자로 음차하고, 이를 일본어로 대역하고, 이걸 다시 한국어로 번역하는 과정을 거친 것입니다.
- 구보데라의 처음 원고 구성은 1. 대역편(對譯篇), 2. 주해편(註解篇), 3. 설화편(說話篇)으로 되어 있습니다. 이 번역본은 그중 대역편(對譯篇)을 옮긴 것입니다. 대역편은 〈아이누 서사시, 신요 · 성전의 연구 개설(アイヌ敍事詩. 神謠·聖傳の硏究槪說)〉, 〈신요(神謠)〉, 〈성전(聖典)〉으로 구성되어 있습니다. 이 책에서는 지식을만드는지식의 고전 출간 콘셉트에 맞게 서사시인 〈신요〉와 〈성전〉을 앞에 배치했고 〈연구 개설〉을 곁텍스트화하여 뒤에 두었습니다.
  그러므로 이 책은 구보데라의 저술을 이와나미 쇼텐에서 한번, 지식을만드는지식에서 다시 한번 편집한 셈입니다.
- 원전에는 길고 짧은 신요와 성전 160여 편이 수록되어

있습니다. 이 책에는 신요 106편, 성전 18편, 총 124편의 작품을 실었습니다.

- 각 서사시에는 시의 내용 설명이 함께 수록되어 있습니다. 이 책에서는 '내용 해설'이라고 제목을 달았습니다. 내용 해설은 주해편의 머리에 각각 정리되어 있는 부분을 사사키 도시카즈가 단행본으로 출간하면서 대역편으로 옮겨 놓은 것입니다.
- 한자의 병기는 각 서사시를 이해하는 데 도움이 된다고 판단되면 앞에서 나왔더라도 중복해서 병기했습니다.
- 한국어에는 없는 일본식 단어와 일본식 한자 병기는 한국어로 풀거나 한국에서 사용하는 한자로 바꾸지 않고 원문을 존중해 그대로 두고, 필요한 경우 주석을 붙였습니다.
- 신(神)은 모두 일관되게 띄어쓰기를 적용했습니다. '포창(疱瘡) 신', '순행(巡行) 신' '사슴 신' '물고기 신' 등.
- 주석은 책 전체를 통해 처음 나오는 것에만 붙이고 이후 반복되는 경우에는 붙이지 않았습니다.
- 주석은 지은이가 직접 붙인 것과 옮긴이가 붙인 것 두 가지가 있습니다. 지은이가 붙인 주석은 '(지은이 주)'로 표시했습니다. 그 외 주석은 모두 옮긴이가 붙인 것입니다.
- 각 서사시에서 같은 용어가 반복되어 일일이 각주로 설명하는 데 한계가 있다고 판단, 독서에 도움이 되도록 반복되는 용어 몇 가지를 추려 내어 아래 설명을 붙였습니다.

거마(巨魔) : 이 단어는 원문을 따랐다. 우리 표현으로 대마(大魔)의 의미이다.

고창(高窓) : 높이 뚫려 있는 창문. 신창과 같은 개념으로 날아다니는 신(조류)이 드나든다.

고천원(高天原) : 신요에는 높은 하늘(上天), 낮은 하늘(下天), 높은 하늘(高天) 등의 표현이 등장한다. 신이 되어 승천한 신들이 거처하는 하늘에 등급이 있는 느낌이다. 고천원은 높은 하늘나라에 있는 벌판이다.

목폐 : 나무로 만든 이나우.

본주(本州) : 혼카이도.

비행자재(飛行自在) : 자유자재로 비행함.

식저(食箸) : 식사할 때 쓰는 젓가락.

신창(神窓) : 오로지 신만이 출입하는 창문으로 사냥한 짐승, 물고기 등을 집 안으로 들일 때, 밖으로 내 갈 때 반드시 이용하는 창이다. 동쪽을 향해 있다.

아쓰시(厚司) : 아이누인들이 옷감으로 쓰는 난티나무 껍질로 짠 두껍고 질긴 천이다. 앞치마나 작업복으로 쓰인다.

아에오이나 신 : 전승(傳承) 신. 오키쿠루미.

아이누락쿠루 : '인간 냄새가 나는 반신반인의 신'.

오키쿠루미 : 아이누의 시조 신으로 천상에서 인간 세계에 강림하여 아이누 문화의 기초를 개척했다고 믿어지는 신이다. 아에오이나 카무이, 아이누락쿠루, 오키쿠루미, 오키키루무이, 오키키루마 등으로 불린다.

이나우(木幣) : 사냥 후 자신에게 잡힌 짐승 혹은 물고기를 신의 현신이라 여기며, 그 신에게 감사의 뜻으로 바치는 공양물이다. 주로 나무로 만든다. 신에게 감사함을 표시할 때는 반드시 등장한다.

주저(酒箸) : 술을 젓는 젓가락. 신이 인간에게 자신의 의도를 전달할 때 쓰는 제기이다. 일본에서는 현재도 사용하고 있다. 인간의 기원 의도를 전한다고 한다.

포창(疱瘡) 신 : 천연두의 신.

화인(和人) : 일본인.

횡좌(橫座), 좌좌(左座), 우좌(右座), 향좌(向座) : 신만이 드나들 수 있는 동창(東窓), 신창(神窓)을 기준으로 각 옆, 좌, 우, 맞은편 자리를 의미한다. 신창을 기준으로 부르는 자리여서 각별한 의미를 부여한 것이다.

- 이 작품은 분량이 많아 두 권으로 분권했습니다.
- 외래어 표기는 아이누어에 대해서는 옮긴이의 표기를 그대로 사용했고, 그 외 외래어는 국립국어원의 외래어 표기를 지켰습니다.
- 지은이가 의도적으로 아이누어를 로마자로 표기한 것은 의도를 존중해 한국어 발음을 달지 않고 그대로 두었습니다.
- 괄호가 중복될 때 바깥의 괄호에는 [ ]를 사용했습니다.

자서(自敍)

상기해 보건대 필자가 처음으로 홋카이도(北海道) 도카치(十勝) 오비히로시(帶広) 시내, 후시코(伏古, 현재 오비히로시에 편입) 부락을 방문한 것은 벌써 오래전 일로 1922년 국학원대학(國學院大學) 재학 중 여름방학 때였다.

이듬해 1923년 8월에도 10여 일, 필자는 은사 긴다이치 교스케(金田一京助) 박사의 유카라 탐방 여행에 동반을 허락받아, 아이누 고유문화를 최고조로 발달시켜 펼쳐 가는 생활 속에서 더욱 옛 관습을 짙게 남기고 있던 도난(道南) 히다카(日高) 사루강(沙流川) 유역 마을을 방문했다.

이 사루(沙流) 여행이 필자에게 일생일대의 전기가 되어 학문의 방향성을 결정하게 되었다. 이로써 오늘날까지 홋카이도 혹은 가라후토(樺太)에도 몇 차례 방문하고, 또 아이누 노인들을 도쿄로 초대해 그 언어, 전승문학, 종교 의례 등의 채록 연구를 계속해 왔다.

그러는 동안 아이누 전승문학에 관한 자료 채집 노트는 산만큼 쌓이게 되었다. 1934~1937년 4년 사이에 다행히도 거액의 연구비를 받아 홋카이도, 가라후토 주요 부락을 탐방하고, 많은 아이누 노인들을 만나 아이누 문학, 즉 각종 서사시군, 서정시군, 산문 설화군을 귀로 듣고 녹음하는 행운을 얻기도 했다. 그 결과 필자는 아이누 문학을 노래하는 것으로, 가요로, 혹은 이야기하는 것으로서, 음악적 관련성도 고찰하며 다소의 식견을 얻게 되었다.

본고《아이누 서사시, 신요 · 성전의 연구(アイヌ敍事詩. 神謠 · 聖傳の硏究)》는 필자가 아이누 노인들로부터 채집한 신요와 성전[신요는 카무이 유카르(Kamui-yukar)의 역어, 성전은 오이나(Oina)의 역어, 이 둘은 긴다이치 박사에 의한 역어] 채집 노트 20여 권에 있는 160여 편 가운데 신요 106편을 선택하여 다음 3부작으로 정리했다.

1. 대역편(對譯篇)

채록한 원시(原詩, 약 35000행)를 로마자로 표기하고, 이를 문어 혹은 구어로 대역한 것.

2. 주해편(註解篇)[1)]

원시에서 중요구, 상투적 표현구 3500구를 적출해 이에 어학적 주해와 아이누의 언어적 표현 배경을 가져오는 아이누의 생활, 풍습, 신앙 등에 대해 필요한 정도의 해명을 시도한 것.

---

1) 이 책에서는 생략했다.

3. 설화편(說話篇)[2]

1의 원문, 대역편만으로는 신요 · 성전을 신화 내지 설화로 그 대강을 파악하는 것에 불편함이 있어 원시를 일인칭 서술 설화체로 써 내려간 것.

보고에 채록한 자료 가운데 시간적으로 가장 오래된 것은 1929년의 2편, 가장 나중의 것은 1950년의 2편이다. 1932년의 53편, 1936년의 53편이 대부분을 차지하고, 그 밖에 1934년의 2편, 1935년의 9편, 1940년의 3편이 포함되어 있다.

채록 자료의 전승지는 히다카 사루강 유역의 신비라가[新平賀, 현재 후쿠만(福満) 부락], 니나(荷菜), 히라토리(平取, ひらとり), 니부타니(二風谷, にぶたに), 이부리(胆振) 지토세(千歳) 란코시(蘭越), 이시카리(石狩) 아사히카와(旭川) 지카부미(近文) 여섯 부락으로, 그 가운데 지토세의 2편, 지카부미의 5편을 제외하면 대부분을 차지하는 117편은 도난(道南) 사루강 유역의 소전(小傳)이다. 이 점에서는 사람들의 지적이 있을 수 있다. 본고에 채록된 지역은 너무나도 국지적이고 편재적이다. 이에 대해 필자는 전 홋카이도, 가라후토 각지에 걸친 전 아이누 문학에 관한 자료로서는 본고가 부족한 점이 있어 아이누 문학을 논하기에는 충분치 못하다고 절감하고 있다. 따라서 장래 적절한 기회와 좋은 전

2) 이 책에서는 생략했다.

승인을 만날 수 있다면 다른 지역의 자료 수집에 나서 본고의 자료를 보충하고 아이누 문학을 일대 결집하고 싶다는 생각이다. 자료 수집에 대한 열망은 끝이 없으나, 필자로서는 사루 이외의 지역, 특히 도중(道中), 도동(道東)에서는 사루강 유역의 각 부락만큼 뛰어난 전승 시인을 만날 수 없고, 필자 자신의 능력에도 한계가 있어 현재로서는 이런 상황이 최상이 아닌가 싶다.

본고가 수집한 신요 · 성전 전승자는

1. 히다카 사루 신비라가의 히라가(平賀) 에테노아 노파(별명 : 야이푸니레, 52세), 히라가 투몬테 노파(전승 시인 야얀의 언니) (4편)

2. 히다카 사루 니나의 히라메(平目) 카레피아 노파(산게레키 옹의 딸) (50편)

3. 히다카 사루 히라토리(平取)의 타이라무라(平村 たいらむら) 카눈모레 노파(전승 시인 코탄피라의 처) (3편)

4. 히다카 사루 니부타니(二風谷)의 니타니 구니마쓰(二谷国松) 씨(니스렛타루) (8편)

5. 이부리 지토세 란코시의 이와야마(岩山) 요네 여인[소지로(宗次郎)의 처] (2편)

6. 이시카리 아사히카와 지카부미의 시카타(鹿田) 시무카니 노파[이시카리 가바토군(樺戸郡) 신토쓰카와(新十津川) 도쓰메니[도로가와(泥川)현 도쿠토미(德富)의 호족] 가바칸타로(樺貫太郎)의 여(女)] (5편)

7. 히다카 사루의 7인이다.[3)]

그 가운데 히라가 에테노아 노파가 1932년 8월 말부터 1933년 4월 중순까지, 히라메 카레피아 노파가 1936년 1월부터 4월 말까지, 당시 도쿄 나가노(中野)에 있던 필자 자택에 머물며 본고 수록 자료를 비롯해 다른 전승 자료를 필자에게 전해 주었던 일에 대한 감사는 말로 다하지 못할 것이다.

또 니타니 구니마쓰 씨는 1923년 이래 필자의 지우(知友)가 되어 협력을 아끼지 않았던 사람으로, 필자의 집에 1935년 1월부터 4월 초까지 머물며 본고 수록 자료를 비롯해 아이누의 제사 의례에 관한 풍습을 필자에게 알려 주었을 뿐 아니라, 수차에 걸쳐 필자의 채집 여행에 동반해 주어 채집 활동에 도움을 준 은인이기도 했다. 특히 1950~1954년 4년간 초고 원본의 정정, 대역의 적정화에 대한 필자의 질문에 응해 주어서 정리에 커다란 도움을 받았던 일은 어찌 감사해야 할지 모를 지경이다.

히라가 에테노아의 1929년 채집 2편, 히라무라(平村)의 카눈모레 노파, 히라가의 쓰몬테 노파, 이와야마의 요네 여, 시카타의 시무카니 노파의 자료들은 모두 현지에서 채록한 것이다.

일곱 명의 전승 시인 가운데 현 생존자는 이부리 지토세

---

3) 노파, 여 등으로 표기한 것은 채집 당시 연령에 따랐다. (지은이 주)

의 이와야마 요네 씨(현 60세 가까운 나이)뿐으로, 다른 분들은 모두 고인이 되었다.

특히 필자가 가슴 아팠던 일은, 올해 2월 4일에 니타니 구니마쓰 옹이 세상을 떠난 일이다. 필자의 원고가 완성되기를 손꼽아 기다리셨을 터이니, 필자의 노력 부족에 대한 아쉬움과 함께 인생무상을 통감하게 되었다.

필자가 본고 머리에 이러한 전승 시인을 조명하는 것은 이분들에 대한 감사의 마음과 함께 깊은 인연을 생각해서다.

이들 7인으로부터 얻은 신요 · 성전 자료는 각각 특질 장단이 있고, 개인차가 보여 일관되지 않는다. 이에 대해 필자의 감상을 말하자면 다음과 같다.

히라가 에테노아 노파의 전승은 예스럽고 소박한 사루 전승 형식을 떠올리는 데 부족함이 없고 고아(古雅)하며, 아어(雅語)의 상투구와 대구법의 수법으로 서술해 사곡(詞曲, Yukar)의 그것에 공통하는 점이 많다. 신요 · 성전이 무녀의 탁선가(Tusu shinotcha)로부터 발생했음을 상기시키는 호재료일 것이나, 용장(冗長)하여[4] 구절의 움직임이 완만하다는 느낌을 지울 수 없다.

히라메 카레피아 노파의 전승은 전승자가 산문설화에 이름 있는 화자여서일까, 에테노아 노파와 비교하면 다소 의

---

4) 용장(冗長)하여 : 글이나 말 따위가 쓸데없이 길다.

미가 희미하다. 용어 표현에서도 서술에 깨어진 느낌이 있고 구절의 움직임도 빠르나 이해하기 쉬웠다.

히라가 투몬테, 히라무라 카눈모레 두 노파의 것은 앞의 두 전승자의 중간쯤 되는 것처럼 보인다. 때때로 산만함이 보이는 것은 채록 당시 전승자와 필자의 호흡이 잘 맞지 않았던 때문이 아닌가 하는 생각이다. 그렇지만 거기에 나타나는 표현과 고풍스러운 사고는 카레피아 노파 등의 것보다 조금은 예스럽다는 생각이 들었다.

니타니 구니마쓰 씨는 사루 유일한 사람이라 할 만큼 고사(古事) 의례(儀禮)에 정통한 사람으로, 특히 제사·의례 등에 깊은 지식을 갖추었다. 그렇지만 신요 등에는 그다지 깊이가 있는 것 같지는 않았다. 그의 용어나 표현은 극히 정확하고 합리적이었지만 설화의 가장 중요한 포인트나 모티브를 빠트리고 있었다.

지토세의 이와야마 요네 씨로부터 채집한(1934) 2편은 당시 전승자가 31, 32세의 젊은 나이임에도 당당한 표현을 보여 주어 이부리 전승의 중요한 자료로 삼을 만했다.

아사히카와 지카부미의 시무카니 씨의 전승 5편은 사루, 이부리의 것과는 상당히 다른 어구 표현이 보이고, 고아한 모습과 정확한 어법으로 풀어나가 홋카이도 북부 지방 방언으로 전승된 서사시의 주옥같은 명편을 보여 준다.

《아이누 서사시 신요·성전 연구》에는 많은 자료와 관련

논고(論攷)를 참고했다. 은사 긴다이치 교스케 박사의 《아이누 성전》(1923), 《아이누 서사시 유카라 연구 1》(1931), 《아이누락쿠루의 전설》(1924), 《아이누 신전(神典)》(1943), 《아이누 문학》(1933), 《아이누 연구》(1925), 《유-카라》(1936), 《학창수필(學窓隨筆)》(1936), 《아이누 서사시 유-카라》(岩波文庫, 1936), 그 밖에도 많은 논문에 원문 대역에 각주를 붙인 것, 혹은 원문 대역한 것, 경개(梗概)한 것 등을 비롯해 다양한 형태로 발표된 수많은 자료들의 도움을 받았다. 또한 지리 유키에(知里幸恵) 씨의 《아이누 신요집》(1923)에서 이부리 호로베쓰(幌別)의 신요 13편을 원문 대역한 것이 있고, 존경하는 친구 홋카이도대학 교수 지리 마시호(知里眞志保) 박사도 《아이누 문학》(1955년), 《유-카라 감상》(1956), 《아이누 가송(歌誦) 제1집》(1948)의 단행본 세 권 외에 〈가라후토(樺太) 아이누 신요〉(1953), 〈아이누 신요〉(1954) 등을 제공했다.

필자가 직접 연구한 자료 또한 활용했다. 1931년 이래 원문 대역과 그에 대해 해석한 10편[이들을 본고에 개역(改驛)하여 재록했다]과 〈아이누 음악과 가송(歌誦)〉(1939), 〈아이누 민족의 가송〉(1951), 〈아이누 문학 서설〉(1956) 등이다.

본고 수록 성전 124편과 긴다이치 박사, 지리 박사, 지리 유키에 씨의 채집 발표된 자료와의 비교는 '대역편' 각 편에 언급하고 있다. 이전(異傳)이나 유형에서 겹치는 부분이 적지 않은 것은, 아이누 서사시의 성립, 전승의 변이, 전승인의 개인차, 발달, 설화화, 붕괴, 분열 등의 과정을 아는 데 도움이 될 것이라 믿는다. 긴다이치 박사의 《아이누 성전》에 담겨 있는 8편은 박사가 채집한 신요 · 성전 가운데 일품 중의 일품이어서 아이누 서사시의 대표작이라 할 만하다.

또 지리 유키에 씨의 《아이누 신요집》 13편은 이부리 해안지대의 것으로, 히다카 사루 근방의 것보다 고아함을 잃은 것이 아닌가 싶은 데 반해, 표현 서술의 수사적 기교가 현저하게 발전하여 진정한 문학적 영역에 한발 나아갔다는 생각이 들 뿐 아니라, 문학적 재능이 뛰어난 재원 유키에 씨에 의해 잘 정리되어 장황한 서술을 피하고 아름답게 기록될 수 있었다.

본고 수록 124편은 명품을 골라 놓은 것은 아니다. 수가 많은 만큼 독자로 하여금 감흥을 떨어지게 할 수도 있을 것이라는 생각에 필자는 잠시 주저하기도 했다. 하지만 이것들은 아이누 문학의 기록으로서 나름의 존재 가치가 있을 것이다.

대전(大戰) 전, 필자의 홋카이도 채집 여행은 1941년 여름을 끝으로 중단될 수밖에 없었다. 중일전쟁, 제2차 세계대전 무렵, 아이누 취락 사정은 급변하고 말았다. 가라후토 아이누는 고향을 떠나 홋카이도로 이주했고, 홋카이도 아이누 또한 내지인과의 혼혈로 형질적 특질을 상실했고, 고유문화의 멸실, 혹은 변용, 생활양식의 향상과 신생활에 적응하는 속도는 놀라울 정도였다. 현재 아이누어는 일상어로서의 기능을 거의 상실했고, 마을에서 그 모습을 찾아보기 어려워지고, 아이누어를 사용하는 노인들조차 거의 자취를 감추게 되었다. 따라서 고사를 이해하고 아어에 의한 서정시를 전승하는 시인들도 사라지기에 이르렀다. 또한 겨우 살아남은 전승 시인들조차 이것을 믿고 향유하는 마을 사람들의 지지 없이는(젊은 세대는 더욱 관심을 갖지 않고) 음송하는 기회조차 없어 오랫동안 기억해 온 서사시도 사라지는 지경에 이르고 말았다.

그러므로 현재 아이누 민족에 의해 전승되어 온 서사시도, 서정시도, 산문 설화도, 이를 채집하는 일은 불가능에 가까운 일이 되고 말았다.

이 같은 의미에서 필자의 졸고가 사라져 가는 아이누 문학의, 혹은 아이누 전승문학의 귀중한 전승 계기라 생각된다면 필자로서는 더욱 고맙고 다행한 일이 아닐 수 없다.

본고는 또 필자 자신에게도 인생 편력의 여행자로서 마음의 이정표이다. 본고를 새로운 출발점으로 하여 본고에 수록된 것 이외에 필자의 손에 남겨진 수집 자료를 정리하고, 아이누 연구의 대성을 향해 결코 수월치 않은 학문의 길에 때때로 찾아오는 외로움과 권태를 견디고, 조용히 한 발 한 발 내디딜 생각이다.

이 소소한 결과는 젊은 날 불민(不敏)한 필자에게 학문의 길에 눈을 뜨게 해 준 이래 오늘날까지 아낌없는 지도 편달을 보내 주신 긴다이치 교스케 박사에 대한 보은의 리포트이다.

다년간 필자에게 친절을 베풀어 주신 홋카이도 사람들에게도 감사 인사를 드린다.

1960년 3월 17일

구보데라 이쓰히코(久保寺逸彦)

추기(追記)

본서는 1971년 11월 5일에 세상을 떠난 구보데라 이쓰히코 선생이 국학원대학에 학위 논문으로 제출한 것이다.

선생은 다년간 연구 성과의 집성인 본서의 간행을 강하게 희망했으나, 복잡한 조판을 필요로 하는 원고인 탓에 계획은 용이하게 진척되지 못했다. 다행히도 수준 높은 본서의 연구와 가치의 중요성을 일찍부터 주목했던 도쿄대학의 고(故) 이즈미 세이이치(泉靖一) 선생이 앞장서서 구보데라 선생과 이와나미 쇼텐(岩波岩波書店) 사이를 중개해 주었다. 이즈미 선생의 수고가 없었더라면 본서는 어쩌면 세상에 빛을 보지 못했을지도 모를 일이다.

구보데라 선생은 본서가 세상 빛을 보게 되었을 때쯤에 원고에 손을 보탤 마음이 컸으나 불행히도 병마가 깊었고, 예상을 뛰어넘어 상태가 급격하게 악화해 작업에 관여할 시간적 여유조차 없는 상황이었다. 병마와 싸우면서도 찾아오는 이들에게 간행에 관한 세세한 지시를 하는 등 돌아가시기 직전까지 심혈을 기울였으니, 그 심정은 차마 측량하기 어려울 정도였다. 선생의 유지를 받들어 편집, 간행 준비가 개시된 것은 1주기가 지날 무렵이었다.

원고 정리는 나리타 슈이치(成田修一)가 맡았고, 뒤에

1973년 가을부터는 사사키(佐佐木)가 뒤를 이었다.

본서의 근간으로 사용된 것은 선생이 보존해 왔던 부본(副本, 이하 본서에서는 보존고라 한다)으로, 학위 논문으로 제출된 정본(正本, 이하 본서에서는 제출고라 한다)은 필요에 따라 참조로 정리했다.

정리에서는 원고를 충실하게 재현하는 것으로 했으나, 오자, 탈자 등 명확한 오류라 생각되는 것을 고치는 것 외에는 아래 방침에 따라 최소한의 불가결한 작업을 했다. 이 작업에는 특히 신중을 기했다.

1. 본서의 원고 구성

3부로 했다. 그 가운데 '설화편'도 포함되어 있다.

2. '대역편'에 대해서는,

가. 원고에는 '주해편' 앞에 있는 내용 · 단락 등의 항을 '대역편' 앞으로 옮겼다.

나. 대역문 가운데 있는 주는 *을 붙여 각주로 했다.

다. 각 전승의 10항목마다 행수 표시를 숫자로 넣었다.

라. 저자의 방침에 따라 구어문은 현대 가나를 사용하고 문어문은 역사적 가나를 사용했다.

마. 아이누어의 분철은 모두 원고대로 하고, 조판 관계로 다음 행에 미치는 경우 저자가 −를 붙여 다음 행으로 보냈다.

3. '주해편'에 대해서는,

가. 권말에 주해 색인을 붙여 주해 어구의 검색용으로 두었다.[5)]

나. 주해 어구가 '대역편' 어구와 일치하지 않은 곳이 있으나 원고대로 했다(예 :신요 78의 주해 3 등).

다. 주해 어구가 중복되어 여러 곳에 동일 설명되어 있는 것은 부분 설명을 빼고 (~참조)로 표시했다.

4. 보존고와 제출고에는 다른 점이 있어 이를 대조하여 권말에 보주(補註)했다.

5. 필요에 따라 (주…)를 삽입한 것도 있다. 그 가운데《사서(辞書)》는 저자의《아이누어. 일본어 사서》를 말한다.

6. 문의가 통하지 않는 곳도 글을 고치지 않고 그대로 적어 두었다.

7. 학명에 대해서는 현재 분류학에 없는 것도 있으나 이를 바꾸지 않았다.

8. 주해 색인과 보주의 작성은 사사키가 담당했다.

이상과 같은 방침을 근거로 혹여 선생의 의도에서 벗어난 것이 있다면 그것은 사사키의 책임이 될 것이다.

아이누 문학의 연구사에서 가장 뛰어난 성과는《아이누 서사시 유카라 연구》(긴다이치 교스케, 1931)와《분류 아이누어 사전》(지리 마시호, 1953/1954)을 들 수 있을 것이다.

---

5) 이 책에서는 아이누어 해설을 생략해 출간했다.

본서 또한 내용 연구 수준의 깊이로 보아 당연히 이들에 비견할 만한 저작임은 의심의 여지가 없다.

구보데라 선생은 1902년 홋카이도에서 태어나 1925년 국학원대학 문학부를 졸업했다. 이후 도경부립7중, 도쿄제2사범을 거쳐 도쿄학예대학 교수로 오랫동안 재직하였다. 1966년 정년퇴임 후(동 대학 명예교수), 고마자와(駒澤)대학으로 옮겼다. 그러는 동안 1960년에 문학 박사를 취득하고, 일본민족학회 평의원을 역임하기도 했다.

긴다이치 박사와는 1922년 처음으로 사제 관계를 맺은 이래, 평생 경모의 마음을 품게 된다. 두 선생께서 열흘 남짓한 동 시기에 세상을 떠난 것은 기이한 인연의 끈이 아니었을까? 일찍이 7주기를 맞이하게 되어 늦게나마 선생 영전에 책을 올리게 된 일은 그나마 다행스러운 일이다. 교정에 힘을 보태 준 후미코(芙美子)에게 경의를 표하고, 선생을 추모하는 많은 이들의 조언, 이와나미 쇼텐 담당자의 노고를 영전에 보고하고, 아울러 선생의 명복을 빈다.

1977년 1월

사사키 도시카즈(佐佐木利和)

차 례

자서(自敍) · ix
추기(追記) · xx

신요(神謠)

1 불의 할매 신의 노래 火の嫗神の自敍 · · · · · · · · · · · 3
2 토끼 대장의 노래 1 兎の大將の自敍 · · · · · · · · · · · 18
3 토끼 대장의 노래 2 兎の大將の自敍 · · · · · · · · · · · 27
4 거미 신의 노래 蜘蛛の神の自敍 · · · · · · · · · · · 31
5 저자불명 신의 노래 自敍神不明 · · · · · · · · · · · 41
6 산악을 다스리는 곰 신의 노래 山岳を領く神(熊)の自敍 46
7 아기 곰 신의 노래 1 仔熊の神の自敍 · · · · · · · · · 82
8 아기 곰 신의 노래 2 仔熊の神の自敍 · · · · · · · · · 105
9 아기 곰 신의 노래 3 仔熊の神の自敍 · · · · · · · · · 114
10 산악을 다스리는 곰 신 딸의 노래 1 山岳を領く神(熊)の娘の自敍 · 134
11 곰 신 딸의 노래 熊の神の娘の自敍 · · · · · · · · · 149

12 산악을 다스리는 곰 신 딸의 노래 2 山岳を領する神の娘の自敍 · 162
13 아기 곰 신의 노래 4 仔熊の神の自敍 · · · · · · · · 176
14 나쁜 곰의 노래 1 悪熊の自敍 · · · · · · · · · · · · 192
15 나쁜 곰의 노래 2 悪熊の自敍 · · · · · · · · · · · · 197
16 작은 담비(아이누너구리)의 노래 小さい貉(えぞたぬき)の自敍 · 202
17 호구(戸口)의 신 담비(아이누너구리)의 노래 戸口の神(貉)の自敍 · 212
18 작은 범고래 신의 노래 1 小鯱の神の自敍 · · · · · 223
19 작은 범고래 신의 노래 2 小鯱の神の自敍 · · · · · 230
20 작은 범고래 신의 노래 3 小鯱の神の自敍 · · · · · 237
21 바다 범고래 여신의 노래 沖の鯱の女神の自敍 · · · 242
22 여우 신의 노래 1 狐の神の自敍 · · · · · · · · · · · 254
23 여우 신의 노래 2 狐の神の自敍 · · · · · · · · · · · 258
24 눈먼 여우 신의 노래 盲の狐の自敍 · · · · · · · · · 265
25 여우 신의 노래 3 狐の神の自敍 · · · · · · · · · · · 272
26 수달 대장의 노래 川獺の大將の自敍 · · · · · · · · 286
27 늑대 여신의 노래 狼の女神の自敍 · · · · · · · · · 296
28 요망한 토끼의 노래 妖兎の自敍 · · · · · · · · · · 301
29 토끼 신의 노래 兎の神の自敍 · · · · · · · · · · · · 313
30 토끼 어버이 신의 노래 兎の親方神の自敍 · · · · · 317
31 토끼 대장 신의 노래 兎の大將の神の自敍 · · · · · 324

32 반딧불이의 노래 螢の自敍 · · · · · · · · · · · · · 332
33 매미의 노래 1 蟬の自敍 · · · · · · · · · · · · · · 337
34 매미의 노래 2 蟬の自敍 · · · · · · · · · · · · · · 344
35 매미를 교훈하여 부르는 노래 蟬を敎え戒める神謠 · 350
36 거미 여신의 노래 蜘蛛の女神の自敍 · · · · · · · · · 355
37 용뱀 신의 노래 1 龍蛇の神の自敍 · · · · · · · · · · 367
38 용뱀 신의 노래 2 龍蛇の神の自敍 · · · · · · · · · · 373
39 용뱀 마신의 노래 龍蛇の魔神の自敍 · · · · · · · · · 387
40 붉은 살모사 신의 노래 赤蝮の神の自敍 · · · · · · · 393
41 연어 대장의 노래 鮭の大將の自敍 · · · · · · · · · 397
42 늙은 지렁이의 노래 老いた蚯蚓の自敍 · · · · · · · 401
43 곤줄박이의 노래 山雀の自敍 · · · · · · · · · · · · 407
44 산까마귀의 노래 懸巢の自敍 · · · · · · · · · · · · 412
45 뻐꾸기 신의 노래 郭公鳥の神の自敍 · · · · · · · · · 423
46 늙은 독수리의 노래 年老いた鷲の自敍 · · · · · · · 438
47 부리 가는 새(강까마귀)의 노래 嘴細鳥(川鵜)の自敍 · 445
48 부리 가는 새 여신의 노래 嘴細鳥の女神の自敍 · · · 452
49 부리 가는 새의 노래 嘴細鳥の自敍 · · · · · · · · 463
50 강까마귀 신의 노래 1 川鴉の神の自敍 · · · · · · · 471
51 강까마귀 신의 노래 2 川鴉の神の自敍 · · · · · · · · 477
52 붉은 참새의 노래 赤雀(東蝦夷の女)の自敍 · · · · · 505
53 갈대새 여신의 노래 葦鳥の女神の自敍 · · · · · · · · 511
54 점박이새 신의 노래 1 斑文鳥の神の自敍 · · · · · · · 517

55 점박이새 신의 노래 2 斑文鳥の神の自敍 · · · · · · 523
56 점박이새 신의 노래 3 斑文鳥の神の自敍 · · · · · · 530
57 점박이새 신의 노래 4 斑文鳥の神の自敍 · · · · · · 538
58 점박이새 신의 노래 5 斑文鳥の神の自敍 · · · · · · 546
59 촌주 올빼미 신의 여동생 신의 노래 村主の梟神の妹神の自敍 · 560
60 촌주 올빼미 신의 여동생 신의 노래와 아이누락쿠루의 노래 村主の梟神の妹神の自敍(前半) アイヌラックルの自敍(後半) · 581
61 마을의 수호신(올빼미 신)의 여동생 신의 노래 村の守護神(梟神)の妹神の自敍 · · · · · · · · · · · · · · · · · · 608
62 촌주 올빼미 신의 여동생 신의 노래 村主の梟神の妹神の自敍 · 620
63 괴조(怪鳥) 신의 노래 フ-リ鳥の神の自敍 · · · · · 650
64 괴조(怪鳥)의 노래 1 フ-リ鳥の自敍 · · · · · · · · 654
65 괴조(怪鳥)의 노래 2 フ-リ鳥の自敍 · · · · · · · · 663
66 바다접동 신의 노래 海鵜の神の自敍 · · · · · · · 670
67 청새치의 노래 カジキマグロの自敍 · · · · · · · 677
68 청새치 신의 노래 カジキマグロの神の自敍 · · · · 692
69 고선(古船) 신의 노래 古船神の自敍 · · · · · · · · 700
70 해선 신의 노래 海船の神の自敍 · · · · · · · · · 719
71 노선(老船 : 배의 여신)의 노래 老船(船の女神)の自敍 725
72 저자 불명의 노래 1 自敘神未詳 · · · · · · · · · · 731

73 가정 수호신의 노래 家の守護神の自敍・・・・・・・・739
74 사냥 여신의 노래 1 狩獵の女神の自敍・・・・・・・・746
75 사냥 여신의 노래 2 狩獵の女神の自敍・・・・・・・・755
76 천둥 신의 노래 1 雷神の自敍 ・・・・・・・・・・・762
77 천둥 신의 노래 2 雷神の自敍 ・・・・・・・・・・・770
78 숲의 여신의 노래 ケチャンコロの女神の自敍 ・・・778
79 하늘을 다스리는 여신의 노래 蒼天を領する女神の自敍
・・・・・・・・・・・・・・・・・・・・・・・・793
80 숲속 나무 여신의 노래 森の樹の女神の自敍 ・・・・804
81 물의 여신, 신다운 숙녀의 노래 水の女神, 神なる淑女の自敍
・・・・・・・・・・・・・・・・・・・・・・・・811
82 저자 불명의 노래 2 自敍神未詳・・・・・・・・・・830
83 저자 불명의 노래 3 自敍神未詳・・・・・・・・・・834
84 저자 불명의 노래 4 自敍神未詳・・・・・・・・・・838
85 저자 불명의 노래 5 自敍神未詳・・・・・・・・・・845
86 오키쿠루미 신의 여동생 신의 노래 オキクルミ神の妹神の
自敍 ・・・・・・・・・・・・・・・・・・・・・・850
87 인간 소년의 노래 1 人間の少年の自敍・・・・・・・859
88 인간 소년의 노래 2 人間の少年の自敍・・・・・・・869
89 악신에게 잡혀간 소년의 노래 悪い神にどわかされた少年
の自敍 ・・・・・・・・・・・・・・・・・・・・・883
90 인간 여인의 노래 人間の女の自敍 ・・・・・・・・891
91 미친 여인의 노래 人間の狂女の自敍・・・・・・・・906

92 인간 딸의 노래 人間の娘の自敍 · · · · · · · · · · 909
93 도카치의 늙은 노파가 탁목조를 훈계하여 부르는 노래 十勝の老媼が啄木鳥を教え訓して歌った神謠 · · · · · · · 922
94 사냥꾼 남편(대장)의 노래 狩人の旦那(大將)の自敍 · 926
95 자장가 1 子守歌の神謠 · · · · · · · · · · · · · · · 934
96 자장가 2 子守歌の神謠 · · · · · · · · · · · · · · · 939
97 자장가 3－눈물가 子守歌－涕泣歌 · · · · · · · · · 943
98 메나시 여인의 노래 メナシの女の自敍 · · · · · · 948
99 시비차리(染退)인의 노래 1 染退人の自敍 · · · · · 956
100 시비차리(染退) 추장의 노래 1 染退の酋長の自敍 · · · 962
101 시비차리(染退)인의 노래 2 染退人の自敍 · · · · · 972
102 어느 대장자(大長者)의 노래 或る大長者の自敍 · · · 983
103 저자 불명 신의 노래 自敍神未詳 · · · · · · · · · · 997
104 시누탓푸카 여인(媛)의 노래 1 シヌタップカ媛の自敍 · 1010
105 시누탓푸카 여인의 노래 2 シヌタップカ媛の自敍 1026
106 오타슈쓰 여인의 노래 オタシュツ媛の自敍 · · · 1050

성전(聖傳)

1 아이누락쿠루의 노래 1 アイヌラックルの自敍 · · · 1073
2 아에오이나 신의 노래 1 アエオイナの神の自敍 · · 1087

3 시조(始祖) 신의 노래 始祖神の自敍 · · · · · · · · · · 1098
4 아에오이나 신의 노래 2 アエオイナの神の自敍 · · 1135
5 아에오이나 신의 노래 3 アエオイナの神の自敍 · · 1152
6 작은 오키쿠루미의 노래 1 小オキクルミの自敍 · · 1170
7 아에오이나 신의 노래 4 アエオイナの神の自敍 · · 1179
8 아에오이나 신의 노래 5 アエオイナの神の自敍 · · 1191
9 아에오이나 신의 노래 6 アエオイナの神の自敍 · · 1197
10 아에오이나 신의 노래 7 アエオイナの神の自敍 · · 1202
11 아에오이나 신의 노래 8 アエオイナの神の自敍 · · 1211
12 저자 불명의 노래 自敍者未詳 · · · · · · · · · · · 1218
13 오키쿠루미 신의 노래 オキクルミの神の自敍 · · · 1222
14 작은 아이누락쿠루의 노래 小アイヌラックルの自敍 1228
15 작은 오키쿠루미의 노래 2 小オキクルミの自敍 · · 1236
16 아이누락쿠루의 노래 2 アイヌラックルの自敍 · · 1264
17 아이누락쿠루의 노래 3 アイヌラックルの自敍 · · 1283
18 아이누락쿠루의 노래 4 アイヌラックルの自敍 · · 1291

아이누 서사시 신요(神謠) · 성전(聖傳)의 연구

제1장 아이누 문학과 그 표현에 사용되는 언어에 대하여
· 1307
제2장 아이누 문학의 모든 장르와 그 분류 · · · · · 1328

제3장 무녀(巫女)의 무가인 탁선가(託宣歌) · · · · · · 1336
제4장 신요 · 1363
제5장 성전(聖典) 오이나(Oina) · · · · · · · · · · · · 1378
제6장 영웅사곡(Yukar)과 부녀사곡(Mat-yukar) · · · 1396
제7장 결언. 아이누 문학의 발생적 고찰 · · · · · · · 1427

대역편 · 1434
인용, 참고문헌 목록 · · · · · · · · · · · · · · · · · 1445

해설 · 1461
지은이에 대해 · · · · · · · · · · · · · · · · · · · 1477
옮긴이에 대해 · · · · · · · · · · · · · · · · · · · 1479

신요(神謠)

신요는 아이누의 주체 신들이 자신의 언어로 행동, 경험 등을 표현하는 자서(自敍)를 말한다.

반드시 추임새가 들어간다.

주체 신들로는 동물 신이 가장 많다.

곰, 늑대, 여우, 토끼, 수달, 담비, 범고래, 고래, 쥐(이상 동물), 올빼미, 수리, 반문조, 매, 뻐꾸기, 입큰까마귀, 사십작, 유라시아여치, 바다갈매기, 적작, 갈대새, 탁목조, 공작, 까마귀, 학 등(이상 조류), 용뱀, 비룡, 매미, 개구리, 푸른 뱀, 거미, 반딧불이, 지렁이(이상 곤충류), 청새치(어류), 불의 할매 신, 수렵의 신, 수풀 나무 신, 집 수호신, 물의 여신, 바람 신, 늪 신, 천둥 신, 허공 신, 포창 신(동물 신보다 고차원의 신) 등이 있고, 물의 신으로는 배의 신, 사람 신으로는 메나시의 여인, 시피차라코탄 추장, 사람 여인, 인간 소년, 화인 귀족, 시누탓푸카 숙녀, 오타슈쓰 숙녀 등이 있다.

신요 1

불의 할매 신의 노래

火の媼神の自敍

한눈팔지 않고
오로지 바느질만 하며
언제나 같은 나날을
변함없이 살고 있었지

그러던 어느 날
나의 지아비
받들어 모셔 온 나의 남편은
은으로 만든 빗[6]
여섯 개
나무로 만든 빗
여섯 개를
움켜쥐고 나가서
돌아오지 않았다

---

6) 은으로 만든 빗 : 용변 후 엉덩이를 닦는 똥막대기. (지은이 주)

오랫동안
아주 오랫동안
나 생각하기를

'나는 그저 평범한 신이 아니거늘'

그러고는 또
언제나처럼
곁눈질 않고
오로지 바느질로
일상을 보내고 있었지

그렇게 한참이 지나도록
내가 받들어 모셔 왔던 남편은
돌아오지 않아
괴이하게 여긴 나는
지금까지 써 왔던 바늘을 꺼내
점을 쳐 보니
나의 지아비 신을 탐한
물의 여신이
남편을 유혹해
자신의 집에 숨겨 놓았던 것이었더라

나는 수를 놓고 있던 옷섶에
바늘을 꽂아 놓고
허리춤을 단단히 묶은 다음
비단끈으로 머리카락을 동여매었지
그러고는
비행자재(飛行自在)[7]
신발을 신고
비행자재
장갑을 끼고
황금 부채를 가슴에 품고
물의 여신 집으로 향해 갔지

안으로 들어가 보니
화덕 우좌(右座)[8]에는
물의 여신
신의 모습을 한 숙녀가
횡좌(橫座)에는
사랑하는 지아비가 앉아 있었더라

---

7) 비행자재(飛行自在) : 자유자재로 비행함.

8) 본문 내용 가운데 횡좌(横座), 좌좌(左座), 우좌(右座), 향좌(向座) 등이 등장한다. 이는 신만이 드나들 수 있는 동창(東窓), 신창(神窓)을 기준으로 각 옆, 좌, 우, 맞은편 자리를 의미한다. 신창을 기준으로 부르는 자리여서 각별한 의미를 부여한 것이다.

나는 화덕 옆 횡좌로
걸음을 옮겼지
분을 삭여 가며
화덕 갈고리를 움켜쥐고
앞뒤로 흔들어 대며 말했지

"여봐라
물의 여신아!
내 하는 말을 잘 들어라
네가 감히
내 낭군을 탐하였으니
이는 도저히 용서할 수 없는 일
무술(巫術)로 승부를 보자
내가 너 따위에게 질 일은 없겠으나
만에 하나
내가 지는 일이 생긴다면
네가 바라는 대로
내가 모시며 받들어 온 지아비일망정
너에게 포기할 것이나
네가 질 경우에는
꿈에서라도
나의 지아비
내 모시며 받들어 온 남편과 마주하는 일은

없어야 할 것이다!"

말하고는
황금 부채를 꺼내
좌좌(左座)
돗자리 위에서
재빠르게 싸울 채비를 하였으니

황금 부채
한쪽 면에는
뜨거운 태양광선
고열 햇볕의
두 개 형상
세 개의 형상이
다른 면에는 타오르는 화염
붉은 연꽃을 닮은 화염이
두 개 형상
세 개의 형상이 그려져 있는 황금 부채를 꺼내
물의 여신
신령스러운 여신을 위협할 때
물의 여신 또한
황금 부채를 뽑아 들었으니
한 면에는

얼음 구름 형상이
두 개 형상
세 개의 형상으로
다른 면에는
여름 폭풍우가
두 개 형상
세 개의 형상으로 그려져 있는
황금 부채를 꺼내 들어
얼음 구름이 그려져 있는 그림으로
나를 위협하며
천천히 흔드니
맹렬한 진눈깨비
눈 폭풍이 쏟아져 내리더라

이에 질세라
나 또한
황금 부채를 꺼내
그녀를 향해
뜨거운 태양광선
죽음 부르는 태양광선 그림을
그녀에게 날리니
뜨거운 태양광선
죽음을 부르는 태양광선이 쏟아져

물의 여신은
당장에라도
불에 타 죽을 지경이더라

참다못한 그녀는
내게
여름비 폭풍이 그려진
황금 부채를 뿌리니
맹렬한 여름 폭풍은
또다시 쏟아져 내리고
이에
황금 부채 한쪽에 그려져 있는
불타오르는 화염
붉은 연꽃의 화염을
물의 여신을 향해
서서히 위로
그리고 아래로 흔드니
뜨거운 불의 무지개가
비처럼 쏟아져 내려
무수한 화염 기둥이
돗자리 위로
아래로
비처럼 내려

벽에는
화염이 피어오르고
여신이 입고 있던
소맷단에 옮겨 붙어
아름답게 수놓은 옷
길게 늘어뜨린 옷소매로 번져 가니
물의 여신은
이내 후회의 낯빛이 되어

"진실로
화를 자초한
내 저지른 죄 때문에
이토록 혹독한
벌을 받고 있음이라
진정으로
사죄를 구하노니
존귀한 여신
성스러운 여신이여
마음을 풀고
화해하기를 삼가 청합니다"

그녀가 하는 말을 들으며
마음속으로

이제까지의 전개에 대해
하나하나 되뇌며 생각해 보았으니

　‘처음에 우리가
　천상으로부터
　인간의 땅으로 보내질 때
　인간 땅의 수령이 되어 다스리기 위해 보내졌을 터
　(불의 여신과 물의 여신)
　그럼에도 불구하고
　뻔뻔하게도 무례함을 저질렀으나
　그대가 나에 대한 어떠한 두려움도
　거리낌도 없었다 하여
　잔혹하게 죽인들
　무슨 득이 있겠는가?’

라고 생각하며
문 한가운데 머리를 짓찧고
분을 삭이며
집으로 돌아왔지

그러고 나서 다시금
바느질로 소일하며 보내던
어느 날

문이 열려
돌아보니
나의 지아비
받들어 모셔 왔던 남편이
보따리 하나
등에 지고
집 안으로 걸어 들어와
화덕 머리맡에
보따리를 내려놓았더라

그럼에도 불구하고, 나는
돌아보고도
쳐다보고 싶지도 않아
고개를 돌린 채 돌아앉아
화톳불에 눈길을 둔 채
아무런 말도 건네지 않았지

남편은 보따리를 풀어
안의 것들을 펼쳐 보였으니
여섯 개의 보물과
신의 보물들
영롱하게 빛나는
여섯 개의 보물을 꺼내며

입을 떼어 말하기를

"나의 아내 신이여!
내가 큰 잘못을 저질러
차마 빈손으로 돌아올 수 없어
준비하였으니
이것으로 위로를 대신하였으면 하오"

그의 말에
나는 아무런 대꾸도 없이 있었고
얼마쯤 지나
그는 보자기를 접어
신성한 선반 위에 올려놓았고

그 후로 우리는
내내 함께했더라

* 9)

'불의 할매 신'은 인간 국토가 창조되었을 때, 가장 먼저 이 나라를 수호하기 위해 천국으로부터 강림한 신이라 믿어지며, 항상 인간과 신 사이에서 인간의 말을 신들에게 통변(通

---

9) 구보데라 이쓰히코의 설명이다.

辯)해 주는 신이었다. 그래서 아이누인들은 어떤 제사를 지내거나, 또 장례나 그 밖에 흉사(凶事)가 닥쳐오게 되어 다른 신들에게 이나우(木幣)[10]를 세워 제사(祭詞), 주사(呪詞)를 올리기에 앞서, 화로의 횡좌(橫座) 앞에 불의 할매 신에게 작은 이나우를 세우고 이에 먼저 기도를 올리지 않으면 안 된다고 믿었다.

내용 해설

이 신요는 불의 할매 신과 물의 여신이 남편 쟁탈전을 벌인다는 내용이다.

1. 물의 여신

불의 할매 신과 라이벌 관계에 있는 물의 여신도 아이누인에게는 매우 친밀감이 있는 여신이다. 이 여신으로부터 물을 얻어[물은 이 여신의 젖가슴으로부터 나오는 '존귀한 유즙(乳汁)'이라는 등의 표현도 있다], 그것을 마시고 살아간다고 믿는다. 그래서 사루(沙流) 등의 지방에서는 문밖 제단을 향해 이 신의 신좌(神座)를 두고, 제사 때마다 술을 붓고 이나우 받드는 일을 거르지 않는다.

---

10) 이나우(木幣) : 사냥 후 자신에게 잡힌 짐승 혹은 물고기를 신의 현신이라 여기며, 그 신에게 감사의 뜻으로 바치는 공양물이다. 주로 나무로 만든다. 신에게 감사함을 표시할 때는 반드시 등장한다.

우리 어머니처럼
신이 내려주는 젖을
마시며 우리는 살아간다네
물의 여신!
신이신 숙녀(淑女)

등의 기도사 구절을 보더라도 신에 대한 아이누의 정서를 알 수 있을 것이다.

2. 불의 여신의 남편

두 여신이 서로 싸웠던 불의 할매 신의 남편은 어떤 신일까? 아이누는 불의 할매 신의 남편 신을 가정을 관장하는 신, 집을 수호하는 신으로 생각한다. 이 신은 상좌(上座)에 거하는 신으로도 일컬어진다. 사루를 비롯한 많은 지방에서는 개화나무로 만든 두꺼운 봉폐(棒弊)[11]를 신체(神體)로 모셔 집의 상좌(집 안의 동북 벽)에 안치한다. 이 신의 가호에 의지하여 사람들은 생업을 이루고 건강하게 살아간다고 믿고 있다. 이 신에 대한 기도사에 보면,

집의 상좌에

11) 봉폐(棒弊) : 받들어 올리는 이나우.

진정으로 거하는 신
모든 존귀함에 대응하는 신에 대한 믿음
모든 신에 대응하는 존중 어린 말씀
신이신 어르신(翁)!

과 같은 내용이 있는 것을 보면, 역시 이 신도 아내 불의 할매 신과 마찬가지로 신과 인간 사이에서 수습하는 역할을 하고, 통사(通辭)의 역할을 수행해 주는 신으로 여기고 있었음을 알 수 있다.

3. 단락

(제1단) 서(序). 자수에 전념하는 불의 할매 신.

(제2단) 남편 신이 변소에 간다며 문밖에 나가, 그길로 물의 여신에게 가서 돌아오지 않는다.

(제3단) 불의 할매 신이 바늘로 점을 쳐 남편의 행방을 알아낸다.

(제4단) 불의 할매 신이 몸단장을 하고 물의 여신으로부터 남편을 탈환하기 위해 나선다.

(제5단) 불의 할매 신이 물의 여신과의 무술(巫術) 경쟁에서 이기고 사죄를 받아 낸다.

(제6단) 불의 할매 신이 물의 여신을 용서하고 집에 돌아온다.

(제7단) 남편 신도 늦게 집에 돌아와 아내인 불의 할매 신

에게 신보(神寶)[12]를 주며 용서를 청한다.

(제8단) 부부는 다시금 화목하고 평화로운 생활에 들어간다.

---

12) 신보(神寶) : 신비로운 보물.

신요 2

토끼 대장의 노래 1

兎の大將の自敍

칼자루를 깎고
보도(寶刀)[13]를 조각하며
어디에도 한눈팔지 않고
오로지
한곳만을 바라보며
살아가고 있었지

언제나 변함없이
살아가고 있던 어느 날
너무나도 무료하고 지루함에
지금까지 조각하고 있던 것들을
뒤편에 밀어 놓고
몸단장을 하고
밖으로 나갔지

---

13) 보도(寶刀) : 보배로운 칼. 또는 잘 만든 귀한 칼.

강 연안을 따라
발걸음도 가볍게
촐랑촐랑
나아갈 적에
발소리는
돌 마당 위에 차락차락
나무 들판 위에 차락차락
귓가를 간지럽히는 소리에
더욱 가벼워진 발걸음
몸을 던져
아랫녘으로 나아가니
이윽고 바다가 나타나고
모래사장 위를
동으로
서로
이리저리 뛰놀 적에
저쪽 바다로부터
새끼 고래 신이 육지를 향해 오는 것이었지

나는 바라보며
모래 위를
이리 달리고
저리 뛰고

그러는 사이
새끼 고래 신은
높은 파도와 파도 사이를 헤엄쳐 다가왔지
바라보던 나는
여전히 모래사장 위를
동으로 날고
서로 달리고
새끼 고래 신은
높은 파도 위로 떠올랐다가
가라앉으며 내 쪽으로 다가왔지만
바라보는 나는
아무런 관심도 없이
가벼운 발재간으로
이리저리 달음박질치고 있을 때
새끼 고래 신
다가와 말했지

“이보시오 토끼 대장!
내 하는 말을 들어 보소
바다의 주인이신
거북 신이 내게 하신 말씀이 있었으니

‘너무나도 무료하다

내 술을 남겨 둘 터이니
네가 육지로 가
토끼 대장을 모셔왔으면 좋겠구나'

바다의 주인이신
거북 신께서 하명하시어
육지까지 왔더니
때맞추어 토 장군께서 바닷가로 나와 주셨구려
자아, 어서 내 등에 올라타
바다의 노신님께 가지 않으시겠소?"

이렇게 말함에

"진정 그 말이 사실이오?
한 치 거짓도 없는 사실이란 말이오?"

라고 되물었을 때
새끼 고래 신은 참말이라 거듭 말하였지

그리하여 나는
모래 위를 뛰어올라
새끼 고래 신의 등지느러미 사이로 올라갔지
새끼 고래 신은

멀리 아득한 바다를 헤엄쳐
앞으로 앞으로 나아가
바다 나라와
본주(本州)[14] 경계쯤에 이르렀을 때

"그대를 초대하러
육지까지 갔다고 말했으나
실은 그것이 아니었소
그대를 찾았던 사연을
솔직하게 말했다면
그대는 오지 않았을 터
어쩔 수 없이 그대를 속였으나
이제 와서 솔직히 그 사연을 털어놓을 터이니
잘 들으시오
바다의 노신님
해주(海主) 신께는
외동 따님이 있는데
그 따님이
알지 못할 병이 들어
이제는 죽음 문턱에 이르게 되어

14) 본주(本州) : 홋카이도.

'토끼 대장의 생간을 먹으면
분명, 나을 것 같아'

라고 말씀하시니
바다의 대신(大神)께서 나를
육지로 보내시어
그대를 만나러 오게 된 것이나
사실 그대로를 숨김없이 말한다면
그대는 오지 않을 것이라
어쩔 수 없이 거짓을 말했던 것이라오"

이 말에 내가 말했지

"그런 일이었다면
있는 그대로 말해 주었으면 좋았을 것을…
믿기지 않겠지만
사실은, 내 생간은 집에 두고 왔다오
그러니
가짜 간과
가짜 뼈가 절반인 몸으로
그대와 함께 간들 허사가 아니겠소?
한번 되돌아
육지로 가는 것이 좋을 듯하오

그리하여
진짜 생간과
진짜 뼈를 챙겨
바닷가로 놀러 나올 때
그대가 다시 나를 초대하면 될 것이니
함께 돌아가
육지로 나를 보내 주시구려
그리하면
진짜 간을 가지고 올 터이니
어서 가십시다"

내 이 말에

"정말이오?
설마 거짓은 아니겠지요?"

새끼 고래 신이 되물었고
나는 물론 사실이라 답을 했지

그러고는
높은 파도를 헤치고
육지에 이르렀을 때
새끼 고래 신의 등지느러미로부터

몸을 날려 모래 위로 뛰어내린 나는
조소를 날리며

"진짜 생간을 가져와?
그 말을 믿었더란 말인가?"

새끼 고래 신이라는 놈이
길길이 날뛰며
온갖 욕설을 내뱉으며
돌아가는 모습을 보고
강을 따라 집으로 돌아올 때
위기로부터 살아난
기쁨에 들떠
깡충깡충 달렸더랬지

그러고는 또
칼집을
보도를 조각하며
한눈팔지 않고
오로지 그 일만을 바라보았노라고

토끼 대장이
자신의 입을 빌려 말하였더라

내용 해설

이 노래는 토끼의 일인칭 서술로 동화적 내용이 흥미를 끈다. 생간을 빼앗기게 된 토끼가 기지를 발휘하여 상대를 속여 위기를 모면한다는 이야기로, 일본에도 한국에도 적지 않은 유형이 있다.

신요 3

토끼 대장의 노래 2

兎の大將の自敍

언제나 변함없이 살아가던
어느 날
놀이 삼아
바닷가로 나갔지
동으로
서로
이리저리 뛰놀고 있을 때
한 마리 해마가
육지로 다가와 하는 말이

"이보시게나
토끼 대장
내 하는 말을 들으시오
바다를 다스리는 신[15)]의 따님께서
몸져누워

---

15) 바다를 다스리는 신 : 고래. (지은이 주)

‘토끼 대장을
단 하루라도 만난다면
내 몸의 병도 나으련만…’

이리 말하기에
내 이렇게 찾아왔으니
내 등에 올라
함께 가지 않으시겠소?”

하는 말에
그 등에 올라타 따라나섰지
점점 나아가
바다 한가운데 이르렀을 때
해마는 음흉한 미소를 지으며

“사실을 솔직히 말하고도 싶었네만…
바다를 지배하는 신
그분의 따님이 병색이 깊어
사경을 헤매면서

‘토끼 고기를 끓여 먹으면 살아날 수 있을 것 같아’

라고 말하기에
그대를 찾아 육지까지 왔고
또 그대를 속여 넘겼던 것이라네"

못된 해마 놈의 말에 이렇게 답했지

"그런 일이었다면
진즉에 말해 주었으면 좋았을걸
내 진짜 뼈
내 진짜 고기를 가져왔을 것을
그대가 말하지 않아
가짜 뼈
가짜 고기인 채로
놀러 나왔더라네
그대가 나를 육지로 데리고 가 준다면
진짜 뼈
진짜 살을 몸에 지니고 오겠네"

이 말에
해마는 몸을 돌려
육지로 헤엄쳐 갔지
뭍에 이르러 나는
해마 등에서 뛰어내려

비웃으며 말했지

"내 말을 곧이곧대로 믿었더란 말이냐?"

이 말에
해마는 가재눈으로
나를 노려봤고
나는 잰걸음으로
집에 돌아왔지
그러고는 매일
변함없이 살아
이렇게 이야기하게 되었노라고

토끼 대장이
자신의 몸을 빌려 말하였더라

내용 해설

이 노래는 토끼의 자서(自敍)로, 신요 2의 다른 전(傳)이다. 바다 신의 사자로 토끼를 찾아오는 것이 이전 편에서는 새끼 고래인 데 반해, 이 편에서는 해마(海馬)이다.

신요 4

거미 신의 노래

蜘蛛の神の自敍

한눈팔지 않고
오로지
바느질로
나날을 보내고 있던
어느 날
바다 멀리에서
신이 오는 소리 들렸으니
커다란 울림과 함께
내 집 위에
신의 가마가 멈추고
사방이 조용해지더니
신의 목소리
늠름하게 울려 퍼지며
말하기를,

"이곳에 머무는 신이시여!
내 하는 말을 들으시오

구름 언덕
저편에
마을을 다스리는 자
대마(大魔) 신이 있어
그대만을 탐하고
그리하여
당장에라도 달려올 모양새라
지금 내가 온 것은
대마 신이 갑자기 들이닥칠 일이
몹시도
걱정되고
우려되어서라네"

신의 목소리는
옥구슬처럼 울렸지만,

'나를 그리 하찮은 신으로 본다는 말인가?'

하는 생각에
무시하고 넘겨 버렸지

그러고는 다시
한눈도 팔지 않고

오로지 바느질만 하며
변함없는 나날을 보내고 있었지
그러던 어느 날
신이 다가오는 소리
굉음과 함께
내 집 위에
가마가 멈추며
신의 목소리가
은방울 구르듯 들렸지

"내 말이 결코
허언이 아님에도
거미 신은
내 말을 믿지 못하는 듯하나
대마 신은 반드시 올 터이니
그대는 명심해야 할 것이오"

돌아보니
정말로 대마 신은
벌써부터 다가오고 있었던 것이지
하여, 나는
내 자리에
날카로운 바늘 소년을 세워 두고

화롯불 한가운데에는
밤 소년을 묻어 대비하고
창가에는
호박벌 소년을 숨겨 두고
물통 안에는
독사 소년을
현관문에는
절굿공이 소년을
바깥 문 위에는
나무절구 소년을 앉혀 두고
마지막으로
스스로
한 줄기 갈대로 몸을 감춘 채 기다리고 있었지

바로 그때
문밖에서
소리를 내며
아무런 망설임도 없이
좁은 문으로 들어오는 자가 있었으니
그자는 분명
구름 너머 저편 마을을 다스리는 대마 신이었으니
화덕 오른편으로 걸어 들어와
우좌(右座)

내 자리에 앉아서
타다 남은 불씨를 일으켰지

"지금까지
이곳에 거미 신이 살고 있으리라 여겨
찾아왔다만
대체 어디로 갔단 말인가…?"

라고 말하며
불을 지피려는 순간
화덕 안에서
'파밧' 소리를 내며
밤 소년이
대마 신의 한쪽 눈을 파고들었지

"아이고, 내 눈이야!"

대마 신이 소리 지르며
뒤로 넘어질 때
바늘 소년이 엉덩이 살을 찌르니

"아이고 내 눈!
아이고 내 엉덩이!"

대마 신은 소리 지르며
일어나 창으로 향했지
이번에는
호박벌 소년이 눈에 침을 꽂으니

"아이구야!
내 눈! 내 엉덩이!"

소리 지르며
물통을 향하자
독사 소년이 손을 물어

"맙소사!
내 손! 내 눈! 내 엉덩이!"

외마디와 함께
밖으로 달려 나갈 때
머리 위에 있던 절구 소년이
대마 신의 머리를 내리치니
대마 신은 고통 속에 버둥대며

"아이구!

내 눈! 내 손! 내 엉덩이! 내 머리!"

이렇게 소리 지르며
밖으로 나가려
바깥문에 이르렀을 때
이번에는 절굿공이 소년이 위에서 떨어지니
그 순간,
대마 신 죽어 가는 소리가
굉음과 함께 퍼져 나갔고
끝내는
잠잠해졌지

그리하여
나는, 또다시
화롯가로 나와
한눈팔지 않고
오로지 바느질만 하며
언제나 변함없이
살아갔던 것이었지

라고
거미신은 노래하였다네

*

이 신요는 거미 여신이 자신의 실력을 스스로 말하는 내용이다. 거미는 아이누의 신앙에서 상당히 중요한 신으로 여겨진다. 사람들은 거미가 그물을 치는 행위를 악마로부터 집을 감싸 보호하는 것이라 믿었다. 또 거미의 앞 다리가 갈고리 모양의 무기여서 산고를 겪는 모자가 생명의 위협을 느낄 때, 거미 신에게 기도해서 갈고리의 힘으로 태아를 끌어내려는 주술적 의례를 행하기도 한다.

내용 해설

거미 여신이 침(針), 밤(栗), 웅봉(熊蜂), 뱀, 나무절구, 절굿공이 등 여섯 존재의 조력을 받아 '구름의 불꽃' 건너편에 마을을 이루어 살고 있는 거대 악마를 물리치고 난을 피한다는 구상이다. 이에 관한 일화는 형태적으로 소위 '지력승리형(智力勝利型)'에 들어간다고 하겠으나, 원해합전(猿蟹合戰)[16] 설화와 현저하게 유사함을 보이기도 한다.

원해합전 설화에는 새끼 게가 벌, 알(卵), 절구, (절굿)공이의 도움으로 부모의 원수인 원숭이를 토벌한다. 원해합전

---

16) 원해합전(猿蟹合戰) : '원해'는 원숭이와 게. 원숭이와 게가 서로 싸움. (지은이 주)

설화는 전반부가 인도네시아의 〈원숭이와 거북이가 바나나를 심었다고 하는 이야기〉와 유사하고, 후반부가 〈머리 사냥 이야기〉의 뒷부분과 흡사하며, 더욱이 그 기원이 인도에 있다고 말하는 사람도 있다. 원해합전 설화의 기원이 멀리 인도까지 간다고 하더라도 부모의 원한을 갚는 것을 동기로 한다는 점 등은 분명히 무사도의 의협적 사상이 배경에 있지 않았을까 하는 생각을 하게 된다.

아이누 전승의 신요 또한 놀랍게도 인도를 기원으로 하는 설화 전파의 결과에 영향을 받은 하나의 형식이라 볼 수 있다.

다만 우리가 알고 있는 원해합전 설화는 이미 본래의 구승(口承) 형식의 것이 아카혼(赤本)[17]등에 쓰여 부녀자나 어린아이들을 위한 교훈을 담은 우화로 정착된 것일 듯싶다.

한편 아이누에 전승되어 온 이 원해합전형의 신요는 일본의 것보다 훨씬 오래전에 고착되었는지도 모른다.

이 신요에 등장하는 침, 밤, 웅봉, 뱀, 나무절구, 절굿공이의 여섯 가지 물건 가운데 벌, 절굿공이, 나무절구 세 가지는 일본의 신화에도 공통으로 등장하는 것이나, 이러한 것들은 아이누의 일상에서 결코 빠질 수 없는 것이라는 사실에 주

17) 아카혼(赤本) : 에도 시대 중기 이후의 붉은 빛 표지의 어린이용 이야기책. (지은이 주)

목해야 한다. 설화의 전체 구상은 전파에 영향을 받았다 하더라도 아이누의 생활 그 자체로부터 탄생되었다고 보는 것이 자연스러울 듯하다.

어쨌든 종래 남방 혹은 인도 설화와 상당 부분 연계가 있음이 엿보인다. 일본 내지(內地) 설화에 대한 고찰에 도움이 되는 하나의 자료가 북방의 아이누 민족의 설화 속에도 발견된다는 점은 매우 흥미롭다.

신요 5

저자불명 신의 노래

自敘神不明

언제나처럼
그렇게 변함없이 살고 있던
어느 날
부리 붉은 새[18)]
다리 붉은 새가
창틀 위를
쪼아 대며 말하기를

"밤이 되면
여섯 개 성대를 가진 괴물이
찾아올 것이니
만반의 준비를 하라"

---

18) 부리 붉은 새 : '수걸조(水乞鳥)', '홍작(紅雀)'. (지은이 주)
'수걸조'는 250센티미터 안팎으로 자라는 청록색 물가새로 영어명은 'Common Kingfisher'이다. 유라시아, 북미 등에 분포한다. '홍작'은 붉은 공작을 의미한다.

새의 경고가 있었기에
밤이 될 무렵
화로 안에
밤 사내를 묻어 두고
화로 연통 뒤에
굵은 봉침(縫針) 사내를 숨겨 두고
물통 안에
게 사내를 숨겨 두고
집 안으로 들어오는 문지방 위에
절구 사내를 앉혀 두고
입구 오두막 문 위에
절굿공이 사내를 앉혀 두었지

날이 저물어
여섯 성대를 지닌 마물(魔物)
다가오는 소리
점점 가까워지더니
하나의 성대에서는
벙어리 우는 소리가 나고
또 하나의 성대는
자장가를 부르고
다른 성대는
'파아 파아' 소리를 내고

또 다른 성대는
경악할 외마디 소리를 지르고
그리고 또 다른 성대는
기도를 읊조리고 있었으며
마지막 성대는
통곡을 하며
다가오고 있었지

집 안에 들어와
화롯가에 앉았을 때
시뻘겋게 달아오른 불티가 튀어 올라
괴물의 얼굴을 뒤덮으니

"아이고 내 눈!"

흠칫 놀라 뒤로 물러나자
두꺼운 봉침이 엉덩이를 찔러

"아이고 내 엉덩이!"

외마디와 함께 물통으로
달려갔을 때
게 사내가 손을 쏘아 대니

"아이고 내 손이야!"

외치면서
집을 벗어나려 달려 나갈 때
여섯 성대를 가진 괴물의 머리 위에
절구 사내가 몸을 던져 추락하니

"아이고 내 머리!"

머리를 움켜쥐며 밖으로 나가려는 순간
절굿공이 사내가 마물의 허리를 후려치니
여섯 개 성대를 가진 괴물은
끝내 죽음을 맞게 되었더라

내용 해설

원해합전(猿蟹合戰) 설화로 자서신[19]은 미상이다. 신요 4에서는 거마(巨魔)[20] 습격을 알려 준 신이 어떤 신인지 알 수

19) 자서신(自敘神) : 신요를 노래하는 신을 의미한다. 즉 저자이다.

20) 거마(巨魔) : 이 단어는 원문을 따랐다. 우리 표현으로 대마(大魔)의 의미이다.

없으나, 본 편에서는 수걸조(水乞鳥)가 그 역할을 한다. 또 앞 편에서는 습격하는 거마가 구름 기둥 너머에 머무는 데 반해, 본 편에서는 거처는 알 수 없으나 여섯 개 머리를 지닌 마신으로 등장한다. 또한 주인공을 도와 마신을 토벌하는 것이 바늘, 밤, 호박벌, 뱀, 나무절구, 절굿공이였던 것에 반해, 본편에서는 밤, 벌, 게, 바늘, 나무절구 다섯으로 다소 차이가 있다. 마신의 머리 여섯이 각각 자장가를 노래하고, '파아 파아' 소리를 내기도 하고, 기도를 하거나 곡소리를 내는 등 재미있는 요소가 있다.

신요 6

산악을 다스리는 곰 신의 노래

山岳を領く神(熊)の自敍[21]

나는
산악을 관장하는 신이다

빛나고 아름다운 털을 자랑하는
아내에게는
물을 긷거나
불을 지피는
일조차 시키지 않고
우리는 오랫동안 살아왔지

이제는 달이 차
사랑스러운 아이가 태어나고
탈도 없이 평온하게
살아가던
어느 날

---

21) 원문에는 '산악을 다스리는 곰 신'이라고 쓰여 있다. (지은이 주)

곰곰이 생각해 보았지

내가 집을 비우면
나 없는 동안 집안일에 대해
이것저것
걱정을 할 것이나
아래 세상 하늘을
관장하는 신
오랫동안 다시없는 우정을 나누었던 이들을 찾아가고 싶다고…

빛나고 아름다운 털을 지닌
아내에게
나 없는 집을 잘 건사해 달라
말 전하고
아래 세상 다스리는
신을 찾아갔다네
아래 세상 하늘을 다스리는 신의
집에 도착해
흉금을 열고
즐거운 대화 나누기를
이틀
사흘이 지났지

내가 없는 동안
집안에 혹여 무슨 일이 생기지는 않았을까
염려도 되었지만,
세상을 관장하는 신은
대화를 너무 즐기는 터라
돌아갈 수 없어
몇 날 며칠을 보내던
어느 날
홀연, 집 입구 기둥을
까마귀 아재가
쪼아 대고
긁어 대며 이르기를

"산악을 관장하는 신
존귀한 신이여!
그대가 이러한 신일진대
어찌 이토록 어리석단 말인가?
그대가 집을 비우는 동안
빛나는
아름다운 털을 지닌
그대의 아내는
인간의 땅에 놀러 가려
그대의 새끼 곰을

홀로 남기고
창문이란 창문
문이란 문은
모두 닫은 채
가죽끈으로
새끼 곰을 묶어 두고 집을 비웠으니
그 아이
그대의 새끼 곰은
창문을 긁고
문을 긁어 대며
울며불며
어미를 불러 대고
밤낮으로
울어 대고 있는데
산악을 관장하는 신은
어리석게도
아무것도 모르고 있더란 말인가!"

까마귀 사내
까마귀 아재가
고하는 소리를 듣고
그의 말만으로
화가 치밀어

벌떡 일어나
화로 머리맡 자리에서 몸을 일으켜
문 쪽으로, 머리부터
던지듯 달려 나가
앞으로 내달을 때
내 귀에서는 강한 바람이 일고 있었지

나의 집
마당 위에 우뚝 서니
울음소리가 들려왔으니
집 안에서
우리 아이가
울고 있는 소리
목을 놓아 우는 소리
문을 박차고
집 안으로 들어가려 하나
문은 가죽끈으로
단단히 묶여 있어
힘주어 잘라 내고
안으로 들어가니
아이는 목 놓아 울어 대며
창가로
겅중겅중 뛰어올랐지

나는
달려가 아이를 품에 안아
등으로 올려
포대기로 감싸
밖으로 나와
인간 마을을 향했으니
인간 마을을 몰살해 버리겠다 마음먹고
밖으로 나선
나는
마을을 지나는
강줄기를 따라
아래로 아래로
맹렬한 기세로 달려갈 때
내 귀에서는
강한 바람이 소용돌이쳤지

더욱
아래로 아래로 내려가니
가벼운 발걸음의 소유자
경쾌한 발걸음의 여우 신이
앞길을 막아서며
내 앞에서
일정 거리를 두고

주위를 빙글빙글 돌며
내 마음을 홀리려는 듯
짖어 대며
꼬리를
길게 길게 뻗어 대고 있었지

바로, 그때
나무 뒤
활시위가 눈에 들어와
그것을 향해 달려 나갈 때
작은 화살이
내 몸을 파고들었지
나무 뒤에 숨어 있던
두 젊은이는 도망을 쳐
그 뒤를 쫓아가니
가벼운 발걸음의 소유자
경쾌한 발걸음의 여우 신은
나를 홀리려는 듯
짖어 대며
꼬리를 길게 뻗어
내 목 아래를 미끄러지듯 빠져나가
주위를 빙글빙글
달음질치듯 돌았지

나는 몹시 화가 나
녀석을 후려치려 했지만
여우 신은
미끄러지듯 빠져나가기를
거듭거듭
끝내, 녀석을 잡을 수 없었지

바로 그때
오배자(五倍子)[22] 신
내 앞에 나타나
불의 할매 신의 사자로서
말을 전했지

"오 위대한 신이여!
진심을 다해 청하오니
내게로 와
서로 얼굴을 마주하고
대화를 나누시구려
불의 할매 신의 뜻을
전하러 내가 왔노라"

---

22) 오배자(五倍子) : 옻나무과 약용식물. 붉나무로도 불린다.

오배자 신은 말했으나
나는 격렬하게
매질을 했지
그렇지만
발걸음이 가벼운 자
발걸음이 빠른 자는
그저
나를 홀리려는 듯
사납게 짖어 대고
꼬리를 길게 뻗으며
가깝게, 혹은
멀리서
내 주위를 맴돌았지

바로 그때
송진 신이 나타나
오배자 신과 함께
내 다리와
손을 결박하니
나는 옴짝달싹 못 한 채,
그만 정신을 잃고 말았지

꿈속을 헤맨 듯

깜빡 잠에 빠진 듯

문득, 눈을 떠 보니
한 줄기 나뭇가지 위에
손이 늘어지고
다리가 늘어진 채
나는 올려져 있었지
다시 정신을 차려
아래를 내려다보니
커다란 늙은 곰이
마치 신과 같은 자태로
누워 있었고,
그 수곰 위에서
한 마리 새끼 곰이 놀고 있었지

그때
앞서, 두 젊은이가 나타나
서로에게
속삭이듯 하는 말이

"마치, 신 같은 행색을 하고서
저런 흉포한 행동을 하는 것은
대체 어찌 된 심산인가?"

이렇게 속삭이듯
서로 이야기를 주고받고 있을 때
개들이 새끼 곰을 쫓아오니
그 젊은이들이
두들겨 개들을 쫓아 버렸지
그러고 나서
새끼 곰을 들어 안아
수곰을 신의 모습으로 꾸며서는
예를 바치고
나뭇가지 끝을 자르고 다듬어
이나우를 만들고
조각 문양을 넣어
이 신(곰을 가리킴) 쪽에 세우고
젊은이들은 손을 모아 예를 올렸지

"신들과 함께
환담을 나누는 사이
이제는 날도 저물어
신께서 움직이시기도 쉽지 않으니
그대로 계시도록 하고
내일
날이 밝으면

위대한 신을
마을 아래로 모시도록 할 터이니
오늘 밤은 신들
동료들께서 지켜 주셨으면 합니다"

라고 말하며
끝부분을 자르고
날카롭게 다듬은 나뭇가지를
이나우 삼아
곰 신 옆에 세워
예를 올린 뒤
새끼 곰을 업어
산을 내려갔지

그 후
무슨 연고로
나무를 깎아 세웠고
또, 남겨 두고 갔을까?
생각에 잠겨
그것만 바라보고 있는
어느 순간
넋을 놓고 있을
바로 그때

수곰 쪽에서
불꽃이 타오르고
불 옆에는
한 젊은이가 앉아

“위대한 신이여!
불가로 내려와
하룻밤
이야기로 밝히심이 어떠하신지?”

라고 말하기에
그를 따라
불가로 내려가
젊은이와 이야기를 나누는 사이
새들과
수많은 악신들이
고기를 다투려 몰려드니
젊은이는
몽둥이를 들고 일어서
내 주위를 빙빙 돌며
고기를 차지하려 몰려든 자들을
쉼 없이
두들겨 쫓아냈지

이윽고 어둠이 걷히고
홀연
이제까지 타고 있던
불은 꺼지고
젊은이도 사라졌으며
허망하게도
짧게 잘린 나뭇가지만이
서 있을 뿐이었지

나는
다시금
나뭇가지 위로 올라갔지
얼마 지나지 않아
사람 몰려오는 소리가 들리며
많은 사람이 올라와
곰 신을 해체했고
그 일이 끝나자
사람들은 고기를 나누어
등에 지고
산을 내려갔지

앞의 젊은이들[23] 가운데

형이
곰의 머리
가죽이 붙어 있는 곰의 머리를
등에 지고 내려갈 때
내가 그 위로 뛰어내리니
짐이 너무 무거운 나머지
내려감에 어려움을 겪게 되었지

나는
다시 내려
젊은이 곁에서 걸어
아래로
아래로
내려갔지

인간 마을
집들이 모여 있는 마을이
눈앞에 펼쳐지고
마을 한가운데
커다란 집이
웅장하고

---

23) 앞의 젊은이들 : 전날 곰을 잡은 두 청년. (지은이 주)

집 쪽에는
제단
이나우 마당이 있어
집 한가운데쯤
내가 앉혀지니
오래지 않아
불의 할매 신
황금 소매
여섯 겹의 소매를 겹쳐 입고
겉에는 오비(帶)[24]를 묶고
여섯 겹의 소매 위에는
하오리(羽織)[25]를 걸친 모습으로
구부러진 지팡이
황금 지팡이를 짚고
밖으로 나타나서는

"위대한 신은
그 모습을 쉽게 드러내지 않아
인간들로부터는 경외의 대상이라
이곳에 오셔서

24) 오비(帶) : 일본 전통복, 기모노 유카타 등 상의를 여미는 허리띠.

25) 하오리(羽織) : 일본 전통복 위에 입는 얇은 겉옷.

편히
즐기시기를
우리 모두 기쁨으로 예를 올립니다"

라고 말했고
그 후로
나는 요청을 받아
집 안으로 들어가
창문 아래
횡좌(橫座)에 앉혀졌지
그때
내 아내는
이미 앞서 와 앉아 있었지

이윽고
남자들
여자들이 모여들어
기장떡(粢餠)을 만드는 사람들
분주하게 오가고
이나우를 깎는 자
작은 칼을 부지런히 놀리니
드디어
모든 준비가 끝나고

나를 보내는
곰 보내기가 행해졌으니
이나우 일습
기장떡 일궤가
우리 가족에게 안겨지고
나는 밖으로 나왔지

집에 와
안으로 들어가 보니
신창(神窓)[26]에는
이미
기장으로 만든 떡과
이나우가 갖추어져 있고
횡좌에도 또한
자리가 좁을 만큼의
기장떡과
이나우가
가지런히 놓여 있었지

그리고

---

26) 신창(神窓) : 오로지 신만이 출입하는 창문으로 사냥한 짐승, 물고기 등을 집 안으로 들일 때, 밖으로 내 갈 때 반드시 이용하는 창이다. 동쪽을 향해 있다.

이틀
사흘이 지나
털가죽이 아름답게 빛나는
아내가 돌아왔지

술과
이나우와
기장으로 만든 떡이
산만큼 많이 보내져 와
가까이 사는 신
멀리 있는 신들에게
초대의 뜻을 전해
향연을 펼치니
신들 모두 찾아와
성대한 향연이 되었지

아내는 말했지

"너무나도
인간의 술
인간의 이나우를
마음으로부터 원해
인간 마을을 찾아간 것에

남편은
화를 내며
인간 마을을 궤멸하려
인간 마을로 내려가
참화를 빚기라도 했다면
아무리
존엄한 신이라 하여도
음습한 명부(冥府)
지옥의 나락에 떨어졌을 터
여우 신이
이를 우려해
남편을 유혹했고
그로 하여
분을 참고
온화하게 마음을 수습하게 되었으니
나 또한
걱정이 되어
우선
나보다 먼저
당신의 곰 신 보내기를 한 뒤
새끼 곰을 키워 줄 것을
인간에게 부탁해 두고
그를 위해

술을 빚고
이를 기다리느라
늦어서야 돌아오게 되어
남편 신의
뒤에 돌아오게 된 것이지요

어찌 되었건
술도
기장으로 만든 떡도
신들, 모두가 드시게 되었으니
모쪼록
남편 신이여
나를 벌함을 거두시기를…"

아내가 주저리주저리 말하니
신들은 모두
나를 꾸짖어 말했지
나는
거듭거듭
예를 갖추어
사죄하였으니
신들 또한
감사의 말을 남기고 돌아갔더라

그 후로
변함없이 평온하게 우리는
살았으니
오랜 시간이 지나
새끼 곰 신은
많은 술과
이나우를 등에 지고
인간의 땅으로부터 돌아와
다시 한번
먼 곳의 신들과
가까이 사는 신들을 불러
성대한 잔치를 벌였고
이 또한
더 없이 감사한 향연으로 끝이 나
신들 모두는
감사의 말을 남기고 돌아가게 되었으니

산악을 관장하는 신은
자신의 몸을 빌려 이야기를 남기었더라

내용 해설

이 신요는 아이누의 수렵, 특히 곰과 곰 사냥을 대하는 경건함과 신비스러운 정서를 엿보게 하는 호재료다. 산의 신인 수곰이 수렵인에게 잡혀 아내와 함께 '곰 보내기'를 겪게 되는 장면을 수곰이 노래한다.

1. 곰과 '곰 보내기'의 의례

아이누와 수렵

아이누인은 예전까지 수렵, 어로가 생활의 중심이었으나, 근대 메이지 시대 이래 급격하게 농경 생활로 접어들게 된다. 수렵, 어로가 생활의 중심이었을 무렵, 아이누인에게 산에서는 사슴이나 곰, 강에서는 연어나 송어가 중요한 식량 자원이었다. 이들을 잡지 못하면, 그 옛날 아이누인에게는 생존을 위협하는 기근이 닥친다. 사냥물이 적은 해에 기근을 맞게 되면 기근이 없는 지방으로부터의 구원을 받거나 혹은 인구 이동 등이 없으면 안 되는 일이었다.

따라서 이러한 일들은 놀라울 만큼 신성시되었다. 수렵에서 단지 포획의 기술에 머물지 않고, 이에 따르는 제사나 의례가 빈번해지고 복잡하게 발달해 가는 것은, 일찍이 농경 생활에 들어가 고도의 상공 경제생활에 돌입한 오늘날의 선진(문화 정도가 앞선) 민족으로서는 도저히 상상할 수 없는 일이었을 것이다.

이들의 제사나 의례를 통해 볼 때, 아이누인의 동물이나 어류에 대한 태도는 자못 관대함을 넘는 간절함이 있다. 어떤 의미에서는 선동적이라고까지 말할 정도로 빈번하게 그 영혼을 위로하고, 이들을 신의 나라(각각의 동물 신의 고향, 나라)로 보내는 데 권속에게 수시로 권유하고 이끌어 동참하도록 하는 것을 기대했던 것으로 생각된다.

곰과 곰 보내기

아이누라면 곰, 곰 하면 바로 '곰 보내기'를 연상할 만큼 아이누와 곰은 떼어 낼 수 없는 불가분의 관계가 있다.

'곰 보내기'가 아이누에 한정된 것인가 하는 의문이 있기는 하다. '곰 보내기'는 내지의 혼슈(本州) 중부 이북의 니가타(新潟), 후쿠시마(福島), 아키타(秋田) 등의 산간 엽사들 사이에서는 지금도 행해지고 있다.

이 '곰 보내기'(혹은 '곰 제사')로 보통 불리고 있는 행사는 '신 보내기' '물건 보내기=곰 보내기' 혹은 '신의 여행 보내기=신 보내기'라고 부르기도 한다. '신 보내기'는 곰 이외의 시마후쿠로(島梟),[27] 마을의 수호신 등을 보낼 때도 이루어진다.

---

27) 시마후쿠로(島梟) : 홋카이도, 사할린 등지에 서식하는 멸종 위기종의 섬 올빼미. (지은이 주)

이 같은 의식 속에서 곰 고기를 먹고, 모피, 웅담을 얻는 대신에, 이나우를 올리고, 가포(家苞)[28]를 드리며, 정중한 송사(送辭)를 말하여, 그 영혼을 곰들이 머무는 '신의 나라'로 송환한다는 종교적인 행사를 펼치는 것이다.

홋카이도에 서식하는 곰은 큰곰으로, 털은 황금 갈색이다. 어쨌거나 그 이름에 상응하는 덩치가 큰 놈도 있으나, 그 가운데에는 내지산(內地産) 검은 곰처럼 짙은 흙색을 띠는 것도, 재색을 띠는 것도 있다고 한다.

아이누의 사고에서 볼 때, 곰은 인간이 사는 마을에 흐르는 강을 따라 수원(水原)의 영산(靈山)에 있는 '신의 나라'에서 마치 사람처럼 집을 짓고, 사람처럼 손수 지은 옷[마을에 올 때만 변복(變服)을 한다]을 입고, 사람처럼 음식을 먹으며 살아간다고 여긴다.

검은 털의 큰곰은 '산을 영유(領有)하는 신'이라든가, '산의 신'으로 불리며, 심성이 온화하고, 은혜가 깊은 선신(善神)이다. 이들은 산의 오지, 깊은 곳에 솟은 영산 정상(아이누인에게 산신의 우두머리는 특히 '깊은 산중에 머무는 신'으로 불리고, 그 권속 선신인 곰들을 '산의 신'으로 불러 구별한다)에 머무르나, 갈색 혹은 재색 곰은 산기슭에 살며, 성질이 포악한 곰으로 인간에게 위해를 가하지는 않으나, 악신으로 공포의 대상이 된다.

---

28) 가포(家苞) : 집의 징표. (지은이 주)

곰은 '신의 나라'로부터 때때로 우리 눈에 나타난다. 검은 변장(부단히 인간과 같은 복장을 하고 있으므로, 모피가 바로 곰의 변장이라고 믿음)을 하고, 빈객신(賓客神)으로서 마을과 강을 따라 내려와 인간계에 놀러 온다고 믿고 있다. 그리고 마음도 행동도 선한 인간에게 스스로 다가가 잡혀 준다(인간이 특별한 은총을 입어, 곰 신으로부터 행운의 혜택을 받음으로 하여, 결국에는 능동적으로 곰을 잡는 것이 아니라 수동적으로 포획되는 것이다). 그 변장을 인간의 손으로 파괴되도록 하여 '돌아가는 신'의 자격을 얻게 되고, 그에 대한 예로 모피, 육신, 웅담 등을 인간에게 주고 혼령만이 또 마을과 강에 이어진 산을 따라 수원(水原)의 신산(神山)으로 돌아간다고 한다.

그러므로 곰을 얻게 되면 인간들은 존귀한 신의 강림으로 공손하게 맞이하고, 정중하게 다루어야 한다. 또 기꺼이 그 선물들을 맞아 변장을 파괴하고, 그 영혼은 정성을 다해 보내되 많은 공물(供物)을 올려 신산으로 보내지 않으면 안 되는 일이다.

만일 이를 어기고 조악하게 취급한다면, 곰 신이 노하여 두 번 다시 인간 마을에 강림하지 않게 된다. 곰 신이 오지 않는다는 것은 엄청난 재앙인 기근이 닥쳐옴을 의미하는 일이다.

곰을 잡지 못하는 인간, 다시 말해 신의 증여물을 받지 못하는 사람은 '수렵 운이 다한 사람'으로 멸시당하며, 지방에 따라서는 그것을 혈통적 유전(遺傳)으로 보아 기피하는 경향을 보이기도 한다.

곰을 잘 잡는 사람은 '수렵 운을 타고난 사람'으로, 곰과 같은 체력과 지혜를 타고난다고 믿었으므로, 그 고기를 먹는 것뿐 아니라, 생혈(生血)을 마시고, 지방, 간장을 생식하고, 뇌즙이며 안구를 먹는다. 또 곰의 혀 속에 있는 연골을 먹으면 달변가가 된다는 믿음도 있다.

곰의 다리에 있는 힘줄을 잘라 어린아이의 손목에 매어주면 튼튼하게 장성하며, 용기 있는 사람이 된다는 믿음도 있다. 어쨌거나 곰을 잡아 호운(好運)을 맞고 싶다는 정서는 우리가 상상할 수 있는 그 이상이었을 것이라는 추측이 가능하다.

그러므로 아이누인에게 있어 '곰 보내기'는 찾아오는 귀한 손님을 환영하고, 끝없는 환대를 한 뒤에 되돌려 보내 다시 인간의 나라에 와 달라고 청하는 경건한 행사였던 것이다.

따라서 아이누인 자신은 곰을 죽이는 일이 조금도 잔인한 행위라고 생각하지 않는다. 곰으로부터 부상을 당하는 일이 있더라도, 그것은 결코 괘념할 일이 아니었다. 아이누인의 심리를 조금도 이해하지 못하는 화인(和人)[29]이 동정 섞인 말을 뱉기라도 하면, 도리어 불편한 얼굴로 "신에게 당한 일

---

29) 화인(和人) : 일본인.

인데, 무엇이 위로받을 일인가!"라고 면박을 주는 분위기다.

그러므로 곰을 더욱 고차(高次)의 신—예를 들어 수렵의 신과 같은 신—으로서의 희생이라고 여기는 식의 사고는 전적으로 잘못된 것이고, 결국은 '신의 은총에 감사하니까 사냥을 한다. 고기가 맛있으니 먹는다. 또한 그 죽은 영혼이 숭고하고 두려우므로, 정중히 제를 올려 보낸다'는 것이 아이누의 종교 의례를 발달시키는 근본적인 동기였음은 논쟁의 여지가 없다.

잡은 맹수나 새의 혼령(어로에 의해 잡은 물고기에 대해서도)을 정중히 보낸다는 것은 아이누의 종교적 근본적 관념의 하나이나, 그 가운데 커다란 맹수이면서 고기도 맛있는 곰의 '혼 보내기', 다시 말해 '곰 보내기'가 특히 성대하게 치러지기 때문에 세간의 관심을 끌어 유명하게 된 것이다.

섬올빼미(島梟), 담비, 여우, 독수리, 뿔매 등을 산 채로 포획하면 집에 데려와 일정 기간 사육하고, 후에 이들을 잡은 뒤 '영혼 보내기'를 하는 일은 예전까지 아이누인의 부락에서 성행되던 일이었다. 사슴 등은 곰과 함께 중요한 식량자원이었는데, 어느 시점부터는 가는 곳마다 많이 잡혀서인지 비교적 간단한 방법으로 보낸다. 대개의 경우에는 각각에게 이나우를 주지 않고 일괄하여 '곰을 지배하는 신'에게 '목폐(木幣)'[30]를 올리고 간단한 기도를 하거나, 혹은 사슴

30) 목폐(木幣) : 나무로 만든 이나우.

을 잡았을 때 뿔에 이나우로 '조각한 걸개'를 붙여 두는 정도였다.

또 개인적으로 혹은 가계적(家系的)으로 특수한 동물을 특히 정중히 제사를 모셔, 그 영혼을 보내 그의 가호와 은총을 기대하는 모습도 엿보이기는 하나, '영혼을 보내 드린다'는 관념에서는 '곰 보내기'와 상통한다.

2. 산에서의 곰 보내기

아이누의 수렵은 여름 가을의 어로, 즉 송어, 연어를 잡는 계절이 끝나는 가을 말쯤부터 3월 눈이 녹는 시기까지 행해지는 것이 보통이다. 대개의 경우 수렵 오두막을 세워 많은 사람들이 공동으로 깊은 산에 곰이 자주 출몰하는 곳이나 통로로 생각되는 곳에 올가미를 만들어 두거나 굴속에 있는 곰을 찾아 나서기도 한다.

곰은 잡식성 동물로 여름에서 가을까지 많은 음식을 섭취하고, 11월경에는 굴을 찾아 들어가 눈이 녹는 3월 말까지 동면하는 습성을 지니고 있다. 그중에는 여름부터 가을까지 음식을 제대로 찾지 못해 영양 부족이 되어 동굴을 찾지 못하고 헤매다 공복인 채로 인가를 습격하기도 한다.

곰의 분만기는 1~2월경으로 동굴 속에서 행해지므로, 이때 잡은 새끼 곰은 마을에 데리고 와 사육하는데, '곰 보내기'가 치러지는 곰은 이때 포획되는 경우가 많다. 산에서 곰을 잡아도 마을에 가까운 곳이나, 마을로 데리고 내려와 '곰 보내기'를 하기도 하지만, 이 경우에도 사육한 새끼를 보내는 경우처럼 호사스러운 방법을 쓰지는 않는다.

산에서 포획한 곰을 보내는 경우에도, 물론 지방에 따라 차이가 있음은 말할 나위가 없다.

3. 수완코쿤[31]의 예

네무로(根室)의 니지베쓰(虹別)의 수완(suwan)에서는 산에서 곰을 잡으면 가죽을 벗겨 머리 부분에 붙이고, 살점이 잘게 떨어져 나가지 않도록 하며, 윗부분이 교차되도록 통나무 네 개를 세우고, 그 위에 굵은 나무(졸참나무, 버드나무 등)를 걸어 틀을 만들고, 가죽이 붙은 머리와 고기를 얹어 둔다. 고기를 틀 위에 놓아두는 것은 여우와 같은 짐승들이 먹지 못하도록 하기 위함이다.

잡은 곰은 가능한 한 당일에 마을로 가지고 내려오도록 하지만, 만약 한 마리라도 산에 남겨야 하는 경우에는 교차목으로 웅두목(熊頭木)[32]을 만들어 곰의 머리를 걸어 두고,

---

31) 수완코쿤 : 원문에 로마자로 suwankokun이라고 표기되어 있다. 일어나 아이누어로 확인하기 힘든 지명을 로마자로 표기한 듯 보인다. 아이누인에게는 말이 있을 뿐 문자는 없다. (지은이 주)

다음 날 산에서 마을로 내려갈 때 마을 사람들이 맞이하도록 한다. 고기는 나뭇가지나 의자 같은 것에 등짐 밧줄로 묶어 어깨에 지고 가도록 하는데, 이때 반드시 남자일 필요는 없어 여자라도 상관이 없다고 한다(다만 본래는 남자의 역할이었다고 한다).

그렇지만 곰의 머리만은 반드시 남자가 지고 간다. 마을에 가까워지면 마을 남녀가 맞이하러 나오고, 남자들은 곰의 머리에 거듭하여 예를 표하며 "오호 오호"라든가 "호오 호오"라고 소리를 지르고, 여자들은 "오노오노오노" 하며 환성을 지른다.

곰의 머리는 신창(神窓)을 통해 집 안으로 들어가야 한다. 그러고 난 후는 대체로 사육한 곰의 '곰 보내기'와 차이가 없다.

마을과 멀리 떨어져 있어 며칠이 지나도록 마을에 돌아올 수 없는 경우에는, 마을로 내려가지 않고 산에서 해체한 뒤 약식으로 '곰 보내기'를 한다. 예를 들어 로탄(rotan)에서는 사냥 오두막 바깥에 이나우 단(弊壇)을 만들어 이나우를 세우고 제를 올리는데, 이때 해체한 곰 고기를 조금씩 섬올빼미(島梟) 신, 토끼 신, 향토 신, 물까마귀, 물새 등에게 올린다. 긴 장대에 꿰어 세워 두든가 아니면 눈 속에 묻어 둔다.

산에서의 '곰 보내기'에는 술이 없는 경우가 보통이므로

---

32) 웅두목(熊頭木) : 곰의 목을 걸어 묶어 두는 굵은 나무.

수렵인들은 마을을 떠날 때 누룩과 술잔을 준비한다. 그리고 '곰 보내기'할 때, 누룩을 물에 풀어 술잔에 담아 곰 머리에 송사(送辭)를 한다. 또 산에 들어갈 때 등에 진 화살통에는 '흰 나무로 만든 주저(酒箸)'[33]를 담는데, 이를 '화살통 위에 붙이는 나무'라 부르며, 조화로 묶어 반드시 지참해야 한다.

4. 마을에서의 곰 보내기

보통 '곰 보내기'라 함은 산에서 생포한 새끼 곰을 집으로 데려와 마당에 만들어 놓은 우리에 3~4년 겨울을 나도록 사육한 뒤 잡은 영혼을 보내는 행사를 말한다. 마을에서 사육한 새끼 곰의 '곰 보내기' 종교적 의례는 3일 내지 4일에 걸쳐 행해진다. 이 하나의 제사에도 모든 아이누인의 종교적 의례가 담겨 있다고 해도 과언이 아닐 만큼 복잡하나, 여기서는 간단한 스케치 정도로 서술한다.

산에서 생포한 새끼 곰은 이른바 부모를 잃고 고아가 된 신으로, 아이누인이 업어 마을로 데리고 온다. 어릴 때는 집 안에 풀어서 키우고, 혹은 문밖에 줄로 매어 키우기도 한다. 그러나 대개 부녀자가 무릎 위에서 재우며 안아서 젖을 먹

33) 주저(酒箸) : 술을 젓는 젓가락. 신이 인간에게 자신의 의도를 전달할 때 쓰는 제기이다. 일본에서는 현재도 사용하고 있다. 인간의 기원 의도를 전한다고 한다. (지은이 주)

이고 미음을 먹이는 등 사람 이상으로 소홀함 없이 키운다. 이가 나기 시작해 딱딱한 것을 먹을 수 있게 되면 비로소 물고기, 사냥한 맹수 고기, 야채를 먹이는 등 사람과 같이 대우한다. 오히려 그 이상이라 할 수 있다. 통상 2~3년 겨울을 나서, 곰이 두 살, 혹은 세 살이 되어 충분히 성장했을 때, 12월부터 2월 말 사이에 '곰 보내기'라는 종교적 의례를 치름으로써 곰의 영혼을 보내게 된다.

'곰 보내기'의 형식도 지방에 따라, 또 가계에 따라 다소의 차이가 있을 수 있으나, 3일 내지 4일에 걸쳐 행해지는 것이 보통이다.

곰 보내기 1일

'곰 보내기' 1일은 전일제(前日祭)로 준비하는 날이다.

제단을 정비하고, 이나우 조각, 꽃 화살 등을 만들어 새끼 곰에게 공양하며, 또 사람들에게 제공할 술(지방주나 청주), 기장을 준비하고, 새끼 곰과 '새끼 곰의 수호신'에 대한 기도 등을 행한다. 이날 낮부터 새끼 곰에게는 아무것도 먹이지 않는다(신의 나라에 있는 부모 곰이 와서 먹이는 까닭이라고 아이누인은 말하고 있지만, 이렇게 하면 해체 뒤에 대장 등이 깨끗하기 때문이다).

곰 보내기 2일

'곰 보내기' 2일은 본제(本祭)로, 새끼 곰을 우리에서 내어 제사장으로 데리고 간다. 몇 겹의 원진(圓陣)을 만들어 늘어선 마을 사람들과 원근(遠近) 마을 사람들이 둥근 원형으로 돌며 달음박질하며, 곰과의 작별을 아쉬워하며 곰과 즐겁게 놀아 준 뒤, 곰을 죽인다. 곰을 죽일 때는 능숙한 사수(射手)가 단발로 심장의 급소를 찔러 죽임으로써, 곰이 고통을 받지 않도록 배려한다. 지방에 따라서는 곰을 화살로 죽이지 않고, 두 귀를 잡아 두껍고 둥근 수교목(首絞木)[34]에 목을 매어 죽이기도 한다.

그런 이후에는 죽인 곰을 제단 앞으로 옮겨, 가는 두 개의 봉으로 만든 수교목에 목을 걸어 해체하고, 머리 부분을 잘라 집 안 화로 머리맡 성좌에 안치한다. 깊은 밤이 되면 '곰머리에 장식함'이라고 부르는 신비한 행사를 한다(이 행사는 여자나 아이들 없이 장로 2~3인이 행하며, 머리 부분 모피 일부를 박제화하는데, 후두부에 구멍을 뚫어 뇌즙과 안구, 혀 등을 제거한 뒤 조각한 꽃을 넣어 장식한다).

그럼에도 새끼 곰의 혼은 아직 부모 곁으로 돌아가지 못하고, 화로 근처에 머물게 된다. 머리의 두 귀 사이에 자리하여 불의 여신과 환담하고 인간의 정성 어린 기도와 공물을 향유하고 가무를 즐기며 인간 세상에 이름을 남기는 일에 아쉬움을 갖는다.

34) 수교목(首絞木) : 곰을 잡기 위해 묶어두는 굵은 통나무.

곰 보내기 3일

'곰 보내기' 3일차는 '육신 보내기'와 '대향연' 등이 행해지는 날이다.

'육신 보내기'는 인간이 2일차에 죽임으로써 육체로부터 유리된 새끼 곰의 혼을 드디어 신의 나라에 있는 부모에게 여행을 보내는 의례로, 인간 측에서 행하는 것이다.

'대향연'이라고 하는 것은, 신의 나라 부모에게 돌아가는 새끼 곰의 혼이 그 육체를 이제까지 길러 준 집안사람들을 비롯하여 모인 모든 사람들에게 선물로 준다는 의미로 떠나는 새끼 곰의 입장에서 말하는 것이다.

이날 이른 아침, 전날의 깊은 밤부터 이나우, 조각화(彫刻花)로 멋지게 장식한 새끼 곰의 머리를 화로 가까운 성좌로부터 바깥으로 옮겨 정중한 송사를 말하고, 웅두목에 안치한다. 곰의 머리에는 "이나우, 조각으로 장식된 주저, 식저(食箸)[35] 등을 묶어 두고 곰에게 자수단의(刺繡單衣)를 입히고,[36] 새끼 곰이 가지고 돌아갈 많은 선물을 공양한다. 이때 새끼 곰은 산 쪽을 향해 두고, 여자들은 춤추고 노래함으로써 새끼 곰의 혼과 헤어짐을 아쉬워한다. 이때 실내에서는 성대한 주연이 베풀어지고, 새끼 곰이 두고 간 선물인 고

---

35) 식저(食箸) : 식사할 때 쓰는 젓가락.

36) 홋카이도 동쪽 지역의 부락에서는 새끼 곰의 모피를 입히는 일도 있다고 한다. 자수단의는 수놓아 곱게 단장한 옷을 말한다. (지은이 주)

기를 나누어 먹는다."

곰 보내기 4일

제4일은 '육신 보내기'와 작은 여흥이 각기 행해진다.

날이 밝기 전, 혹은 제3일 밤, 신의 나라에 있는 부모에게 찾아갈 새끼 곰의 혼이 머물고 있던 웅두목을 집 쪽으로 향하게 하고, 입혀 두었던 자수단의를 벗기고, 전날 먹고 남은 곰의 고기와 내장들을 모인 사람들이 나누어 먹고, 행사에 참석하지 못한 원근의 친척 지인들과도 설령 적은 양이더라도 나누어 먹고 나서 행사를 마치고, 참석자들은 모두 해산한다. 웅두목에 안치되었던 곰의 머리는 그 집 주인에게 사냥운에 대한 과시의 상징으로, 또한 수호신으로 영원히 제단에 안치되는데, 비바람을 맞고 오랜 세월이 지나는 사이에 검은 모피는 색이 바래 털이 빠지고, 이빨이 빠지고, 백화 현상이 일어나기도 한다.

그러나 중요한 것은 곰의 혼이 원래 그가 살던 산으로 돌아간다는 것이다.

신요 7

아기 곰 신의 노래 1

仔熊の神の自敍

인간인 나의 아비
인간인 나의 어미가
나를 키우며
언제나 다름없이
살아가고 있었지

시중꾼 사내 하나를 데리고
사냥을 떠났던 어느 날
인간인 나의 아비는

"나의 아기 곰아!
올해는 너를 보낼 터
그에 앞서
화인(和人)과의 교역에 나서
화인의 술을 싣고 와
그것으로 정중한 예식을 치러
너를 보낼 것이다"

라고 말하고는
교역의 길을 나섰지

그러고서 얼마 되지 않아
인간 아비가 집을 비운 사이
인간 어미의 행동거지는 이러했으니

인간 아비가 부리고 있던 자를
집주인처럼
지아비처럼 대우하며
밥을 지어서도
나에게는 먹이지 않고
남편이 부리고 있던 사내와
화목하게 밥을 지어 먹고
아무것도 하지 않고
침상으로 가
함께 이불을 덮고
밤낮으로 희희낙락
나날을 보내고 있었지

그런 날들이 계속되고
지금에 이르니

굶주림은 극에 달해
몸이 배배 꼬일 지경이 되어
어느 날 밤 나는
우리를 깨고
밖으로 도망을 쳤지

강 연안을 따라
산을 향해
어딘지도 모르는 길을 헤매고 있자니
커다란 오두막 한 채가 눈에 들어왔지
가까이 가 바라보니
아! 그 모습이란
집 둘레에
물고기 건조대가 세워져 있어
그것을 보니 눈이 뒤집혀
먹어 버릴까도 생각했지만
주인도 없는데 먹었다가
봉변을 당할까 싶어
마음을 접고
오두막 안으로 들어갔지
탁자 위에는
마른 생선 꾸러미가 가득 널려 있어
다시금

먹고 싶은 충동을 참고 참다가
화로 가까이 가서 보니
우좌(右座) 쪽으로
옷대[37]에 큼지막한 담배 주머니가 걸려 있어
그것을 내렸지

우좌 화로 옆에
담배 주머니를 베개 삼아 모로 누워
한참 시간이 지나
완전히 날이 저물었을 무렵
주인이 오는 기색을 느꼈지
문밖으로 사람 걸어오는 소리가 들리더니
아무런 기척도 없이
얼마간의 시간이 지나고
창문으로부터
누군가 들여다보는 기색에
꼼짝도 않고 있으려니
문틈으로 누군가 엿보고 있었더라

사방은
쥐 죽은 듯 조용하고

---

37) 옷대 : 옷을 걸어두는 횃대.

그렇게 또 얼마가 지나자
조용히 문을 열고 들어오는 사람이 있어
바라보니
사람은 사람이되
분명, 수령임이 분명한 자가 들어오고 있었지
좌좌(左座)를 지나
횡좌(横座)로 발걸음을 옮기면서
언제까지나 내 모습을 지켜보고 있었지

내 옆에까지 다가와서는
놀란 목소리로 말하기를

“존귀하신 신이
무슨 사연이 있어
이런 곳엘 왔단 말인가?”

화로 머리맡에 자리를 마련하며
다시 말하기를

“존귀한 신이여!
일어나 자리에 앉으시면
드실 것을 마련해 드리리다”

인간 수령의 말에
내가 몸을 일으켜
노두좌(爐頭座)[38]에 자리를 잡고 앉으니
인간 수령이
불을 지피고
솥을 씻어 불 위에 앉혀
먹음직스러운 음식을 조리하여
한껏 식욕이 돋우어졌을 즈음
인간 수령은
지붕 서까래 모퉁이에서
물고기[39] 턱뼈인지
등뼈인지를 내려
화롯불 위에 올렸지
검게 그을린 뼈를
냄비에 넣고
냄비 아래로 고개를 숙여
불을 붙이니
이윽고 냄비가 끓었지
끓은 냄비를 내리고 나서는
나무 주발을 꺼내

---

38) 노두좌 : 화로 머리맡에 마련된 자리

39) 물고기 : 연어 혹은 송어. (지은이 주)

깨끗이 씻은 다음
생선 뼈 국을 내게 건네며

"존귀하신 신이여!
내 하는 말을 잘 들어 주시옵소서
인간의 세상만 이렇지는 않습니다[40]
굶어서 고생하던 이가
급히 맛있는 음식을 먹으면
탈이 나 죽을 수도 있으니
이것이 염려되어
맛있는 음식을 드리기 전에
뼈 우린 탕국을 드린 것입니다
뼈관절에 묻은
재를 털어내고 난 뒤에 비로소
맛난 음식을 드리게 되니
존귀하신 신의
공복의 괴로움을 떨쳐 낼 수 있을 것이라 여겨
그렇게 하여 올렸던 것이니
결코 분한 마음은 품지 않으시기를 바랍니다"

라고 말한 뒤

40) 신 또한 그러합니다. (지은이 주)

잠시 잠깐 시간을 두고
생선 뼈 우린 국을
성심을 다해 먹여 주었더라

그러고는 잠시 뒤
큰 냄비를 씻어
불에 올리고
생선 맛있는 부위를 골라
솥에 넣고
다시 그것을 꺼내
나무 주발에 담았지

먹어 보니
그 맛이란
가히 천상의 맛이었더라

그리고 이 집에서
나는 소중하게 양육되고 있었지

이윽고
인간 수령의 마을에서
나를 맞으러
많은 사람들이 모여들었지

그때
인간 수령의 아내도
나를 찾아왔는데
인간 여인이면서도
그녀의 아름다움이란…!
차마 말로는 할 수 없을
미모의 여인이
나를 맞으러 찾아왔던 것이었지

그 여자가 내 쪽을 보고
우좌 남편 수령의
아래 자리에 공손히 자리 잡았을 때
남편인 수령은 입을 떼

"어느 날
물고기를 잡으러
산기슭을 내려갔다 돌아와 보니
나 없는 동안
오신 신이 있었다네
담배 주머니를
베개 삼아
누워 있었던 것이었지
괴이한 일이라 여겨

몸을 자세히 살펴보니
이러했다네

이 마을 강
중류 마을을 다스리는 수령이
기르고 있다던
소문으로만 듣던 새끼 곰이리라는 것을 알았지
분명
중류 마을을 다스리는 수령은
기르던 곰이
한 살, 두 살 되기를 기다리고 있었을 터
그 '곰 보내기'
축제 준비로
화인에게 교역을 떠났다고 들었는데

새끼 곰을 남기고
떠난 뒤
곰을 건사하던 자가
못되게 구니
도저히 참을 수 없어
내게로 도망쳐 온 것이라
나는 믿어 의심치 않으니
이제부터

새끼 곰을 키우는 동안
튼튼하고 건강하게 자라도록 보살필 것이오

여자란 모름지기
단지 나쁜 생각을 마음속에 담아 두는 것만으로
신은 그것을 벌할 것이니

마을로
나의 새끼 곰을 데리고 가
집에서 키운 뒤에
곰 보내기
제사를 올릴 생각이니
당신은
밥을 지을 때나
새끼 곰에게 먹일 때나
정성과 성의를 다해야 할 것이오
우리 곰이기에"

라고 아내에게 당부했지

그런 뒤
많은 사람들이
물고기 등짐을 지고

마을로 내려왔고
나 또한
수령에게 이끌려
마을로 내려와
그 집에 당도했더라

그러고는
내가 들어갈
커다란 우리를 만드니
나는 그리로 들어갔지

이후로 뭐랄까
집 주부는 나를 정성을 다해
예를 갖추어 대해 주었으니
더없이 공손하게
나를 길러 주었음은
말로 차마 형용하기 어려울 지경이었지

그렇게 보내던
어느 날인가
집 밖에 사람 소리가 들려 바라보니
나의 인간 아비가
커다란 등짐을 지고 와

우두커니 서 있었지

마을 수령의 아내가
인간 아비를 맞아들이니
아비는 들어와
집주인과 인사를 나누며
대화를 나누었지

인간 아비는

"내게 있어 새끼 곰을 말한다면
곰 이외의 다른 것은 생각할 수 없을 만큼
오로지 곰뿐이었소
화인과의 교역을 위해
집을 비우고 나가 있는 동안
곰을 돌보던 자가 못되게 굴어
아기 곰 신이 차마 참지 못하고
달아나 버렸던 것이라오
내가 돌아와 사실을 알게 되어
내 악처와
그 계집과 놀아난 놈을 함께 죽여 버렸소

그 후

나의 곰을 찾아
마을 사람들과 함께
산을 넘고 넘어
헤매고 다녔지만
운이 다했던가
모든 것이 헛수고여서
몸져눕고 말았더라오

어렴풋이
소문 듣기로
강 윗마을 수령에게
나의 아기 곰이 도망쳐 갔다 하기에
사례 선물을 드리고
곰을 데리고 갈 수 있지 않을까 싶어
고르고 고른
보물을 싸 가지고 찾아온 것이라오"

인간 아비의 말에
집주인
수령은 나를 보낼 마음이 없었으니
그리고는 또다시
서로의 생각을 주고받으며
대화를 이어 나간 끝에

강 윗마을 수령이 말했지.

"그러시다면
강 중류 수령께서
밖에 있는
아기 곰에게 가
내가 데리고 가겠노라 말하시고
곰이 혹여
수령과 함께 가고 싶다는
몸짓을 보인다면
데리고 가셔도 좋습니다"

그러자
나의 아비
나의 인간 아비는
밖으로 나와
내 곁으로 다가와 울면서

"나의 곰 신이여!
내 말을 들어 보라
내 마음의 말을 잘 듣고 승낙해 주시기를…
나는 딴마음 먹은 것이 아니라
오직 정중히 '곰 보내기'를 하겠다는 생각으로

화인과의 교역에 나섰던 것인데
나 없는 동안
설마 그런 끔찍한 짓을
내 악처가 저지를 것이라고는 꿈에서라도 생각이나 했겠는가?
내 눈이 닿지 않은 곳에 숨어 그런 짓을 저지를 줄이야

나의 곰 신이
분함을 참지 못하고
화를 내는 일도
당연하고 지당한 일
너에게 먹을 것만 챙겨 주었더라도
그리 화내지 않았을 것을
나 없는 동안
못된 년은
무도한 행동도 마다하지 않았고

그리하여
나의 아기 곰 신은
집을 뛰쳐나와
강 윗마을 수령의 집으로 피난하신 것이라 들어
내가 모아 두었던 보물을 챙겨
너를 찾으러 온 것이라

강 윗마을 수령이
너를 보내고 싶지 않다고 말하는 것도
무리는 아니지
밤이고
낮이고
수령과 담판 끝에
집주인은

'그런 이야기라면
당신이 밖으로 나가
새끼 곰에게 가서
너를 데리고 가고 싶다 말하여
같이 가기를 바라지 않는다면
그런 몸짓을 보일 것이니
밖으로 나가
새끼 곰에게 말을 걸어 보고
곰의 반응을 보도록 하시오'

주인의 말에
나는 밖으로 나오게 된 것이었으니
나의 곰 신이여!
나의 진심을 듣고

허락해 주지 않으시겠소?”

인간 아비가 하는 말을 듣고
내가 느꼈던 것은 이러했지

나를
자애(慈愛)로 길러 주었던
인간 아비였다는 것을
저렇게 진심 담긴
인간 아비였다는 사실을 듣지 않았는가?
라고 생각하며
조용히
느릿느릿
우리 안을 돌고 돌며
먹이 구멍으로 들어온
아비의 손을
핥고 또 핥았지

인간 아비는
눈물을 흘리며
거듭거듭
머리를 조아리며 말했지

"나의 아기 곰 신이여!
나와 함께 돌아갈 것을
나의 말을 듣고 승낙하였으니
이 얼마나 고마운 일인가?"

집 안으로 들어가
인간 아비
다시 말했지

"나의 아기 곰 신은
나와 함께 돌아가겠다는 몸짓을 하였소
내가 아기 곰을 데리고 감에
이렇게 하였으면 하오

강 윗마을 수령 덕분에
나의 곰도 찾을 수 있었으니
이에 대한 사례
예물을 드리려 하오
또한
예물과 함께
아기 곰의 선물[41]을

41) 아기 곰의 선물 : 곰 제사를 모실 때 얻는 곰 고기 절반. (지은이 주)

강 윗마을 수령에게 드리고
남은 절반을
내 몫으로 하고자 하오"

인간 아비의 말에
강 윗마을 수령은 말했지

"보물이 탐나
곰 신을 모신 것이 아니었으니
주시려는 보물은
차마 받을 수 없겠소이다"

강 윗마을 수령은
나를 데리고 가는 일을
쾌히 승낙하니
인간 아비 나를 데리고
강을 따라 내려가
집에 이르게 되었으니
이후로도
전과 마찬가지로
나를 극진히 길러 주었지

얼마 지나지 않아

인간 아비는
새로이 아름다운 여인을
맞이하고
인간 아비는
나를 보내기 위한 준비를
천천히 갖춰 나갔지

때때로
강 윗마을 수령도
아내와 함께 찾아와
제사 준비를 거들었으니
그러고는
'곰 보내기'가 결정되고
인간 아비의 말대로
강 윗마을 수령은
따로
술과
기장떡(粢餠)
이나우 등을
나에게 공손히 바쳤더랬지

인간 아비 또한
교역으로 가져온 술과

손수 빚은 술을
정중히 공양하니
나는
많은 술과
많은 이나우를 받아
신인 나의 아비에게로 돌아왔더라

내가 도착하기 전
신인 나의 아비의 집에는
술과
이나우
식량 등의 공물이
산처럼 쌓여
집이 좁을 지경이었지

신인 나의 아비는
가까운 신
멀리에 있는 신에
통지를 보내니
초대받은 신들이 찾아와
이틀
사흘이 지나도록
향연이 펼쳐지고

마침내
향연이 끝나니
신들은 정중한 예를 표하고 돌아갔으니

그리하여 나는
신인 나의 아비
신인 나의 어미와 함께 살아갔더라

내용 해설

사냥에서 포획된 새끼 곰이 인간 부모의 손에 길러지고, 이후에 정중한 예식, '곰 보내기'로 신의 나라 부모에게 돌아가는 전말을 새끼 곰이 이야기한다.

신요 8

아기 곰 신의 노래 2

仔熊の神の自敍

오키쿠루미
나의 아비
나를 키우며 언제나처럼
살아가고 있었지

그러던 어느 날
나의 아비
내게로 와
따뜻한 손을 내밀며

“나의 아기 곰아!
나는 교역에 나가
여러 가지 술 재료들을 가지고 와
그것으로 너의 ‘곰 보내기’를 해 줄 것이다”

말하고
교역에 나서니

그 모습을 볼 수 없게 되었지

그 뒤로
일꾼과 하인들은
나에게 아무것도 먹이지 않았으니
내가 배고파 울면
우리에 벌어진 틈 사이로
먹다 버린
물기라고는 하나도 없는 과일을 집어 던지고
목이 말라 울기라도 하면
물바가지를 내게 쏟아 버리니
나는
우리에 묻은 물을 핥을 수밖에…

급기야 굶주림에
죽을 지경에 이르게 되었으니

그러던 어느 날
우리를 부수고 밖으로 나가
주목(朱木) 지팡이에 몸을 기대
이리 구르고
저리 구르며
강을 따라 윗마을로 가

개화나무 작은엄마를 찾아가서는

"개화나무 작은엄마
금년 한 해만
머물도록 해 주세요"

내 부탁에
개화나무 작은엄마는
턱을 쑤-욱 내밀고는
심술궂게

"오키쿠루미
네 아비는 말뿐이더구나
언제나 나를 타박하는데
내가 무슨 정이 있어
너를 돌봐 주겠니"

라고 말을 하기에
다시
주목 지팡이를 끌며
수없이 넘어져 가면서
떡갈나무 작은엄마를 찾아갔지

"떡갈나무 작은엄마
올 한 해만
머물게 해 주세요"

이 말에 떡갈나무 작은엄마는
고개를 끄덕이고
나를 애무(愛撫)하며

"올해는 도토리가 흉년이라
식량이 없으니
너를 도와줄 수 없겠구나"

라고 말했지
나는 또다시
주목 지팡이를 짚고
이리저리 구르면서
귤나무 작은엄마를 찾아갔지

"귤나무 작은엄마
올해만 머물게 해 주세요"

귤나무 작은엄마는
고개를 끄덕이고

나를 애무하며 말하기를

"올해는
식량도 부족하니
너를 데리고 있을 수 없겠구나"

귤나무 작은엄마의 말에
다시
주목 지팡이를 움켜쥐고
수도 없이 구르면서
밤나무 작은엄마를 찾아갔지

"금년 한 해만
밤나무 작은엄마!
이곳에 묵도록 해 주세요"

이 말에
이번에는 밤나무 작은엄마가
입가에 엷은 미소를 띠더니
머리를 끄덕이며
나를 애무하고는

"올해는

식량도 넉넉하니
우리 집에 머물도록 하렴"

하고 말하고는
밤 한 가마니를 내어주고
살도록 허락해 주었더라

그러던 어느 날
강 아랫녘에서
발자국 소리 들려 돌아보니
오키쿠루미 신
나의 아비가
황금 모시를 들고
걸어와

"나의 아기 곰!
네가 여기 있었구나"

말하면서
내 얼굴 위로
두 줄기
세 줄기
끝도 없이 눈물을 떨구면서

황금 모시를
내게 걸쳐 주고는
강을 따라 내려가
예전 살던 집으로 향하였더라

분을 참지 못한 나는
일꾼과
하인들이
내게 했던 짓을
꿈에 보여 아비에게 알리니
다음 날
일꾼과
하인들을
한 사람 남김없이 죽여 버리고
나의 아비는
술을 빚어
여섯 개의 제기에 담아
횡좌(黃座)에 놓아두었으니
아름다운 이나우
좋은 술로
나를 보내 주었더라

그리하여 나는

신인 나의 아비
신인 나의 어미에게 돌아가게 되었으니

기장떡(粢餠)
이나우들을 보내와
신창(神窓)으로 들어오고
신인 나의 아비는
여섯 개의 제기를
횡좌에 올려놓고
그 안에 술을 붓고
신들을 모셔
성대한 주연을 열었으니

이로써 나는
신으로 숭배받게 되었노라고
새끼 곰 신이 말하였더라

내용 해설

인간 손에서 자란 새끼 곰의 노래로, 양부(養父) 오키쿠루미 신[42]이 교역을 떠나 집을 비웠을 때 곰을 돌봐 주던 자가 곰

---

42) 오키쿠루미 신 : 아이누의 시조 신으로 천상에서 인간 세계에 강림

에 소홀하여 굶기기를 거듭하자, 이를 참지 못한 곰이 우리를 뛰쳐나와 밤나무 어미에게 가게 된다. 이윽고 교역에서 돌아온 오키쿠루미가 다시 곰을 찾아 정중히 '곰 보내기'를 하여 신의 나라 부모의 품으로 돌려보낸다는 이야기다.

하여 아이누 문화의 기초를 개척했다고 믿어지는 신이다. 이들은 아에오이나 카무이, 아이누락쿠루, 오키쿠루미, 오키키루무이, 오키키루마 등으로 불리며, 이들의 자서(自敍)로 된 것을 신성시해서 부른다. 특히 아에오이나 카무이는 '우리들이 말로써 계승하고 언어로써 전승하는 신', 즉 전승신이며, 아이누락쿠루는 '인간 냄새가 나는 반신반인의 신'이다. I부는 모두 말하자면 '신의 노래(신요)'이고, II부에서 보게 될 '오이나'는 아에오이나의 공적과 덕행을 칭송하는, 종교상 중요한 신화를 내용으로 하는 서사시다. (지은이 주)

신요 9

아기 곰 신의 노래 3

仔熊の神の自叙

인간인 나의 아비와
인간인 나의 어미가
나를 키우며
언제나 변함없이
살고 있었지

그러던 어느 날
나의 아비는
밖으로 나와
내게로 와
몇 번이고
몇 번이고 손을 조아리며

"너무나도 너를 아끼기에
서둘러 금년 겨울에
너를 보내기는 아쉬우니
금년에는

한 해 겨울을 보내고
1년 더 겨울을 더 보내고 나면
신인 너의 아비와
신인 너의 어미에게
기장떡(粢餠)과
술을 마련해
너와 함께 보내겠노라고
신인 너의 아비와
신인 너의 어미에게도
말해 두었다"

라고 말했지

그 뒤에도
얼마만큼
나를 아끼어 주었는지는
도저히 말로 다 할 수 없었으니
나를
진심으로 대해 주고
자애롭게 키워 주어
언제나 변함없이 그리 살고 있었는데

드디어

겨울도 지난 어느 날
나의 아비
인간인 나의 아비가
내게로 다가와 말했지

“올해에는
너를 보내려 마음먹고 있으나
그 전에
화인(和人) 땅에 교역을 나가
술을 가져와
그것으로 성대하게
너를 보내려 한다”

인간 아비는
그리 말하고
교역의 배를 띄워 떠나갔으니
그가 집을 비운 사이
인간 어미가
하인들과 함께 지내고 있었는데
얼마 지나지 않아
인간 어미는
무슨 알지 못할 병에 걸려
시름시름

병색이 짙어지더니
나에게 음식을 주는 일도
마을 행사에 참석하는 일도 하지 못하고
몸져눕게 되었지
하지만 하인들에게

“음식은 얼마든지 있으니
맛있는 음식을
잘 조리하여
아기 곰을 잘 챙기도록 하여라”

라고 당부했지
그렇지만
하인들이 내게 한 짓이란
맛있는 음식을
솥 안 가득 끓여
그것을 내어서는
자기들만 먹고
그러고는
국물만 가지고 와
내 우리에 뿌릴 뿐이었으니

나는

배가 고파지면
우리에 끼얹어진 국물을 핥고 있었으니
어느새
몸은 쇠약해지고
죽을 지경이 되어
밤이고
낮이고 울어 대며
우리 안을 서성대었고
인간 나의 어미는
눈물을 흘리며

"여봐라!
내가 너희들에게 이른 대로
맛있는 음식을 지어
우리
아기 곰에게 먹이었느냐?
어찌하여
밤이고
낮이고
성이 나 울부짖고 있는 것이냐?"

나의 인간 어미가
울먹이며 말할 때

"맛있는 음식을 만들어
먹이려 해도
새끼 곰은 성정이 워낙 못된 터라…"

하인의 대답에
인간 어미는
반죽음에 이르고 말았지

그러는 동안
나의 아비
나의 인간 아비가
곧 돌아올 것이라는 생각 속에도
나는
굶주림에 지친 나머지
거의 죽음에 이르게 되었지

그러던 어느 날 밤
우리를 깨고
밖으로 나가
산으로 도망쳐 달아났지만
지독한 배고픔에 지쳐
차마 걸음을 떼기도 어려운

힘겨운 발걸음으로
밤나무 작은엄마를 찾아가
머물게 해 달라 부탁하니

"올해에는
밤도 열리지 않아
식량이 부족하여
너 같은 대식가를 돌봐 줄 수가 없구나"

밤나무 작은엄마가
그리 말하므로
나는 울면서
걷고 걸어
소나무 작은엄마를 찾아가
머물게 해 달라고 부탁했지
소나무 작은엄마는

"금년은
흉년이 들어
대식가인 너를 묵게 해 줄 수 없다"

말하는 것이었지
그리하여 나는 또 울면서

걷고 걸어
호두나무 작은엄마를 찾아가
잠자리를 청하니
호두나무 작은엄마는

“금년은
풍년이 들어
식량도 충분하니
대식가라 하여 무슨 문제가 있겠느냐”

말하였으니
이후로
호두나무 작은엄마의 집에서
머물게 되었지
호두나무 작은엄마는
정성을 다해
나를 키워 주었으니
한 해 겨울이 지나도록
그곳에 머물게 되었지

그러던 어느 날
호두나무 작은엄마는

"나의 아가 곰아!
내 하는 말을 잘 들어 보렴
너는
지체가 높은 신의 자제이니
언제까지나
내 곁에 있을 수만은 없는 일인데
내가 살펴본즉
인간인 너의 아비는
네가 없어진 뒤에
교역에서 돌아왔더구나
그러고는
사라진 너를 잊지 못해
몸져누워 있더구나

그동안
너를 찾아
두 개의 산을 넘고
세 개 산을 넘어
헤매고 헤매다가
집에 돌아가서는
너를 잃은 아픔에
자리를 깔고 누워
아무 일도 할 수 없게 되었다는구나

인간인 너의 어미 또한
너의 일을
잊지 못하고
눈물로 살아가고 있다는데

그 시초는
인간인 너의 어미가
원인 모를 병이 들어 있을 때
아랫것들이
자기들만 먹고
너에게는 아무것도 주지 않고 방치하니
너는 아무것도 먹지 못하고
죽을 만큼 힘이 들어
도망쳐 나와
내게로 왔던 것이었지

네가 여기에 머문 것도
이제 한 해 겨울이 지나
내가 너를 기르고 있다는 것을
너의 인간 아비에게
꿈을 통해 알려 주었으니
이제 머지않아

너를 찾으러
너의 인간 아비가 찾아올 터
이제 너를 인간 아비의 품으로 돌려보내려 한다"

호두나무 작은엄마의
말이 있은 뒤
이틀, 사흘이 지나
호두나무 작은엄마의 집
바깥에는
개들 짖는 소리
어지러이 들리고
호두나무 작은엄마는 말했지

"일어나
창문 밖을 한번 보려무나"

호두나무 작은엄마의 말대로
횡좌(横座) 위에 있는
창문으로 다가가
호두나무 작은엄마의
집 주위에
개들이 요란하게 짖어 대며
어슬렁거리는 모습을 바라보며

얼마쯤 지났을까
설마 생각지도 않은 일이 벌어졌으니

뒤에 있던
호두나무 작은엄마가
창문에서
나를 밖으로 밀어
내가 문밖
신창(神窓) 아래로 굴러떨어지자
개들이 몰려들었는데
바로 그때
어디서인가
나의 인간 아비가 홀연히 나타나
개들을
두들겨 쫓아내고는
내 쪽을 향해
예를 갖추어 말했지

"나의 아기 곰!
내 하는 말을 들어 다오
오로지 너만을 생각해
화인에게
교역을 떠났던 것인데

나 없는 동안
아내가
무언지도 모를 병에 걸려
너를 공양할 수 없었을 때
아랫것들은
자기들만 처먹으며
너에게 소홀하니
이에 너는
분을 참지 못해
달아났다는 것을
호두나무 작은 엄마가
현몽(現夢)하여 알려 준 덕에
네가 있는 곳을 알게 되어
이렇게 너를 찾아올 수 있었던 것이란다

부디 진정하고
내 진심을 믿어
나와 함께 돌아가면
아름다운 이나우와
술과
제기를 갖추어
너를 정중하게 보낼 생각이니
그리하면

그것을 선물로
신인 너의 아비
신인 너의 어미에게
공양물로 가지고 가
신인 너의 아비
신인 너의 어미를
기쁘게 할 수 있지 않겠느냐"

인간인 나의 아비는
눈물을 머금고
말을 이어 가며
나에게 예를 올렸지

그리하여 나는
조용히
그 손을 잡고
혀를 내밀어 핥았더니
인간 아비는
두 번
세 번
나를 안고 쓰다듬어 주었지

그러고는 조용히

나를 데리고
산을 내려가
인간 아비의 집으로 가니
인간인 나의 어미 울면서

"도대체 어떤 악신
어떤 마신(魔神)의 조화가
남편이 없는 동안
내게 병을 옮겨
내 아기 곰에게
음식을 먹이는 일도
마을 대소사에 참가하는 일도 못 하게 되었으며
하인들에게
악심을 일으키게 하여
아기 곰이 도망치도록 하였는가

나 또한
이조차 모르고 있었는데
신이 계시어서
내 아기 곰이
집으로 돌아오게 되었구나"

말했지

이후로 나를
정성을 다해 길러 주었으니

그러는 동안
인간인 나의 아비는
술을 담그느라 분주했지
이윽고 술이 익어
여자들과
남자들이 모여
바삐 술을 거르고
이나우를 조각하는 자는
분주히 칼질을 하는 동안
준비가 마무리되고 있었지

드디어
나를 보낼 날이 정해지니
나의 아비는
남자들을 불러 모아
나를 즐겁게 해 주었으니[43)]
'곰 보내기'가 시작된 것이었지

---

43) 새끼 곰을 우리에서 끌어내 제장(祭場)을 돌며 새끼 곰을 기쁘게 하며 사람과 결별하는 의식이다. (지은이 주)

교역에서 가져온 화주(和酒)[44]
아이누 토속주를
나에게 바쳐 주니
나는 진심으로 감읍했지
기장떡(粢餅)
이나우 공양 또한
정중하게 진행되고
나의 인간 아비는
호두나무 작은 엄마에게
특별히
좋은 술과
아름다운 이나우를 공양하고
기도를 올렸지

그러고는
술과
이나우를 걸머지고
신인 나의 아비
신인 나의 어미에게 돌아갔지

---

44) 화주 : 일본 술.

내가 도착하기도 전에
우리 집
횡좌 가득
술과
기장떡
맛있는 음식들로
횡좌가 좁을 지경이었지

신인 나의 아비
신인 나의 어미는
기쁘게 나를 맞아 주며
멀리 있는 신
가까이 있는 신들에게
기별을 전해 초대하니
수많은 신들이 찾아왔지

내가 가지고 온 술을
신들에게 권하노라니
더없는 성대한 주연도 끝이 나고
신들은 모두
덕담을 건네며 돌아갔지

그러고 나니

나는 지체 높은 신이 되어
밖에 나가는 일도 삼가고
신인 나의 아비
신인 나의 어미와 함께 살았으니

때때로
인간인 나의 아비
인간인 나의 어미 쪽을 돌아보았고
부부 사이에
아이가 없는 것이 측은하여
남자아이 하나
여자아이 하나를 점지해
현몽하여
인간 아비에게 알려 주니
인간인 나의 아비는
마치 옆에 모시고 있는 신에게 하듯
먼 곳에 있는 나를 제사 공양하니
나에게는 일생 내내
인간이 공양하는 술
인간이 공양하는 이나우가 끊이지 않고
지내게 되었고

드디어 나는

신격(神格)을 높이며 살게 되었노라고

새끼 곰 신이
자기 몸을 빌려 말하였더라

내용 해설

인간 부모의 손에서 자라난 새끼 곰이, 인간 아비가 교역을 떠나 집을 비운 사이 하인들의 학대를 못 이겨 탈출한다. 그리고 밤나무 작은어미, 소나무 작은어미 등을 찾아가지만 그곳에 머물지 못한다. 뒤이어 찾아간 호두나무 작은어미가 그를 받아들여 그곳에서 한 해 겨울을 난다. 새끼 곰은 이후에 나타난 인간 아비를 따라 집으로 돌아가게 되어, 그의 손으로 신의 나라 부모에게 돌아가게 된다는 이야기다.

신요 10

산악을 다스리는 곰 신 딸의 노래 1

山岳を領く神(熊)の娘の自敍

나의 아비
어미
작은 오라비와
큰 오라버니
이들과 함께 살아가는 동안
어릴 적부터
마음먹기를

'어찌해서든
사람을 만나면
죽여 버리고 말 것이야!'

나는 그렇게 생각하고 있었지

밤에
잠자리에 들 때면
나의 아비

나의 어미는
둘 사이에
나를 눕히고
낮이 되어도
밖에 나가는 일을
경계하며
나를 지켜보았지

작은 오라비
큰 오라버니는
밖으로 나갈 때마다

"여동생을 잘 지켜봐야 한다"

라고 말하고
밖으로 나가서는
인간 마을에
빈객(賓客)으로 찾아가
이나우 선물
기장(粢) 만두
술 등을
산처럼 많이 받아 와서는
가까이 사는 신

먼 곳의 신들을
청해, 불러 모아
성대한 주연을 펼치는 일들이
일상으로 이어지고 있었지

그러던 어느 날
오라비들은 집을 비워
보이지 않고
나의 어미
나의 아비의
감시가 소홀했을 때
서둘러 밖으로 나가
산 아래
커다란 나무 들판을 달려 나갈 때

나는
목젖 깊숙이로부터
아름다운 노래를 뱉어 내며
여기저기
흩어져 있는
풀잎을 따 먹어도 보고
날려도 보면서

"인간은 어디 있는 거야!
잡아서!
잡아서 죽이고 말 것이야!"

입속으로 웅얼거리며
아래로
아래로 내려가니
어디에선가
노랫소리가 흥겹게 들려왔지
나무 뒤에
몸을 감추고 바라보니
여인 하나
어깨끈 달린
바구니를 등에 지고
목구멍 깊숙한 곳으로부터
묘한 조화를 이루는 노래를 부르며 다가오고 있었지

포효하며
내가 몸을 일으키자
여인이 도망치며 말하기를

"위대한 신이시여!
내 말하는 것을 들어 주시오

저는 촌장의
하나뿐인 외동딸로
오로지
풀만을 뜯어
저도 먹고
아비도 봉양하며
살아가고 있답니다
백합 뿌리를 캐러 온 저를
결코, 다른 사람으로 오해하여
죽이지는 말아 주십시오"

말이 끝나기도 전에
앞다리를 들어
단숨에
여자의 숨통을 끊어 놓았지

그러고 나서
들판을 가로질러
앞발을 핥으며
산을 넘어
집에 돌아갔지

집에 들어섰을 때

나의 아비와
나의 어미는
마치 입을 맞춘 듯

"도대체
어디 가서 무슨 짓을 하고 돌아온 것이냐?
이 못된 년!
설마
무슨 나쁜 짓을 저지르고 돌아온 것은 아니더냐?"

라며 내내 나를 꾸짖었지

날이 완전히 저물어
불의 할매 신의
음성이 들려왔지

"외동으로
촌장과 함께 살아가던
딸을
그대의 못된 딸이
죽여 버리고 말았으니
반드시
다시 살려내야 할 터

만약
그리하지 못한다면
그대가 아무리
산악을 다스리는 신이라 할지라도
그대의 권속과 함께
마구니의 나라
음습한 명부(冥府)에 떨어지고 말 것임을…"

이 같은
불의 할매 신
음성이 전해지니

"이 못된 딸년이
어딜 가서 보이지 않는다 했더니
우려했던 대로
그런 짓거리를 하고 돌아왔단 말이더냐?
당장 가서
촌장의 딸을
살려 놓고 돌아오거라
만에 하나
그리하지 못한다면
그 즉시
이 아비의 손으로

지옥의 나라
음습한 명부로 보낼 줄 알아라!"

말과 함께
모질게 매질을 하니
나는 발톱을 핥으면서
넓은 초원을 따라 내려갔지만
내가 채 닿기도 전에
이미
사람들이 올라와
여자를 업고 간 뒤였지

나는
피로 물든 풀잎을 핥고[45)]
또, 핥았지
그러고는
또다시
울면서 내려가
집들이 옹기종기 모여 있는 마을
동쪽을 지나니

45) 피로 물든 풀잎을 핥고 : 죽인 딸을 소생시키기 위한 행동이다. (지은이 주)

마을 한가운데
커다란 집에서
망자를 애도하는 통곡 소리가 들려와
그 집
신창(神窓)을 깨고 들어가니[46]
죽은 여자 곁에
모여 앉아 있던 사람들 모두
벌떡 일어나
도망치려 했지
마을 촌장은 입을 열어 말했지

"위대한 신께서
다치게 했고
그 상처가 염려되어
온 것이라면
딸을 살려주러 온 것일 터이니
모두는
경솔한 행동을 삼가도록 하라"

이에

46) 신창(神窓)을 깨고 들어가니 : 일반적으로 문으로 들어가면 나쁜 곰이라는 인식 때문이다. (지은이 주)

사람들은
머리를 숙이고
발을 모아
진지하고
근엄한 표정으로
경외심을 보였고
이어
나는 딸의 수의를 벗기고
그 상처를
위로부터
아래까지
조심스레 핥아 주며
동시에
조용히 숨결을
속삭이듯 불어넣고
그러고는 또다시
위에서
아래로
상처를 핥아 주니
홀연
작은 상처
큰 상처가 아물어
본래의 몸으로 회복되었지

나중에 손을 짚고 일어나
신창을 통해
밖으로 나갔을 때
사람들은
등에 지고 있던 화살통에서
화살을 내어
빗발치듯 쏘아 대니
뜰에는 화살이 가득하고
화살 독[47]은
내 다리를 마비시켜
나는 그만
사냥감이 되어
죽음에 이르고 말았지

그러고 나서
집 안으로 옮겨지니
불의 노파 신이
여섯 겹 소매 옷을 겹쳐 입고
그 위에 오비를 여미고
여섯 겹 소매 위에는

---

47) 화살 독 : 백합 뿌리에서 얻은 화살 독은 몸을 마비시킨다. (지은이 주)

하오리를 걸친 모습으로 나타나
나를 거칠게 때리며

　“위대한 산신의 딸임에도
　너는 어찌하여
　그런 흉한 일을 저질렀는가!
　이후에라도
　너의 전죄를 뉘우치고
　신의 마음
　온화한 마음으로 돌아가야 하지 않겠는가?”

이렇게 말했지
나에게
호되게 매질을 해대면서도
이나우와
온갖 음식을 갖추어
정중한 예식을 치러 주며
나를 보내 주었지

돌아와
집 안으로 들어가니
신창 위에
주저(酒箸)가 떠오를 만큼

잔에는 술이
가득 부어져 있고
조각 장식된 주저는
전갈을 알려 주었으니
전언과 함께
이리저리
방향을 바꿔 가며
말을 할 때
나의 아비는
여섯 개의 제기(祭器)를
화덕 왼편에
나란히 두고
술잔의 술을 옮겨 담았지
이미 많은 이나우가
집으로 인도되어
가까이 사는 신
멀리 있는 신들을 불러
성대한 주연이 펼쳐질 때
신들이 말했지

"네가 비록
위대한 신의 딸이라 해도
허물의 크기가 작지 않다

하나
이제 와서는
인간의 수령(首領)
뛰어난 장자(長者)가 되었으니
너에게 감사하고
이 또한
기쁜 일이 아닌가!"

잔을 기울이고
신들 모두가 돌아감에
어떤 악신이
나를 유혹한다고 하더라도
이 같은 흉사(凶事)를 저지르는 일은 하지 않으리라
나 스스로 후회하고
생각하며
나날을 보냈으니

"언제라도
설사 꿈속이라 하더라도
신의 딸들이여
내가 한 잘못을 잊지 말아라"

라고

산악을 다스리는 신의 딸이
스스로 말하였더라

내용 해설

주인공은 산신(곰)의 딸인 암곰으로, 성질이 흉포하여 인가(人家)에 가지 않도록 부모, 형제들이 항상 주의를 준다. 그렇게 경계했음에도 어느 날 부모의 눈을 피해 산 아래로 내려간다. 도중에 만난 인간, 촌장의 여식에게 달려들어 살해하고 집으로 돌아오니, 불의 할매 신(媼神)은 딸의 악행을 아비 곰에게 알리며 죽인 여식을 되살리지 않으면 산악을 다스리는 곰 일가에게 천벌이 내려질 것을 경고한다.

이에 곰이 딸에게 엄히 명을 내리고, 딸이 다시 산으로 내려가 죽은 촌장의 여식을 찾아 그 여식을 되살리고 곰 보내기 제사를 받아 신의 나라로 돌아오니, 산신 곰이 많은 신들을 불러 향연을 펼친다는 이야기다.

신요 11

곰 신 딸의 노래

熊の神の娘の自敍

산악(山岳)을 다스리는
신의 딸로서
나는
매일 같은 날을
보내고 있었으니
나의 작은 오라비
큰 오라비
아비
그리고 나의 어미와 함께
살아가고 있었지
나는 밖에 나가서는 안 된다고
심히 경계하여
오라비들이
사냥 나설 때는

"누이가 밖에 나가지 못하도록
아버지나

어머니가
지켜보게 해야 해"

라고 말하고
밖으로 나가는 것이
언제나 습관처럼 되어 있었지

그러던 어느 날 나는
나의 아비
어미가 방심한 틈을 타
밖으로 나가
강변을 따라
기뻐 날뛰며
강 아랫녘으로 달려가면서
풀을 뜯어
입으로 우물대고
달려가며
스스로 말했지

"어디서든
사람을 만나기만 해 봐라
기필코 잡아먹고 말 테니"

산을 따라 내려가니
강 옆에
나무 우거진 들판이 널리 펼쳐지고
들판 위를
달려 나가니
강 아래쪽에서
여자의 노랫소리가
들리는 듯 마는 듯
그곳으로 달려가니
여인 하나가
풀을 뜯으며
노래하고 있어
날듯이 달려들어
죽여 버리고 그녀를
갈가리 찢어 먹어 버렸지

그러고는
풀을 뜯어서는
등짐을 만들어
등에 지고
아비
어미가 있는 집으로 돌아와
지고 있던 짐을

돗자리 위에 내려놓았지

큰 솥을 걸고
불을 지펴
뜯어 온 풀을 삶을 때
솥 절반에는 핏물이 끓고
절반은 보통의 국이었으니
이것을 보고
나의 아비
나의 어미가 크게 노하며 말하기를

"이런 몹쓸 년!
설마 했더니
기어이 일을 저질렀더냐!
이 솥에 붉은 피는 무엇이란 말이냐?"

아비는
황급히 솥을 내려
쏟아 버렸지

이윽고
완전히 날이 저물었을 무렵
불의 여신으로부터

전언(傳言)이 전해졌으니[48)]

"산을 다스리는
신의 딸이
인간의 여식을 죽여 버렸으니
그 딸을 되살리지 않으면
산을 지배하는 신을
그 권속은 물론이고
음험한 명부(冥府)
지옥의 땅에
떨어뜨리고 말 것이다"

이러한 전언에
나의 아비
화로에서 부지깽이를 들어
나를 두드리며

"이 못된 년!
그런 짓을
저지를까 두려워

---

48) 전언(傳言)이 전해졌으니 : 곰에게 죽임을 당한 여자의 집에서 불의 여신에게 기도를 드린 결과이다. (지은이 주)

밖에 나가지 못하도록 한 것이었는데
그걸 못 참고 나가
기어이 일을 저지르고 말았구나"

말하며
매질을 그치지 않았지
그때 마침
오라비들이 집으로 돌아왔다가

"이렇게 일을 저지른
누이의 악행으로 하여
불의 여신의 비난이 내려지고 말았구나"

아비의 말에
오라비들은
함께 밖으로 나가
돌아오지 않았지
하룻밤을
밖에서 보낸 오라비들은
다음 날 돌아와

"누이야!
우리와 같이 산으로 가자!"

말하매
나는 기꺼이
밖으로 나갈 준비를 마치고
오라비들을 따라
산으로 향했지
자꾸 걸어
끝도 없이 나아가
깊은 계곡
절벽에 걸쳐 있는 길을
따라 내려가
다래 넝쿨이
험로에 우거지고
원숭이배[49] 넝쿨 우거진 곳에 이르자
큰 오라비 말하기를

"누이야!
우리들이 선의(善意)를 가지고
너를 이리 데리고 온 게 아니다
나무 아래
너를 두고 갈 것이니

---

49) 원숭이배 : 다래의 다른 이름이다.

산 남쪽에서
바람이 불어오면
절벽 위쪽으로 가고
산 북쪽에서
바람이 불어오면
절벽 아래쪽으로 걸어가라

밤이고
낮이고
그리하다 보면
네 몸 위에
개다래나무 넝쿨이
돋아나올 것이고
그리하면
네 몸 위
피부 위에 덮일 것이다

당연히 그럴 것이나
나쁜 마음을 품는다면
풍년의 해에
개다래 열매가
하나도 열리지 않을 것이고
흉년이 든다면

그것을 기뻐하는
네 몸 위에
개다래 열매가
주렁주렁 열릴 것이다

그리될 때
북쪽에서 날아온 새가
네 머리 위로 찾아와
개다래를 먹는 소리 요란하고
새들이 싸대는
오줌
똥 냄새로
너는 숨도 못 쉴 것이니

그것이
며칠
몇 년이 계속되는 것은
본래부터
악심의 근성을 가지고
악업을 범한 때문이니
네 몸에 열린 개다래는
사람도
신도 싫어해 먹지 않고

오직
악신만이 그것을 탐해
먹을 것이니
너는
죽어도 비참을 면치 못할 것이다"

큰 오라비
그리 말하고 돌아갔으니
그런 뒤에
오라비들이 말한 대로
남쪽에서 바람이 불어오면
절벽 위로 올라가고
북풍이 불어오면
절벽 아래로 내려갔지

그러는 동안
나도 모르는 사이
내 몸에는
개다래가 돋아나
나는 이내 넝쿨 속에 파묻히게 되었지

그러고서 일어난 일은
흉년이 들면

내 몸 위에
넘쳐나게 개다래가 열리고
풍년인 해는
하나도 열리지 않게 되는 것이었지

그렇게 해가 가는 동안
개다래가
많이 열리는 해에는
북에서
남에서
많은 악조(惡鳥)들이 날아와
개다래 먹는 소리
시끄러웠고
내 몸 위에는
새들이 싸대는
오줌
똥으로
나는 죽을 지경이 되었건만
차마 죽지도 못하고
몇 년
몇 해를
참혹 속에 견디고 있었지

그렇게
문득 정신을 차려 보니
인간 여인
내가 죽인 인간 여인을
오라비들이 되살리고
집으로 돌아와
나를 응징하였던 것이었지
거의 죽음에 이르러서야
나는 그것을 알았으니

“이제부터
곰의 딸들이여
결코 나쁜 마음을 먹어서는 아니 될 것이다”

라고
곰 신의 딸이
말하였더라

내용 해설

성정이 포악하여 부모 형제들로부터 외출을 금지당한 곰 신의 딸이 감시 소홀을 틈타 밖으로 나가, 풀을 베고 있는 인간 딸을 죽여 버린다.

집에 돌아와 부모에 의해 우리에 갇히게 되었을 때, 불의 할매 신이 전언(傳言)을 통해 심히 책망하니 부모 형제들이 상의해 딸을 산으로 데려가 개다래나무로 만들어 산에 버려둔다. 그리하여 개다래나무가 된 산신의 딸은 그대로 그곳에서 오랜 세월을 지낸 뒤 비참한 죽음을 맞이한다는 이야기다.

신요 12

산악을 다스리는 곰 신 딸의 노래 2

山岳を領する神の娘の自敍

'바스이 노카[50]
이욘 노카
에카이니 토무 네'
라고 불리는
나의 원수 같은 남편의
오만함을 지켜보며
언제나 변함없이
평범한 부부처럼 살아가고 있었지

해가 떠도
날이 저물어도
언제나
큰 솥에 음식을 지어
'이콘 노카

---

50) 바스이 노카 : 이하 3행에서 곰을 높인 이름으로 아이누가 말하고 있는데, 원래의 뜻은 알 수 없다. 원문은 다음과 같다. 'Pasui-noka, Ikon-noka, Ekaini-tom-ne'. (지은이 주)

바스이 노카
에카이니 토무 네'라는 이름의
내 못된 서방을 위해
횡좌(横座) 쪽에[51)]
여섯 그릇 가득
고봉으로 밥을 담아 드리고
하좌 쪽에도
여섯 그릇의 밥을
고봉으로 담아 봉양하면
남편은 그제야 겨우 일어나
하좌 쪽으로 가서는
한입에 꿀꺽
삼켜 버리고
상좌 쪽으로 가
여섯 그릇
고봉으로 담은 밥을
한입에 먹어 치웠지

그렇게
식사가 끝나고 나면

---

51) 횡좌(横座) 쪽에 : 우좌. 주인석에 앉은 남편의 위, 아래에 많은 음식을 그릇에 담아 놓는다. (지은이 주)

다시 배를 깔고
누워 자는 일이 고작이었지

그러던 어느 날
아래쪽에서[52]
문을 열고 들어오는 자가 있었으니

나의 큰 오라비
기장(粢) 보따리
말린 연어를 품고
술 담은 작은 제기를
들고 들어와
내게 말하기를

"인간 마을에
손님으로 찾아가
기장과
술을
선물로 받아 왔으니
내 누이에게도 나눠 주고 싶구나"

---

52) 아래쪽에서 : 허리를 굽히고 공손하게 입구에 늘어진 발을 밀고 집으로 들어오는 것. (지은이 주)

소곤소곤 말하고
가지고 온
기장과
술을
나에게 건네고 돌아갔지

그 후에
마른 생선
기장
술 등을
화덕 선반 위에[53]
놓아두었더니

바스이 노카
이욘 노카
에카이니 토무 네
이제까지 잠에 빠져 있던
나의 못된 서방은
몸을 반쯤 일으켜

53) 화덕 선반 위에 : 화로에 설치하여 건조용으로 사용한다. (지은이 주)

화로 선반 위에
내가 놓아두었던
기장
마른 물고기
술 등을
한입에 삼켜 버리고 말았지

그러고는 다시
누워 잠이 들었는데
또 얼마쯤 시간이 지난
어느 날
아래쪽에서
문을 열고 들어오는 이가 있어
바라보니
내 작은 오라비가
기장과
마른 물고기를 품고
들어오는 것이었지
기장과
마른 물고기를
내게 주고는
속삭이듯 말하기를

"인간 마을에
손님으로 찾아갔더니
기장과
마른 생선을
선물로 주기에
누이에게도
나누어 주고 싶어 왔단다"

그러고는
돌아가 버렸지
그 후
기장과
마른 생선을
화로 선반 위에
놓아두었더니
이욘 노카
바스이 노카
에카이니 토무 네
내 못된 서방
잠들어 있으리라 생각했던 그가
몸을 일으켜
화로 선반 위에 놓아둔
기장도

마른 생선도
한입에 먹어 버리는 것이었지

그러고는 일어나
집 안으로 뛰어 들어가
더러운 모피를 가져와
뒤집어쓰고
문밖으로 달려 나가는 것이었지

그리고
얼마쯤 지났을까
오라비들이 걱정되어
가래나무(絲券木)[54]를 뽑아
구석 쪽에 집어 던지고
서둘러 몸단장을 하고
밖으로 달려 나갔지
길 위를[55]
높이높이
올라가니

---

54) 가래나무(絲券木) : 가래나무를 화로에 세워 두고, 거기에 실을 감는다. (지은이 주)

55) 길 위를 : 선신(善神)인 곰 신의 거처는 깊은 산 정상에 있으므로 길은 상향이다. (지은이 주)

작은 오라비가
죽임을 당해 버려져 있었지
그곳을 지나
조금 더 가니
큰 오라비 또한
죽임을 당해 버려져 있었던 것이지

그 모습을 보며
가슴속 울분을 참지 못하고 나아가
아비의 집으로 들어가
눈을 들어 바라보니
나의 아비
나의 어미
나의 언니는
화로 주위를 돌며 도망치고 있었고
바스이 노카
이욘 노카
에카이니 토무 네
못된 서방은
화로를 돌며
우리 식구들을 쫓고 있었지

마침

그곳에 들어간 내가
못된 서방의 팔을 잡아채니
내 얼굴을 후려치려 했지만
무위에 그치고
화로 가운데 얼굴을 처박고 나서는
밖으로 나와
내 뒤를 쫓아
우리가 다스리는 산
기슭까지 나를 쫓아왔는데
산꼭대기에 이르러
바스이 노카
이욘 노카
에카이니 토무 네
못된 서방을 공격하여
산 정상에서
서로 물고 뜯으며
싸우다 보니
바스이 노카
이욘 노카
에카이니 토무 네
서방의 몸에 엉켰다가
떨어지다 보니
크고

작은 살점들이
눈 위에 흩어지고
이제는
허리뼈와
등뼈만 남게 되었지

그는
보통 간의 끈
여섯 줄 간의 끈
금으로 된 간의 끈
여섯 줄 간의 끈을
가진 존재였는데
내가
그것을 잘라 버려
이제는 겨우
금(金) 줄 하나만 남게 되었지

그는
발가락 사이에
한 줄 간의 끈을
감추고 있었는데
나는
그것마저 잡아 뜯어 버려

금 간의 끈도 끊어지고 말았지
바스이 노카
이욘 노카
에카이니 토무 네
못된 서방이
그만 힘을 잃고 엎어지니
달려들어
그를 짓밟았으니
여섯 겹의 지옥에
떨어지는 소리
요란하더라

그러고 난 뒤
나의 아비
나의 어미에게로 돌아가니
내가 가고 나서
얼마 지나지 않아
작은 오라비
큰 오라비
모두 소생하여 돌아왔으니
그곳으로 나는 돌아오게 된 것이었지

나의 오라비들도

나의 양친도
나의 무사 귀환을 기뻐하는 소리가
사방에 퍼져 나갔으니
아비는 말했지

“바스이 노카
이욘 노카
에카이니 토무 네
곰의 악신의 흉포한 행동거지가
심히 우려되어
신들이 결정하기를
내 딸에게
흉악한 곰의 일을 맡기면
우환이 없을 것이라 믿어
곰의 악신을 건사토록 한 것이었다

그런 결과로
못된 곰은 죽어
악신이 되고 말았다”

그로부터
양친과 함께
나는 살게 되어

다른 데 한눈팔지 않고
오로지 바느질만 하며 살아가고 있었지

그러는 동안
나의 오라비들 대신
인간 마을로 놀러 가
술과
이나우
기장떡(粢餅)을
선물로 받아 돌아와
가까운 신과
멀리 사는 신들을
모두 초대하여
신들의 흥겨운 소리 들리니
내 마음에 즐거움이 가득 찼더라

신들은 저마다
나에게 감사하며
칭송의 말을 건네었고
나도 점차
신격이 높아져 살아가는 가운데
다시 새로운
진정 격조 높은 신을 만나

화목하게 살아가게 되었으니
오라비들은
인간이 보내 준 이나우와
술을
선물로 받아 와
나에게 나누어 주었으니
그것을 받은 나는
더욱 신덕(神德)을 빛내며
살아갔더라

내용 해설

산악(山岳)을 지배하는 곰 신의 출가한 딸이 흉포한 마음을 지닌 지아비 곰과 싸우는 이야기다. 큰 오라비와 작은 오라비가 지아비 곰에게 죽임을 당하고, 부모 또한 곤경에 처하게 되는 사정을 보고, 곰 신의 딸이 지아비 곰과 혈전을 벌인다. 그리하여 그를 죽이고 부모의 품으로 돌아가 지체 높은 신과 재혼하여 평화롭게 살아간다는 이야기다.

신요 13

아기 곰 신의 노래 4

仔熊の神の自敍

나의 인간 아비와
인간 어미가
나를 키우며
언제나처럼
변함없이 살고 있었지

이제는
신인 나의 아비에게
돌아가겠노라
생각하고 있던
어느 날

나의 인간 아비
'체호로카케프' 이나우를 가지고
밖으로 나와
제단으로 나를 데리고 가면서
말했지

"아가야!

우리 아기 곰아!

내 하는 말을 잘 들으렴!

너는 아직 어리니

이나우나

기장떡(黍餠)을

등에 지고 가는 일은

위험하다 생각되니

오직

이나우 하나

'체호로카케프' 이나우를 가지고

마을 옆의 강

연안을 따라 올라가거라

그곳으로 가면

두 줄기 갈라진 강이 나올 것이라

두 줄기

강이 갈라진 그곳으로 가면

네 눈앞에는

이런 형상이 펼쳐질 것이다

서쪽으로 흐르는 강의

수원(水原)에

신비스러운 산이 있어
그 높고
늠름함은
차마 바라볼 수도 없을 것이다

그 산은
너의 아비
신인 너의 아비
너의 어미
신인 너의 어미가 머무는 곳으로

신인 너의 아비는
그 이름이
일상언(日象彦)[56]이고
신인 너의 어미의
이름은
일상원(日象媛)이라

서쪽에서 흘러오는 강의
수원에
솟아 있는 신악(神岳)에는

---

56) 일상언(日象彦) : 달의 수레에 있는 큰 곰. (지은이 주)

집으로 들어가는 문처럼
구멍이 뚫려 있을 것이니

동쪽에서 흘러오는 강의
수원에 솟아 있는 산에 거하는
남신은
그 이름이
일승언(日昇彦)[57]이라 하고
여신은
그 이름을
일승원(日昇媛)이라 불리니

동쪽으로부터 흐르는 강의
수원
그 옆에 솟아 있는 산에도
입구에 구멍이 뚫려 있을 것이라
그러므로
강의 두 줄기 갈라지는 곳에
네가 이르러

'동쪽으로부터 흐르는 강의

---

57) 일승언(日昇彦) : 태양이 떠오르는 곳에 사는 사람. (지은이 주)

수원에는
일승언
나의 조부(祖父)
머무는 곳으로부터
나에게 들려오는 소리가 있으니
나의 조부여!
나를 맞으러 와 주소서'

하고 네가 부르면
너의 조부
너를 맞으러 산에서 내려올 것이니
나의 아기 곰아!
이 이나우 하나를 가지고
결코 돌아보지 말고
한시도 지체 말고
할아버지 있는 곳으로 가는 일만
생각하고
나아가야 할 것이다"

인간 나의 아비는 말하며
이나우 하나
나에게 주었기에
이나우 하나

손에 쥐고
강을 거슬러 달려 나가니
불현듯
길은 급해졌지
마을 강
두 줄기 갈라진 곳에 이르러
바라보니
진실로
이야기 들은 그대로
서쪽에서 흘러오는 강
물 위에
신령스러운 산이
웅장하게 솟아 있고
동으로부터 흘러오는 강의
수원에도
신비로운 산이
늠름하게 솟아 있어
바라보며
내가 외치기를

"동으로부터 흘러오는 강의
수원에 계신
일승언

나의 할아버지시여
나를 맞아 주소서”

소리 높여 외치며
동으로부터 흘러오는 강의
연안을 따라 올라가니
저쪽으로부터
한 사람
인간이 내려왔으니
익히 들었던
일승언
나의 조부로 보이는 이가 내려와
내가 들고 있던
이나우 하나를 받아 들고
내 작은 손을 잡아끌어
강 연안을 따라
올라갔지

신령스러운 산
정상에 이르니
그곳에는
황금으로 만들어진
웅장한 집이 세워져 있고

집 밖에 이르니
조부는
내 입고 있던 옷(곰의 모피)을 벗기고
아름다운 소매 옷으로
갈아입혔지

그러고는
내 손을 잡아
집 안으로 들어가니
신인 나의 조부
신인 나의 조모가 있어
또다시
일상의 변함없는
나날을 보내게 되었지

그러던 어느 날
나의 조부가 말했지.

"나의 동자(童子)야!
내 하는 말을 잘 듣거라
서쪽에서 흘러오는 강
수원에

솟아 있는 산을
다스리기 위해
하늘로부터 내려와 강림한 자는
너의 아비로
그 이름은
일상언이고
내 딸은
그 이름이
일상원

너의 아비에게
내 딸을 보내니
이슥고
한 아이가 태어났는데
때마침
인간 수령이 사냥을 와
너를 인간 수령에게 주었노라

그 사내가
너를 데리고
마을로 내려가게 되었는데
내려가는 도중에 만난
들판의 요마(妖魔)가

너를
시기하고
질투하여
네 몸에 몹쓸 짓을 저질러
너는
가슴에 화살을 맞게 되었는데
마신(魔神)의 활에 맞은 곳
살이 썩어 가니
인간인 너의 아비
이를 우려하여
꾀를 내어
네가 나 있는 곳으로 오도록 한 것이다

어쨌거나
너는 아비 있는 곳을 찾아가야 할 것이나
존귀한 신이 될 짐승도
인간의 손에서 자라야 할 것은
정한 이치이나
아무 식량도 없이
보낸다면
악신에게 당할 것은
불 보듯 뻔한 일이라
네가 식량도 없이

너의 아비에게
직접 갈 수 없을 것이라
생각하여
네가
나 있는 곳으로 오도록 하여
너를 맞으러
내가 내려온 것이다

내 너를 데리고
집으로 돌아가
네가 입고 있는 것을 벗겨
들판 요마의
못된 기도(企圖)가
네 몸에 닥쳐올 것을
인간인 너의 아비의 꿈에
현몽하여 알렸노라

그리하니
술도
이나우도
기장떡(粢餠)도
너에게 들려 보낼 것이니
비로소

너의 아비
너의 어미 품에
돌아갈 수 있을 것이다"

나의 조부
이리 말하였으니
그렇게 또
날이 가고

그러던 어느 날
신창(神窓) 위로
많은 술과
많은 이나우가
집으로 들어오고
기장떡이 들어오니
횡좌(横座)가 좁을 지경이었지

나의 조부
나의 아비와
나의 어미를 초대하고
사자(使者)를 보내
멀리 있는 신과
가까이 있는 신들을

초대했지

나의 아비
나의 어미와
많은 신들이 찾아오니
나의 조부는

“내 손자를
인간에게 맡기었는데
산에서
마을로 내려가는 도중
들판의 요마가
질투하여
못된 짓거리를 하는 것을
인간 수령이
염려하여
아무런 식량도 지니지 않게 하여
잘 속여
돌아가게 한 것을 보고
나는
불민(不愍)의 정을 느껴
내 손자를
내 있는 곳으로 오도록 하였노라

질투의 신은
너무나도
그 성정이 흉포하니
당돌하게
내 손자를
아비에게 보내는 일은
위험하고 우려되는 일이므로
내 있는 곳으로
오도록 하고
다음에
인간 수령에게
들판 요마의 악심 때문에
내 손자의 행색이 저리하였음을
인간 수령의 꿈을 빌려
알려 주었더니
인간 수령은
사죄의 말과 함께
술과
기장떡
이나우 등을
내 손자에게 공양하여
제를 지내 주었기에

신들에게
사자를 보내
초대하게 되었다오"

라고 말했지
모든 신들도
나의 아비도
축하의 말과 함께
감사의 인사를 거듭하더라

이어
보내온 술과
떡으로
향응을 펼치니
신들 모두는
즐거운 향연
성대한 주연을 즐겼지
향연이 끝나
신들은
감사의 인사와 함께 돌아가고
나의 아비
나의 어미도 돌아가니

나는 조부의 품에서
변함없는 일상을 보내며
살아갔노라고

새끼 곰 신은
자신의 몸을 빌려 말하였더라

내용 해설

인간 손에 사로잡힌 새끼 곰이 산에서 마을로 내려가는 도중 들판 요마(妖魔)의 질투를 받아서 양육되고 있는 동안 모피 위에 무언가 변이가 나타나게 된다. 그러고는 단지 하나의 이나우만 받고 신의 나라로 돌아간다는 이야기다.

신요 14

나쁜 곰의 노래 1

惡熊の自敍

생선
짐승 고기 말리는
건조대들을
집 밖에 세워 놓고
살아가고 있던
어느 날
오키쿠루미 신이 와
이나우 하나를
내 목에 걸어 주고
말했지

"지체 높은 신이나
그 무리들도
단지 혼자서는
지루하실 것이니
이제부터
강을 따라 내려가면

바다 파도 소리가
차차 들려올 것이고
그곳에서 더욱 내려가다 보면
해변이 나올 것이니
거기서
먼바다에 곶(岬)이 솟아 있을 터
그 곶
옆으로 가
바다에 뛰어들어
헤엄쳐 가다 보면
풍경 아름다운 나라가 있으니
그 나라에 오르노라면
너의 형제들
목에
이나우를 걸고 있는 자들이
다시마를 따
먹고 있을 것이니
네가 그리로 가면
심히 만족하여
기뻐하며 살아갈 수 있을 것이다

그리하여
이 이나우를

너에게 선물로 주는 것이다"

그러면서
이나우 하나를
내 목에 걸어 주었지

그리하여 나는
솟구치는 화를 참지 못하고
생선 건조대
고기 건조대를
뒤집어 발로 밟아 버렸지

그러고는
강으로 내려가니
듣던 대로
바닷가 파도 소리가
가까이 들려오고
좀 더 내려가니
바닷가 해변이 있고
멀리에 커다란 곶이 솟아 있었지

나는
바다로 뛰어들어

헤엄쳐 가니
경치 좋은 나라가 있고
그곳에 도착해 보니
오키쿠루미가 했던 말 그대로
나 같은 자
형제들이
나와 같은 모습으로
목에
이나우를 하나 걸고
다시마를 따 먹고 있었지

그곳에 이르러
지금까지 먹어 본 적 없는
다시마를 따 먹었는데
결국에는
굶어 죽을 지경이 되었지

인간에게로 가
음식을 훔쳐
그것을 먹었기에
오키쿠루미 신이
나를 쫓아내
이 지경에 이르게 되어

이제는 죽음에 이르게 되었으니

이제부터는
나쁜 곰들이여
인간들에게로 가
음식을 훔쳐서는 아니 될 것이라고

나쁜 곰이
말하였더라

내용 해설

도둑질을 한 나쁜 곰이 오키쿠루미에게 응징을 당하게 되고, 그가 말한 대로 바다 건너 먼 다른 세상으로 가 굶어 죽어 가며 참회한다는 이야기다.

신요 15

나쁜 곰의 노래 2

悪熊の自叙

매일 같은 날들
언제나처럼
변함없이 보내고 있었지

생선 건조대
고기 건조대는
집 밖에 세워져 있고

그러던 어느 날
밖에서 소리가 들려
바라보니
오키쿠루미 신이
집 안으로 들어오며 말했지

"내 하는 말을
잘 들으라
네 목에

이나우 하나를
걸어 줄 것이니
이나우를 목에 걸고
강을 따라 내려가면
해변 파도 소리가
점점 가까이 들려올 것이다
더욱 내려가다 보면
커다란 곶(岬) 끝에 이르게 될 것이니
그곳에서 몸을 던져
헤엄쳐
파도를 헤치고 가다 보면
바다 건너편에 다다를 것이다
그곳
해안을 올라가면
너와 꼭 닮은 신들이
다시마를 따 먹고 있을 터이니

그렇게 한다면
그대 또한
격조 높은 신이 될 것이다"

이 말을 듣고 나는
밖으로 나갔지

나는
화를 참지 못해
생선 건조대
고기 건조대를
엉망으로 만들어 흩트려 놓고
강으로 내려갔지

바다
파도 소리는
점점 가까이 들려왔고
더욱 내려가
바닷가로 내려가니
거대한 곶이
멀리 아득하게 솟아 있었지

곶을 바라보며
바다로 뛰어들어 헤엄치니
내 손끝에서 작은 파도가 일었지
큰 파도
작은 파도를 헤치고 나아가
건너 바닷가에 다다라
올라가 고개를 들어 보니

오키쿠루미가 했던 말 그대로
목에 이나우 하나를 걸고 있는 신이
다시마를 따 먹고 살다 보니
거의 죽을 지경이 되어 있었지

그곳에서의 일은
이미 들었던 터라
다시마를 따 먹었는데
점점 굶주림만 더해 갈 뿐이어서
나는 그만
죽고 말았지

죽고 난 뒤에야 비로소
내가 깨달은 것은
나는 징벌 받았다는 사실
그리고
나쁜 곰 모두가
추방되어 쫓겨 오는 곳으로
나 또한
쫓겨 왔다는 것을
죽고 나서야 비로소
알게 된 것이었으니

나쁜 곰들이여
꿈속에서라도
마을로 내려가 도둑질하거나
훔치는 일은
해서는 아니 될 것이며
그러는 것이
더없이 좋은 일이라고

나쁜 곰이
자신의 몸을 빌려 말하였더라

내용 해설

신요 14참조. 내용과 형식이 유사하다.

신요 16

작은 담비(아이누너구리)의 노래

小さい貉(えぞたぬき)の自敍

나는
할아비와 함께
살고 있었는데
할아비는
불 쪽으로 등을 돌려
등을 덥히고 있어
불 쪽을 향한
할아비의 몸 위에는
하얀 재가
뽀얗게 떨어지고
몸을 돌리면
또 그 몸 위로
하얀 재가 떨어져 쌓이고
언제나처럼
그런 모습으로
변함없이 살아가고 있었지

그러던 어느 날
문이 있는 곳에서
개들이
불의 할매 신의
전언(傳言)을 말하며
다투어 짖어 대니
불 쪽으로 몸을 향하고
몸 위에 하얀 재를
뽀얗게 뒤집어쓴
나의 할아비 말하기를

“너는 밖으로 나가
오래된 흙을 밖으로 옮겨 놓거라”

할아비의 말에
나는
몸을 일으켜
오래된 흙을 밖으로 내밀고
새 흙은 집 안으로 들여놓았지

그리고
얼마 되지 않아
개들은 돌아가 버렸지

그 뒤에도 또
언제나처럼
변함없이 살고 있었는데
그렇게 시간이 지난 어느 날

개들이 몰려와
불의 할매 신의 전언을 말하며
다투어 짖어 대자
나의 할아비는 말했지

"일어나
오래된 흙은 안으로 들이고
새 흙을 밖으로 내도록 하거라"

할아비의 말에
나는 일어나
오래된 흙은 집 안으로 들이고
새 흙은 밖으로 내었지
그때
나의 할아비는 일어나
잠옷을 벗어 버리고
보석 광주리를 내리고

뚜껑을 열어
광주리 안에 있는
황금 소매 옷
신공(神工)[58]의 황금 소매 옷을 꺼내
여섯 겹의 소매 옷을
겹쳐 입고
허리띠를 묶고
그 위에
다시
여섯 겹 소매 옷을 받쳐 입고
밖으로 나왔지

나도
할아비의 뒤를 따라
문밖으로 나왔을 때
할아비가
밖으로 나온 순간
그 몸에
화살이 날아와 박혔지
순간을 놓치지 않고
개들이 나를 쫓아오며

58) 신공(神工) : 물건 따위를 신묘하게 만듦. 또는 그 물건.

"작은 너구리가 나왔다!"

하는 외마디에
개들은 짖어 대고
사내들은 나를 잡아챘지

나의 할아비는
그가 영유(領有)하는 산
산 아래로 내려가니
그 뒤를
사내들이 따라 내려갔지

산 아래에 이르러
할아비는
좁은 협곡 사이
강을 따라 내려가는 모습
손에 잡힐 듯 보이고
그 뒤를
사내들은 나를 업고
내려갔는데 그때
신비로운 모습
신비스러운 자태로

죽어 누워 있었지

할아비의 주검
그 앞에
내려온 사내들은
정중한 예를 올리고
할아비를 해체하니
오래지 않아 해부는 끝이 나고
나는 할아비와 함께
인간 마을로 이끌려 갔지

제법 많은 집들이
눈앞에 펼쳐지고
마을 한가운데에는
남산만 한 집이 세워져
분위기를 압도했지

집의 동쪽
제단의 이나우 사이에
할아비와 내가 앉혀지니
불의 할매 신은
금(金) 소매
여섯 겹의 금 소매 옷을 겹쳐 입고

그 위에 오비(帶)를 묶고
여섯 장의 소매 옷 위에
하오리(羽織)를 걸치고
구부러진 지팡이
금지팡이를 들고
밖으로 나왔지

그러고는
나와 할아비에 대해
깊은 환영의 말을 하면서
밖으로 나와서는
할아비와 함께
나 또한
집 안으로 안내했지

집 안에 들어가니 우리는
횡좌(橫座)
창문 아래 앉혀졌으니
집주인은
마을 촌장의 아들이라는 것 이상으로
엄청난 부귀를 누리는 신분이었지

자리 오른편에는

많은 칼자루가
영롱한 빛을 뽐내며 줄지어 있고
보석
보기(寶器) 또한
최상품들뿐으로
벽면에 아름답게 놓여 있어
눈이 부시고
보는 눈이 즐거웠지

그러고는
할아비에게 줄 술을 빚었으니
이틀
사흘
술 익기를 기다려
술과
이나우
기장떡(粢餠)을
등에 지고
할아비와 함께
우리 집으로 돌아왔지

그리고 나의 할아비는
신들을

한 사람도 빠짐없이 초대하니
신들 모두가 모여
성대한 주연을 즐겼지
기장떡과
술 그리고
진심 어린 응대로
신들을 대접하여
신들은
감사의 말을 남기고 돌아갔으니

그 후로
나는 할아비와 함께
언제나처럼 변함없이 살아갔노라고

작은 담비가
자신의 몸을 빌려 말하였더라

내용 해설

담비는 곰이 동면할 때 종종 그 동굴에서 함께 월동을 한다. 따라서 담비는 곰 신의 전령으로 불리기도 한다. 이 신요는 작은 아이누너구리가 곰과 함께 동면하고 있는 동굴에 사냥꾼이 찾아오고, 개들이 가져온 불의 할매 신의 초대 전언에 따라 스스로 사냥꾼의 손에 잡혀 마을로 내려간다. 이들은 불의 할매 신과 마을 사람들의 환대를 받고, 이윽고 '곰 보내기'가 행해지면 동시에 담비도 보내지게 된다. 결국 둘 다 신의 나라로 돌아와 함께 예전과 같이 살아간다는 이야기로, 작은 담비가 스스로 서술하는 것으로 구성되어 있다.

곰이 자기의 의지로 마을에 내려가고 싶지 않을 때는 동면하는 굴 밖에 오래된 흙을 날라다 놓아, 이 굴은 오래된 것으로 안에 곰이 동면하고 있지 않다는 위장을 한다. 또 스스로 마을을 찾고 싶을 때는 새 흙을 밖으로 내어 굴이 새로운 것이니 안에 자신이 있음을 사냥꾼에게 알린다. 아울러 마을을 방문한 곰 신이 성장해 가는 모습 등을 흥미롭게 보여준다.

신요 17

호구(戸口)의 신 담비(아이누너구리)의 노래

戸口の神(貉)の自敍

나는
할아비와 함께
살아가고 있었지

할아비는
등을 덥히고 있었는데
불 쪽으로
몸을 돌리면
몸에서 하얀 재가
소록소록 떨어지고
안쪽으로
몸을 돌리면
몸에서 또 하얀 재들이
소록소록 떨어지고

이런 모습으로
언제나

변함없이
우리는 살고 있었지

그러던 어느 날
나의 할아비는
불 쪽으로 몸을 향하면서
내게 말하기를

"얘야
낡은 흙일랑
집 안으로 들이고
새 흙들은
밖으로 내도록 해라"

할아비가 이르는 대로
나는
밖으로 나가
오래된 흙을
집으로 퍼 나르고
새 흙은
밖으로 퍼 날랐지

그렇게

이틀
사흘이 지났을까

강 아래쪽으로부터
사람들 말소리가 들려오더니
홀연
개들이
우리 집 문 앞에서
머리를 곧추 세우고

"불의 노(姥) 여신께서
나를 전령 삼아 보내셨노라"

라고 말하며
말씀을 전하려고
다투어 짖어 댈 때
나의 할아비는

"너는 결코 밖으로 나가지 말고
망을 보고 있도록 해라!"

라고 말하며
불현듯

나쁜 옷
모피를 벗고
안으로 뛰어 들어가
아름답고 깨끗한 옷
모피를 가지고 나와
자신의 몸 위에 걸치고
밖으로 나갔지

나는
그것을 보고 싶어
차마 참지 못하고
집 문에 기대어 숨어
숨죽이고 살펴보았더니
개들이 달려들어
나를 물고는
놓아주지를 않았지

그때
두 사내가
화살을 메겨 겨누니
나의 할아비의 몸에는
두 발의 화살
세 발의 화살이 꽂히더니

이내
할아비의 모습은
계곡을 따라 내려가
보이지 않게 되었지

나 또한
신의 모습
신령스러운 자태로
쓰러지게 되니
사내들은
개들을 시켜
나를 잡아
계곡을 따라 내려갔지

신비스러운 신
신의 모습으로
누워 있는 나의 할아비의 가죽을
사내들은
정갈하게 벗겨 내고
해체한 뒤
나와
할아비를 업고
강을 따라 내려가니

이윽고
많은 집들이 늘어선 마을이
눈앞에 펼쳐졌지

사내들이
마을 동쪽을 지나가니
마을 한가운데에
커다란 집
촌장의 집이 보이고
집 동편
이나우 제단 사이에
나를 앉혔지
불의 할매 신은
여섯 겹의 소매 옷을 겹쳐 입고
허리띠를 묶고 있었지
황금 소매 옷
여섯 겹의 소매 옷
그 위에
겉옷을 입은 모습으로
밖으로 나왔지
황금 지팡이
구부러진 지팡이를 들고 와서는

"지체 높은 신께서
이렇게 찾아 주시니
그 기쁨은 말할 수조차 없는 일이오
지체 높으신 신께서는
빈객(賓客)이 되어
이리도 조용히
찾아와 주셨습니다"

라고 말하고
집 안으로 들어가니
그 뒤에
신창을 통해
신은 집 안으로 들여지고
화로 머리맡
횡좌(橫座)에는
나의 아비 또한
자리하고 있었지

그러고는
마을의 어른들이
서로 기탄없이 이야기를 나누고 있었으니
그때
앞의 사내는

마을 촌장의 자식들이라는 것을 알게 되었지

이어, 촌장은
마을의 신분 높은 이들
수하 사람들에게
명을 내려
남자들도
여자들도
모두 일어나
나에게
맛있는 음식을 바치도록 했지

그러자
나의 할아비는

"결코
네 고기를 먹어서는 안 될 것이다
나의 고기 또한 마찬가지이다"

라고 말했지만
너무나도
배가 고픈 터라
눈을 질끈 감고

허겁지겁
한 그릇 국물과 살을
두 그릇 국물과 살을
나는
먹어 버렸던 것이었지

그러고 나니
여자들은
기장(粢)을 찧고
떡을 빚어
맛있는 음식을
나의 할아비와 내게 공양해 주었지

그리고
이제는 드디어
나의 할아비가 보내지게 되어
많은 이나우와
많은 기장떡이 마련되니
할아비는
깊은 생각에 잠긴 듯
조용히 입을 다물고 있다가
큰 소리로
나를 꾸짖어 말했지

“이런 못난 담비!
흉악한 담비 같으니!
너는 필경
자신의 고기를 먹었을 것이니
나는 너를 여기에 두고 갈 것이야
결코 너를 데리고 가지 않을 것이다
너를
‘호구(戶口)의 신’이 되도록 할 터이니
매일 열고 닫는 문을
지키도록 하고
그리고
인간의 산육(産育)을 지키도록 하라
그리하면
언제까지라도
인간들로부터
정중한 제사를 받을 수 있을 것이다”

할아비는
그 말을 뒤로하고 떠나
모습이 보이지 않게 되었지

그리하여 나는

집 출입의 문을 지키게 되었노라고

호구의 신은
자신의 몸을 빌려 말하였더라

내용 해설

아이누너구리가 '나의 조부(祖父)'라 부르는 곰 신과 함께 사냥꾼의 손에 잡혀 마을로 옮겨지게 되고 정중하게 '보내기' 행사가 이루어질 때, 향연에 나온 국 안에 들어 있던 자신의 고기와 곰 고기를 먹는다. 그래서 곰 신으로부터 벌이 내려지고 산에 돌아가지 못하게 된다. 그대로 마을에 머물며 집 입구를 지키는 수호신이 되어 인간의 산육(産育)을 수호하게 된다는 이야기다.

신요 18

작은 범고래 신의 노래 1

小鯱の神の自敍

수양 누이
나를 기르며 살아가고 있었지
장난감 활과
장난감 화살을
가지고 놀며
나는 점차 성장해 갔으니
횡좌(横座)를 향해 있는
작은 제기
큰 제기에
활을 쏘아 대고
나무 의자 쪽을 향하고 있는
큰 솥
작은 솥으로
시위를 당기고
슬금슬금
웃어 가며
우좌(右座) 쪽으로

좌좌(左座) 쪽으로
빙글빙글
돌며 뛰어다니던 어느 날

나의 누이는
돗자리를 짜기 위해
안쪽을 바라보고
한 단 짜고
입구 쪽을 바라보며
한 단을 짜고 있었지

그때
누이의 어깨끈을 향해
시위를
힘차게 당겼더니
이게 웬일인가
누이가 발작을 일으키는 것이 아닌가?
누이는 이무[59]를 일으켜
온몸은
위로 아래로
경련을 일으키고

---

59) 이무 : 아이누 부인 특유의 정신적 발작. (지은이 주)

입에는 거품을 물고 있었지

놀란 내가
급히 몸을 일으켜
밖으로 달려 나가려 함에
누이는 화를 내며
벌떡 일어나
나를 밀치더니
주먹을 쥐고
나를 두들기는 것이 아닌가

내가
화가 나
고래고래 소리 지르며
밤이고
낮이고
그치지 않고 울어 대자
누이는
마른 장작
화목을 가져와
내 곁에서 불을 붙이며

"시끄럽네요

도련님
이제 그만
눈물로 힘 빼는 일은 그만두시지요"

누이는 말했지만
나는 그치지 않고
언제까지나 울며
발버둥치고 있었지

어느 날
누이가

"고래가 몰려와요
도련님
이제 그만 울고
이리 와 봐요"

라고 말하고는
손에
창을 들고
밖으로 나가니
나는 벌떡 일어나
작은 창을 움켜쥐고

누이를 따라 밖으로 달려 나갔지

바닷가로 달려가 보니
누이가 말한 대로
고래들
수많은 고래 무리가
떼를 지어 몰려오고 있었지

누이는
커다란 고래를 찍어
뭍으로 끌어 올렸지
그때
한 마리 작은 고래가
꼬리를 파닥이며
물을 뿜으며 다가오기에
나는
있는 힘을 다해
새끼 고래를 찍었지
작은 고래가
힘을 내니
몸 절반이 바닷물에 잠길 만큼이 되었고
내가 다시
힘을 내니

작은 고래는
절반만큼 끌려 나오게 되었지
이렇게 옥신각신
고래와의 힘겨루기가 계속되는 모습을 보고
누이는
고개를 젖혀
웃어 젖히며

"도련님께서
그렇게 우는 데 힘을 빼느라
작은 고래 하나
제대로 잡지 못하시네"

누이는
웃으며 다가와
꽂혀 있는 작은 작살을
움켜쥐고
작은 고래를
뭍으로 끌어 올렸지

그리고
나의 누이는
고래 고기 자르는 일에 몰두했으니

집이 작을 만큼
고래 고기를 옮겨 와

언제나
변함없이
우리는 그것을 먹으며
살아가기에
그것을 이야기하는 것이라고

작은 고래 신이
말하였더라

내용 해설

어린 나이의 작은 범고래 신이 수양 누이와 함께 바다로 나가 고래를 잡는다는 이야기다. 범고래는 바다의 신으로 불리며, 바다의 대왕으로서 산에 거하는 곰과 대비되어 존경받는다. 고래를 잡아 그 고기를 건져 올리면, 아이누인들은 바다의 신이 인간에게 주는 것으로 믿어 감사한다.

신요 19

작은 범고래 신의 노래 2

小鯱の神の自敍

언제나처럼
변함없이 그렇게
살아가면서도 나는
오키쿠루미의
여동생 신이
보고 싶어 참을 수 없었지

그러던 어느 날
강 연안
상류 쪽으로 올라갔지

내 배지느러미 끝에
물 닿는 소리
파닥파닥
들으며
강을 따라 올라갔지
모래 여울을

지나가고 있을 때

오타 케페르페(ota keperpe)[60]
슈이슈이케(shuishuike)
슈이슈이케(shuishuike)
이코니쇼 추우레 추우레(ikonisyo chure chure)

이런 소리 들려오고
돌 여울을 지나가니

슈마케페르페(shuma-keperpe)
슈이슈이케 슈이슈이케(shuishuike shuishuike)
이코니쇼 추우레 추우레(ikonishyo chure chure)

노랫소리가 또 들려왔지

나는
배지느러미로
물살을 가르고
물보라를 일으키며

---

60) 오타 케페르페(ota keperpe) : 원문에 로마자로 병기되어 있는데, 이것 역시 의성어를 일본어나 아이누어로 표기할 방법이 없어 로마자로 표기한 듯 보인다. (지은이 주)

앞으로 나아가
오키쿠루미 신의
우물로 올라가
오키쿠루미의 집으로 들어갔지

집 안에는
장작불 불꽃이
파닥파닥
타오르고
길게 뻗은 황금 연통은
빛을 뽐내고
방석 위에는
보석과
귀한 그릇들이
옆으로 늘어서
낮은 절벽처럼 놓여 있고
그 위에
수령의 칼들이
겹쳐 걸려 있었지
또한
황금 화살통
표면에서 빛나는 광채는
너무도 아름다워

감탄을 멈출 수 없었지

그렇지만
내가 목적하고
내가 보고 싶었던 것은
오키쿠루미
현인신(現人神)의 여동생이 아니었던가?
그럼에도 불구하고
여신은 어디로 갔는지
모습이 보이지 않아
언제까지나
집 앞에 서 있었지

그러고는
밖으로 나가
또다시 강을 따라 내려가
앞서 지나왔던
얕은 돌 여울을 지나가니

슈마케페르페(shuma keperpe)
슈마케페르페(shuma keperpe)
슈이슈이케 슈이슈이케(shyuishyuike shyuishyuike)
이코니쇼 추우레 추우레(ikonisho chure chure)

나를 스쳐 가는
노랫소리를 들으며
배지느러미 끝으로
물을 가르며
집으로 돌아왔지

그러고는
언제나처럼
살아가고 있었던 어느 날
꿈속에
오키쿠루미
여동생 신이
차마 말로 표현할 수 없을 만큼
눈부신 모습으로 나타나
내 머리맡에 앉아
말했지

"이보시오
더없이 지체 높은 작은 고래 신이여
내 하는 말을 잘 들으시오

나를 만나는 일은

결코 옳은 일이 아니라오
아무리
나를 연모한다고 해도
부부가 될 수는 없는 일이라오
그러므로 나는
그대에게 보이지 않도록 하기 위해
보석들 위
황금 화살통으로
몸을 바꾸어 숨어 있었던 것이라오

어떤 신이라도
여신[61]은 많은 법이니
범고래 여신을 그대는
아내로 맞는 것이 옳은 일이오
하여, 이제부터는
나를 잊어버리고
마음에서 접어 주기를 바란다오"

오키쿠루미 여동생
신녀(神女)가 꿈속에서 했던 말이 있어
나는

61) 여신 : 곰 신에도 고래 신에도, 모두 남녀 신이 있다. (지은이 주)

그녀의 뜻에 따라
그녀 생각을 잊고 살아가게 되었노라고

작은 고래 신이
자신의 몸을 빌려 말하였더라

내용 해설

작은 범고래 신이 오키쿠루미의 여동생 신을 동경하여, 사루강(沙流川)을 따라 오키쿠루미 마을로 가나, 여동생 신의 모습을 볼 수 없었다. 그래서 다시 강을 따라 내려가 자기 집으로 돌아온다. 어느 날 밤 오키쿠루미의 여동생이 꿈에 나타나 자신의 몸을 황금 화살통으로 변신시켜 자신을 발견할 수 없었던 일과 자기 자신에 대해 설명을 하고, 범고래 여인을 아내로 맞이하라고 말한다. 이에 범고래 신은 그 말을 좇아 오키쿠루미 여동생 신을 잊고 살아가게 된다.

신요 20

작은 범고래 신의 노래 3

小鯱の神の自敍

젊은 범고래 신은
소문으로 들었지

오키쿠루미
아이누락쿠루[62] 여동생 신의
빼어난 미모에 대한 평판이
신들 사이에 자자하여
그 여동생 신이 보고 싶은 마음에
참지 못하고
밖으로 나가
사루강(沙流川)
강을 따라
헤엄쳐 올라가
모랫바닥
얕은 여울을 지나가니

62) 아이누락쿠루 : 인간 냄새가 나는 반신반인의 신이다.

오타 케페르페(ota keperpe)[63]
슈이슈이케 슈이슈이케(shuishuike shuishuike)
이코니쇼 추우레(ikonishyo chure)

하는 소리가 들려왔지
나는 배지느러미로
물거품을 일으키며
얕은 돌 여울을 지나

슈마 케페르페(shuma keperpe)
슈이슈이케 슈이슈이케(shuishuike shuishuike)
이코니쇼(ikonisho)
추우레 추우레(chure chure)

하는 소리 들으며
나아갔지

오키쿠루미
우물 위로 올라가
잠시도 쉼 없이 서둘러

---

63) 신요 19의 주석 '오타 케페르페' 참조. (지은이 주)

여동생 신을 찾을 때
내 입가에는
미소가 절로 떠올랐지

집 안으로 들어가니
화로에는
불꽃이 피어오르고
아무도 없는 방에
황금 화로
황금 방석의 화려함이
방 안에 가득하니
바라보는 내 눈에는
감동이 차올랐지

보석이 늘어선
그 위로는
황금 화살통이
번쩍였지만
여동생 신의 모습은
그 어디에도 보이지 않아
화가 난 나는
배지느러미로 물을 가르며
아래쪽으로 내려갔지

얕은 돌 여울을 지날 때

슈마 케페르페(shuma keperpe)
슈이슈이케 슈이슈이케(shuishuike shuishuike)
이코니쇼 추우레 추우레(ikonisho chure chure)

하는 소리 들려오고
얕은 모래 여울을 지날 때

오타 케페르페(ota keperpe)
슈이슈이케 슈이슈이케(shuishuike shuishuike)
이코니쇼 추우레 추우레(ikonisho chure chure)

하는 소리 또한 들려왔지
그렇게
집으로 돌아오니
내 꿈에
오키쿠루미의 여동생이 나타나

“이보시오
젊은 범고래 신이여
들으시오
그대가 나를 만나더라도

내가 그대를 만난다 해도
부부가 될 수는 없는 일
그리하여 나는
보석들 위
황금 화살통으로 몸을 바꾸었던 것이라오
결코 노여워 마시기를…
우리는 결코
부부가 될 수 없는 운명이니
화를 풀어 주시기를
삼가 바라오"

신녀(神女)는
꿈을 빌려 그리 말하였노라고

젊은 범고래 신이 말하였더라

내용 해설

신요 19 참조. 어구(語句)에 다소 차이가 있을 뿐, 같은 내용이다.

신요 21

바다 범고래 여신의 노래

沖の鯱の女神の自敍

지체 높은 신을
지아비로
나는
한눈도 팔지 않고
언제나 변함없이
바느질만 하며 살고 있었지

나의 지아비 또한
칼자루와
보도(寶刀)를 조각하는 일에 몰두하여
한눈도 팔지 않고
나날을 보내고 있었지

나의 지아비
지체 높은 신은
놀러
바다에 있는

고래들이 거하는 나라[64]로 떠나서는
언제까지나 돌아오지 않고 있었지

그때까지도 나는
바느질만 하며
평소처럼 살고 있었더니
남편의 행동거지라니
아마도
산의 신
곰 신의 딸과 좋은 사이가 되어
처를 삼고 있었던 것을
나는
조금도 눈치채지 못하고
지금에 와서야 겨우
알아챈 것이었지

나는 화를 참지 못해
본주(本州)의 나라로 가려
지금까지 바느질하고 있던 옷감에
바늘을 찔러
밀어 두고

64) 고래들이 거하는 나라 : 홋카이도(北海道)를 가리킴. (지은이 주)

할머니로부터 물려받은 옷을 내려
그 아래 손을 집어넣어
아름다운 비단옷을 꺼내었지

머릿단을 묶고
또, 전투에 쓸 팔찌를 꺼내
손에 끼고
싸움터 나갈 때 신는 신발도
꺼내 신었지

그러고는
밖으로 나가 (목적지를) 향했지
바다를 건너
육지를 향해 가니
본주(本州)의 나라
인간의 나라에 닿게 되었지

하나의 큰 강
흐르는 정경 또렷이 보이고
강어귀를 따라올라
상류로 올라가
큰 강물 위에 이르니
수원(水源)의 산

신산(神山) 높이 솟아 있고
그 산을 오르다 보니
산 중턱에
곰 신의 딸의 집이 눈에 들어왔으니
그 앞으로 다가가
나는 소리쳤지

“이보라
산신의 딸!
내 하는 말을 잘 듣거라
이 괘씸한 년
썩 나오지 못할까
나와 겨뤄
나를 죽인다면
내 서방을 너에게 줄 것이다
네가 만약 이긴다면
내 서방을 포기할 것이니
썩 밖으로 나오거라”

나의 호령에도
산신 곰의 딸은
밖으로 나오지 않고

"이보시오
바다의 여신
신녀(神女)시여
먼저 내 하는 말을 들으시오
진정
사실은 이러하오
나의 행동은 분명
잘못된 것이기는 하나
나는 해산(解産)하여
아직 산욕이 남아 누워 있다오
그대는
나에 대한 분함에
참을 수 없음을 알고 있으나
선신이건
악신이건
산후조리는 경솔히 할 수 없는 일이니
부디
안정을 취할 수 있게 도와주시오"

라고 산신의 딸은 말했건만
내가 밖에 서서
'나오라 나오라'
계속하니

산신의 딸
신녀는
울면서 재차 말하기를

“어떤 신이건
인간이건
산후조리와
산(産) 신에 대해
소홀히 해서는 안 되는 일이 아니겠소?
몸이 자유롭지 못한 나를
무리하게 구박하고
나의 산욕에 대해
아무 거리낌 없이
무례한 행동을 하시는구려
몸이 자유롭지 못한 나를
끝내 죽여 버리시겠다고…”

라고 말하며
쌍둥이 아이를 소매 속에 넣어
침상에 올려놓았지
그러고는
눈물을 쏟아내면서
산신의 딸은

갓난쟁이를 두고 나오기를
좀처럼 단념하지 않으려 했지

나는 밖에 서서
끝없이 밖으로 나오라 외쳐 대니
이윽고 밖으로 나와
둘의 싸움이 시작되었는데
아무래도
몸에 무리가 있는
산신의 딸
신녀이기에
완전히 내 손에 제압되니
작은 살
큰 살코기로
갈가리 찢어 버리고
싸움이 계속된 끝에
산신의 딸
신녀는
내 손에 죽음을 맞이하게 되었지

그러는 동안
집 안에서는
산신의 딸

신녀의 갓난아이가
시끄럽게 울어 대고
나도
몹시 지쳤으므로
싸우던 뜰에서
쉬고 있을 때
산 정상에서
나의 지아비
존귀한 신
범고래 신이 내려왔지

곁에 서서
나를 바라보는 눈에는
섬광이 일고
눈을 크게 뜨고 노려보며
내 곁으로 와서는
순간에
나를 잡아
손으로 둥글게 말아
나를 불어 날려 버리니
나는 그만
돗자리도 없는
맨땅 위로 뒹굴고 말았지

그때
그가 말하기를

"신녀
이 못된 년
너도 신이라 생각하여
부부가 되어 갈 수도 있겠으나
이리 악심을 품고
못된 마음을 가지고
저 같은 엄청난 짓을 저질렀으니

이제까지는
하늘로부터 내려와
바다 위에서 살아가야 할 너였으나
너는 이 인간 땅에 있고자 하여
저런 악행을 저지른 것이겠지
그러니
지금부터는
인간 땅에 머물도록 만들 것이니
너는 본래 살던 곳으로 돌아가고 싶어 해도
지아비인 나를 쫓아오려 해도
결국에는

음습의 땅
지하 명부(冥府)에 떨어지고야 말 것이다”

나의 지아비 신
품격 높은 범고래 신은
말을 남기고
산신의 딸
신녀가 낳은 갓난아이를 들어 올려
포대기로 단단히 업은 후
산 아래로 내려갔지

나의 지아비 신이
가 버린 뒤
내 몸을 살펴보니
놀랍게도
나는 밤쥐(栗鼠)가 되어 버렸지

눈물이 났지만
입에서는 마신(魔神)의 까악까악
소리가 날 뿐이었으니
그제야 비로소
산신의 딸
신녀를

죽여 버렸다는 사실을 깨닫게 되었지
나의 지아비 신은
내가 죽여 버린 신녀의 혼(魂)을
손에 들고
그 갓난쟁이와 함께
바다 멀리
나 살던 집으로 가
산신의 딸을 소생시켜
둘은 부부가 되어 살아갔던 것이었지

나는
밤쥐가 되어
버려졌기에
그곳에 갈 수도 없었으니
그 후로는
산등성이를 오르내리며
나날을 보내게 되었지

그러하니
바다에 사는
젊은 범고래 여신들이여
결코 나쁜 마음은 먹지 않도록 하라고

바다 범고래 여신이
자신의 몸을 빌려 말하였더라

내용 해설

범고래 여신이 남편 범고래 신의 애인, 산의 여신을 질투하여 죽여 버린 탓에 남편에게 벌을 받아 밤쥐(栗鼠)가 된다는 이야기다.

신요 22

여우 신의 노래 1

狐の神の自敍

강 아래
마을로 들어가
귀를 기울여 보니
이런 이야기가 들려왔지

"독이 든 생선은
위에 쌓고
독이 들지 않은 것들은
밑에 넣어두어라"

이런 말을 들은 나는
사람들이 잠들어
조용해졌을 때
강 아래 마을
창고 안으로 은밀히 들어가
위에 놓여 있는 생선은
안쪽으로 밀어 두고

밑에 있는 생선만 먹고
도망쳤지

집에 돌아와
언제나처럼 그렇게 나날을 보내던
어느 날 밤
강 윗마을로 가
가만히 귀 기울여 보니
이런 이야기가 들려왔지

“독이 든 생선일랑
아래에 두고
독이 묻지 않은 생선은
위에 놓아두어라”

라는 말을 들었던 터라
사람들이 잠들어 조용해졌을 무렵
창고에
가만히 들어가
아래에 있는 생선을
꺼내 버리고
위에 있는 생선을
먹고 또 먹고

도망쳐 집으로 왔지

아마도 사람들은
독이 든 생선을
위에 쌓고
독이 묻지 않은 생선은
아래쪽에 놓아두었던 듯
독이 든 쪽을 먹어 버려
이제 내가 죽음을 맞이하게 되었으니

지금부터
젊은 여우들이여
인간 마을에 찾아가
결코 도둑질을 해서는 아니 될 것이라고

여우 신이
자신의 몸을 빌려 말하였더라

내용 해설

교활한 여우가 인간 마을로 가 인간들이 하는 말을 엿듣고, 사람들이 잠든 틈을 타 창고에 몰래 들어가 말린 생선을 훔치는 데 성공한다. 그러나 다음 날에는 인간의 속임수에 걸려 독이 든 생선을 먹고 죽은 것을 계기로 권속들을 훈계한다는 교훈담이다.

신요 23

여우 신의 노래 2

狐の神の自敍

언제나처럼
변함없이 살아가고 있었던 중
인간 세상을
바라보니
오키쿠루미 신의 여동생
신처럼 아름다운 여인이 있어
내 마음은
두근두근 흔들렸으니

그러던 어느 날
나는
인간 사내로 변하여
인간 마을로 향했지

오키쿠루미의
집으로 들어가니
오키쿠루미 말하기를

"사나이 신이시여!
그대는 어디에서 오시는가?
이제야 비로소
내 여동생에게 어울릴
배필이 오셨구려
신들의 세상에서도
인간들의 세상에서도
그렇게 찾으려 애를 써도
내 동생에 맞는 짝을
찾을 수 없었더니
이제야
동생에게 꼭 맞을 배필이
찾아와 주셨으니
이 얼마나 감사한 일인가!"

오키쿠루미 신은
말하면서
나에게 몇 번이고
공손하게 예를 올렸지

오키쿠루미가
그리 말하매

나는 완전히
천상인(天上人)이 된 기분이 들었지
오키쿠루미는
하인 우두머리에게
명하여 말하기를

"인간들은 모두
서둘러 밖으로 나가라!
나가서 외발뛰기 춤[65]을 추어 보아라
누가 가장 잘 추는지
내 지켜볼 것이다"

하인들이
밖으로 나갈 때
나도
밖으로 나가고
오키쿠루미도
밖으로 나와
커다란 원을 그리며
경쾌한 발놀림으로

---

65) 외발뛰기 춤 : 보폭을 넓게 하여 많은 사람들이 큰 원형을 만드는 유희. 강강술래를 연상케 하는 춤임. (지은이 주)

춤을 추고 있었는데
발놀림이라면
자신 있는 나인지라
가볍게 뛰어오르며
춤사위를 보여 주고 있는데
오키쿠루미 신이
갑자기
소리 내 웃으며
말했지

"탕탕 튀어 오르는 돌멩이처럼
그 누가 우리 매제만큼 뛸 수 있을까?"

이 말을 듣고 너무도 지나치게 웃기에
이상한 생각이 들어
뒤를 돌아보니
내 밉상스러운 꼬리가
다리 사이에
달랑거리고 있는 것이 아닌가

그것을 보고
신들 또한
소리 내어 웃고 있는 것이었지

알아챈 순간
나는 달아났으나
도망치는 나를
신들이 쫓아오니
잡힐 듯 잡힐 듯
두릅나무 숲속에
대가리를 처박고 숨어들었지만
오키쿠루미는
조금의
두려움도
망설임도 없이
나를 잡아채는 것이었지

어쨌거나 사람이니
설마
절벽 길을 올라올까 싶어
험한 절벽 길을 달려갔지만
끝내 나를 쫓아와
몹쓸 꼬리를 잡고
험한 절벽에
패대기를 치는 것이었지

"이 못된 여우 새끼!
내가 비록
인간 신분이지만
나 또한
신의 격조를 갖추고 있는 존재
범용(凡庸)의 신이
어디 있는지 정도도 모를
내가 아닌데
용케도 네놈은
스스럼없이
무례한 짓거리를
내게 저지르는구나
이 썩어 빠진 여우 새끼!
너 같은 놈은
내 손에 죽어 마땅하다"

나를 잡고
끝도 없이 두들겨 대니
비참한 죽음의 지경에 이르고 말았지

그러하니
여우들이여
인간들에게 결코

홀리는 짓을 해서는 안 될 것이라고

여우 신이
스스로 말하였더라

내용 해설

여우 한 마리가 오키쿠루미 여동생 신을 연모하여 인간으로 변신, 오키쿠루미의 집을 찾아온다. 오키쿠루미는 아무것도 모르는 척 여우를 집으로 불러들이고, 여우를 선동하여 천상인(天上人)처럼 대우한다. 또 하인들에게 명하여 문밖에서 외발뛰기를 하게 하니, 이에 기분이 좋아진 여우는 외발뛰기를 하다 그만 꼬리를 들켜 버리고 만다.

이후 여우는 도망치지만 뒤쫓아 온 오키쿠루미에게 잡히게 되어 비참한 죽음을 맞이한다.

그리하여 여우는 자신의 권속들에게 변신의 유혹에 빠져서는 안 된다는 교훈을 남기는 이야기다.

신요 24

눈먼 여우 신의 노래

盲の狐の自敍

강을 따라
자갈 벌판을
자박자박
강 위로 걸어갔지
나무 들판을
사락사락 걸어
어딘지도 모른 채
발길 따라 가다 보니

강 중류쯤에
두 사내가 싸움을 벌이고 있었지
나는 그들을 보며

"그대들은 대체
무슨 사연이오?
누가 이기건
두 사람은 신벌을

면치 못할 것이니
내 비록
여인이라 하나
내 하는 말을 들으시구려
그리한다면
술을 빚어
그대들 가운데 한 사람을
주연의 빈객으로
한 사람은
주연의 향응역(饗應役)으로
대우하여 드리리다
그리한다면
정말 즐거운 주연을
함께 즐길 수 있지 않겠소
두 분은
나의 친절을 외면하지 말아 주시오"

내 말에도
그들은 더욱 격렬하게 싸웠지
그 모습을 자세히 보자 하니
강 한가운데
두 개의 방책이 있어
그곳에 강물이 부딪혀

철썩이는 것을
오해했던 것이었지

나는
분한 마음으로
나무 들판을
사락사락
걸어
자갈 들판을
자박자박
걸어 올라갔지
강 상류쯤에 이르렀을 때
붉은 두건을
머리에 두른
여인 두 사람이
서로 부둥켜안고
울고 있었지

나는 지나치며

'무슨 슬픈 사연이 있어
저리 슬피 울고 있는 것일까?'

하는 생각에
두 여인 곁으로 다가가
나 또한
동정심에 슬피 울고 말았는데
한참을 그렇게 울다
문득
정신이 돌아와
바라보니
천남성(天南星)
두 그루가 나란히 피어
그 꽃대가
바람에 흔들리는 것을
잘못 본 것이었지

제풀에 나는 화를 참지 못하고
다시
나무 들판을
사락사락
강을 따라
자갈밭을
자박자박 밟으며
어디가 어딘지도 모를 길을
따라가다 보니

덫이 하나
놓여 있었지
그 주위를 돌아갔는데
'휘익'
살 나는 소리 들리고
내 몸에 꽂히더니
마치 꿈을 꾸듯
정신이 아득했지

문득 정신을 차려 보니
그것은 분명
인간들이 심어 놓은 덫에
걸려든 것이었지
바로 그때
강 아래쪽에서
'와와' 하는
사람의 함성이 들리고
사내 둘이 와서는

"뭐야,
이런 썩어 빠진 여우를 잡으려고
덫을 놓았더란 말인가?"

말하고는
이나우 하나를
내 목에 걸어 주었으니
그 덕에
나도 신다운 신이 되어
살아가고 있노라고

눈먼 여우가
말하였더라

내용 해설

눈먼 여우가 강을 따라 위로 올라가서 보니 사내 둘이 다투고 있다. 그들 사이에 끼어들어 말리려 했으나 도저히 앞으로 갈 수 없어 자세히 바라보니, 눈이 나빠 강 한가운데 박혀 있는 말뚝에 강물이 부딪히는 것을 잘못 보았던 것을 알고는 화가 치밀고 만다.

또 강 위쪽으로 올라가니 두 여인이 붉은 두건을 쓰고 통곡하고 있어, 자세히 바라보니 천남성(天南星) 꽃술이 바람에 흔들리는 것이었다. 이를 알아채고 분함을 삭이면서 또다시 강 위쪽으로 가나, 얼마 지나지 않아 인간이 놓은 덫에 걸려 죽고 만다.

여우를 잡을 생각은 조금도 없었던 인간들은, 덫에 걸린 여우를 탓하면서도 이나우 하나를 봉양해 주어 여우는 그것을 받고 신의 나라에 돌아간다. 그렇게 여우는 신다운 신이 되어 스스로 만족한다는 이야기로, 선의를 가지고 행동하지만 실패하는 여우를 동정하는 내용이다.

신요 25

여우 신의 노래 3

狐の神の自敍

언제나
변함없이
살아가고 있었는데
그러던 어느 날

강 아래쪽에
사람들 기척이 있어
그쪽을 바라보니
오키쿠루미
현신인(現神人)이
나를 향해 다가오는 것이었지

"여우 신이여!
내 하는 말을 잘 들으시오
그대
권속들의 행동거지가
심히 난폭하여

도저히 참을 수 없기에
내가 몸소 이리 왔소
그대의 수하
권속들과 함께
새도 살지 못하는
인간도 머물지 못하는 곳으로 가시오.
내가 다스리는 이 땅에는
결코 살 수 없을 것이오”

오키쿠루미
현신인이
그리 말했을 때
나의 못된 권속의
행동거지가 잘못된 탓에
특히나
나마저도
추방되게 된 이상
어딘가에 있는 마을
새도 살지 못하는 나라
사람도 머물지 못하는 나라인지도
알 수 없으나
그리로 나는 갈 것이나
내 하는 말을

오키쿠루미 신은
들어 주소서

"물고기를 관장하는 신이
물고기를 많이 길러
우리에게 보내 주었으니
지토세강(千歲川)의 수원(水源) 신이 특별히 존재하는
때문으로
지토세강 수원에는
커다란 호수가 있으니
호수를 다스리는 신
위대한 두 형제가
우리에게 물고기를 보내 주어
이 인간 국토에는
넘치는 물고기가 있었던 것이라
인간이란 존재가
물고기가 무리 지어 오도록 한 것이 아님에도
나의 권속들이
물고기를 먹었다고 하여
그렇게까지
오키쿠루미 신이
화가 났다고 하면
나는 이제

인간이 거하지 않는 나라
새도 머물지 못하는 땅
그곳이
어디에 있든
나는 떠날 것이오"

여우 신은
말을 남기고
나무 뗏목을 손수 만들고
선미(船尾)에는
푸른 풀로 만든 인간
합하여 육십을 만들어 놓고
선수(船首)에는
푸른 풀로 만든 화인(和人)
육십을 만들었지

그때
물의 신이 말하기를

"오키쿠루미 신이
화가 나
그리 말하기는 했으나
그것이 진심은 아닐 것이오

그대처럼
신분 높은 신이
어디에 있는지도 모르는
새도 살지 못하는 나라
사람도 없는 나라로
이리 서둘러 간다면
오히려 비난을 받을 수 있지 않겠소?
부디 냉정을 되찾기를 바라오
마신이 있는 마을로
그대가 간다면
마신들과의 싸움은 불을 보듯
당연한 일이 아니겠소?"

물의 신의 만류에도
돛을 올리니
아이누인들은
아이누 뱃노래를
소리 맞춰 부르고
화인들 또한
화인들의 노래를 부르며
양팔로 노를 저어
배를 띄웠지

방향타는
여우신 자신이
능숙하게 조종하고 있었는데
두 줄기 눈물
세 줄기 눈물을 흘리면서
홀로 들었던 생각은 이러했지

'무언가를 위해
인간 마을의 수령이 되라'

고 하늘의 높으신 신으로부터
명을 받아
인간 땅에 내려온 그대였는데[66)]
그렇다손 치더라도
그대 권속의 행동이
나빴다고 하여
어디에 있는지도 모를
새도 살지 못하는 나라
사람도 머물지 못하는 나라가
있다고 하여
그리로 정말

66) 자문자답. (지은이 주)

가야만 하는 것일까?

홀로 생각하니
두 줄기 눈물
세 줄기 뜨거운 눈물이
떨어져 내렸지
그러고는
어딘지도 모를 곳으로
뗏목을 저어 가니
내 귀에는 바람이 일고 있었지

밤이고
낮이고
배를 타고 가며
내 마음을 추스르다 보니
이제는 벌써
아이누의 나라도
화인의 나라도
지난 듯한데
더욱 앞으로 나아갈 때
검은 안개
앞이 보이지 않는
짙은 농무가

수면 가득 피어올랐지

농무 속을 헤쳐 나갈 때
어떤 존재인지는 모르겠으나
내 몸을
물어뜯는 느낌이 들어
아차 싶어 돌아보니
소문으로만 들었던
사람 잡아먹는 마신이 아니던가

나는
칼을 뽑아
종횡으로 휘둘러 댔지만
상대는 너무나도 작은 존재여서
나의 칼질은
무위에 그치니
달려드는 마신을 떨쳐내지 못하고
물려, 몸이 뜯길 뿐이었고
풀로 만든 아이누
합계 육십
풀로 만든 화인
합계 육십
내 손으로 만들어 놓은 것들도

하나 남김없이
먹혀 버리고 말았지

나는
칼을 놓지 않고
끝없이 휘둘렀으나
그러는 동안
한 조각 잘리고
두 조각 잘려 나가고
이제
내 몸은 등뼈
단지, 등뼈만 남아
늘어진 꼴이 되었고
정신은
마치 꿈속을 헤매는 듯
아득해졌더라
나는 지금 어디에 있는 것인가?
또 시간은 얼마나 지난 것일까?
알 수 없는 목소리
뜻 모를 소리들이
시끄럽게 귓속을 파고들어
문득, 나 자신을 추슬러
정신을 차려 보려 해도

도무지
혼돈으로부터 벗어날 수 없었으니

오키쿠루미
신인의 집에
단지 내 뼈만을
단지 내 척추만을 가지고
돌아가게 되고 만 것이었으니

그리하여 나는
황금 부채를 들어
천천히
그리고 빠르게 부치니
내 몸은 서서히
원래의 모습으로 되돌아가
이제는 겨우
이전의 모습으로 회복되고
미음을 마시고 나니
기력도 되돌아왔지

오키쿠루미
신인이
말했던 것은

이러했으니

“여우 신이여!
내 하는 말을 잘 들어 주구려
날이 저물면
그대 수하들이
마을로 내려와
건조대에서
고기와 생선을 내려
먹어 버리고 있소
이는 도저히 참을 수 없는 일이라
그대에게 경계의 말을 했으나
그대가 이렇게까지 할 줄은 몰랐구려
내가
그대에게 말한 뒤
그대는 이 나라를 떠나
마신들이 거하는 나라로 갔던 것을
차마
모르고 있었는데
늦게나마
이를 알아채게 되었소

그러나 이미

그대가 먹혀 버리고 말았기에
나는 깜짝 놀라
그대를 도와 되살리기에 이른 것이었소

무엇 때문이었겠소
하늘나라로부터
인간의 땅에
이곳을 수호하라는
위중한 사명을 받아
내려온 그대가 아니었소

그럼에도
대체 어떤 신이
그대에게 그러한 말을 했단 말이오
단지 홧김에
인간 마을을 떠나라고
말했을 뿐인데
그것이 사실이라면
자기 자신이
신들의 비난받을 일을
그대가 했다는 것이오?

금후로는

진정하시고
이 인간의 땅을 지켜 주시구려"

오키쿠루미
신인이 말했을 때
나는
사죄의 말을 건네고
그러고는 다시
인간의 땅
인간의 나라를
지켰으므로

이 일을 말하노라고
여우 신이 말하였더라

내용 해설

오키쿠루미가 손버릇 나쁜 책임을 물어, 이 땅을 떠나 새도 머물지 않는 땅, 사람도 거하지 않는 땅으로 여우 대장을 쫓아낸다. 여우 대장 신은 어쩔 수 없이 나무 뗏목을 만들어 많은 아이누인과 화인(和人)들을 태우고 마신의 나라로 떠나게 된다.

물의 신이 오키쿠루미의 진의는 그렇지 않다고 만류하나,

여우 신은 듣지 않고 배를 띄운다. 농무(濃霧)가 끼어 있는 바다에서 이페쿠루이세이라 불리는 괴마의 습격을 받아 칼을 뽑아 대항하나, 타고 있던 아이누인과 화인들이 잡아먹히고 자신 또한 등뼈만 남은 채 정신을 잃고 만다.

문득 정신을 차린 여우 대장은 자신이 오키쿠루미의 집에 누워 오키쿠루미 손에 치료받고 있음을 알게 된다. 여우는 오키쿠루미의 극진한 간호로 겨우 회복하여 오키쿠루미의 진의를 그의 입을 통해 듣고, 이 인간의 땅을 수호하리라는 결심을 굳힌다.

그리하여 여우 신은 원래대로 인간의 마을, 인간의 땅을 수호하게 된다.

신요 26

수달 대장의 노래

川獺の大將の自敍

고기 잡으러 나가려
칼을 갈고 있었으니
며칠이 되었을까
손꼽아 헤아리니
무려 엿새

나는 칼을 갈아
여섯 장 숫돌을
겹쳐 놓고
칼로 베어 보니
한 장만 잘라질 뿐
또다시
갈고 갈며
며칠이 지났는가
손꼽아 세어 보니
무려 엿새를
갈고 또 갈았지

그러고는
여섯 장 숫돌을 또
겹쳐 놓고
칼로 베어 보니
여섯 장 모두 잘리게 되었지
그 위에
여섯 장을 더 겹쳐 올려놓아도
잘리고 또 잘렸으니

이제는
칼이 잘 든다 생각하여
고기를 잡으러
바다로 나갔지
점점 멀리 나가다 보니
대왕 괴물
왕고래가
물을 뿜고 있어
창을 던져 꽂았지

그랬더니
아득한 바다 끝
먼 바다 위로

끌려가는 것이었지
바다 동쪽으로
끌려가고
바다 서쪽으로
이리저리
이끌려 헤매게 되었으니

시간이 지남에 따라
내 손바닥이며
내 손등은
피투성이가 되어
핏물이 흘러내렸지

나는 울면서
고래에 끌려다녔지
암석투성이의 산
곶(岬)을 지났을 때
나는 말했지

"돌산의 신이여!
나를 구원하소서"

나의 기도에

원기 좋은 구름[67]은
나에게서 멀리 떨어져
흘러가고
느릿느릿
억병(臆病) 구름[68]이
내 쪽으로 흘러왔지

나는
꺼이꺼이 울면서
이끌려 갔지
우카옵푸(ウカオップ)산[69]을 지나칠 때
나는

"우카옵푸산의 신이여!
부디 나를 위기에서 구해 주소서"

기도하니
원기 좋은
신속한 거대 구름[70]은

---

67) 원기 좋은 구름 : 강한 신이 타고 있는 구름.

68) 억병(臆病) 구름 : 약한 신이 타고 있는 구름.

69) 우카옵푸(ウカオップ)산 : 암석으로 이루어진 돌산. (지은이 주)

나를 떠나
멀리 흘러가고
억병의
느릿느릿한 구름[71]이
내 쪽으로 덮쳐 오니
나는 또
고래 괴물에 울면서
이끌려 가고 있었지

하소이와산[72]을 지날 때
나는 또 기도했지

"하소이와산의 신이여!
나를 어서 구해 주소서"

기도를 올리니
원기 있는 구름은
내게서 멀리 흘러가고
느릿느릿

70) 신속한 거대 구름 : 강한 신이 타고 있는 구름. (지은이 주)
71) 느릿느릿한 구름 : 약한 신이 타고 있는 구름. (지은이 주)
72) 하소이와산 : 관목이 자라고 있는 돌산. (지은이 주)

억병운(臆病雲)이
나를 덮쳤지

나는
꺼이꺼이 울면서
힘겹게 끌려가다
오카무이산[73]을 지나칠 때
다시 기도했으니

"오카무이산 신이여!
부디 나를 구해 주소서"

이 기도에
원기 있는 빠른 구름은
내게서 멀리 흘러가고
억병 기운을 지닌 구름이
느릿느릿
내게 덮쳐 올 뿐
나는 울면서 이끌려 가고 있었지

아요로산[74]을

---

73) 오카무이산 : 신이 거하는 산. (지은이 주)

내가 지나고 있을 때
나는

“아요로산의 신이여!
나를 서둘러 구해 주소서”

라고 기도했지
아요로산의 신은
빠르고 원기 좋은 구름을
내 쪽으로 오게 하고
대물인 괴물
대왕고래를
바늘을 구부려 만든
낚싯바늘로 끌어와
육지로 올렸지

그때
아요로산의 신은

“바보 같은 수달 같으니!
이 썩어 문드러질 수달 같으니!

---

74) 아요로산 : 이부리(胆振) 시라오이군(白老郡)에 있는 산.

한심한 민대가리!
대체 뭘 하려고
밤낮으로 칼을 갈아
바다로 나와
저런 대물을 낚았던 것이냐?
그래서 덤으로
이리저리 끌려다녔더란 말이냐!
칼을 가지고 있으면서
그걸 까맣게 잊고 있어
신들은 화가 나
그것을 너에게
알려 주려고 이렇게 했던 것을
너는 대체
아느냐 모르느냐?"

꾸짖듯 내뱉으며
거대한 괴물
대왕고래를
뭍으로 끌어올렸으니

그런 말을 듣고 나서야
비로소 나는
칼을 가지고 있다는 사실을 떠올리고

집으로 돌아왔지
그리고
너무나도 피곤해서
며칠 밤
며칠 낮
엿새 동안이나
누워 쉬었더라고

수달 대장은 말하였더라

내용 해설

수달 대장이 고기를 잡으러 숫돌에 칼을 갈아 나섰으나, 바다에서 대왕고래를 만난다. 창을 던지는 것까지는 좋았으나 대왕고래에게 이끌려 몇 날 며칠 바다를 헤매게 된다. 비명을 질러 주변 산에 있는 신들에게 도움을 청하나 무위에 그치게 되고, 나중에 아요로 산신(山神)에게 구조되어 대왕고래를 끌어 올리게 된다.

아요로 신으로부터 예리한 칼을 가지고 있음에도, 투망 찢는 일을 잊어버리고 있었던 일에 화가 난 다른 신들이 도움의 손길을 주지 않았다는 이야기를 듣고, 비로소 자기가 칼을 가지고 있다는 사실을 깨닫게 된다.

집으로 돌아와 피로에 지친 몸을 쉬며 수달 스스로 말하는 이야기다.

신요 27

늑대 여신의 노래

狼の女神の自叙

계곡 사이
작은 강 언덕 위에
아이들과 함께 살고 있었지
그렇게 살아가던
어느 날

강 아래쪽에서
소리가 들려
고개 들어 바라보니
요망한 곰
밉살스러운 곰이
아래 송곳니는
위턱을
위 송곳니는
아래턱을 악물어
붉은 잇몸을 드러내고 있었지

요망한
못된 곰은
내 쪽을 향해 다가와
소름 끼치는 눈초리로
나를 노리고
달려들었지

그리고
작은 언덕 위에서
우리 둘은 엎치락뒤치락
몸과 몸이 부딪혀 뒹굴고
이빨을 드러내 물어뜯으니
나는 요망한 곰의
작은 살점
큰 살점을 물어뜯고
곰 또한
나의 작은 살점
큰 살점을 물어뜯는 혈투가 계속되었지

요망한 곰도
보통내기는 아닌 듯
여섯 개 심장의 끈
철 심장의 끈을 가지고 있었고

나 역시
여섯 개 심장의 끈
철 심장의 끈을 가지고 있었지

그렇지만
서로
녀석은 나의 심장의 끈을
나는 녀석의
한 가닥 심장의 끈
강철 심장의 끈을 잘라 내고도
싸움은 끝나지 않아
강철 심장의 끈
보통 심장의 끈
한 가닥을
남기게 되었고
요망한 곰 또한
강철 심장의 끈
보통 심장의 끈
한 가닥을 남기게 되었지
아이들은
목 놓아 외쳐 댔지

"바라건대

천상
하늘나라에
아버지가 분명 계실 터
어머니를 위험으로부터
구해 주소서
요망한 곰
못된 곰이
어머니를 죽이려 달려들고 있으니
아버지
어머니를 죽음으로부터
구해 주세요"

그러자
홀연
상천(上天) 하늘로부터
늑대 신
진정으로 위대한
신이 내려와
그 자리에서 요망한 곰
못된 곰을 처단하여
지하의 명부(冥府)
음습한 명부로 내쳐 떨어뜨렸으니

이후로

우리는

아이들과 함께 상천 하늘로 돌아가게 되었더라

내용 해설

암늑대 한 마리가 새끼들을 데리고 살고 있다. 그곳에 요사스러운 곰이 출현하여 암늑대와 싸운다. 이윽고 몰살당할 위기에 빠졌을 때, 새끼 늑대가 하늘의 아비 늑대에게 구원을 청하니 아비 늑대가 하늘로부터 내려와 요망한 곰을 죽여 지하의 명부(冥府)로 쫓아 보낸다. 그리하여 가족 모두가 하늘나라로 돌아간다는 내용의 이야기다.

신요 28

요망한 토끼의 노래

妖兎の自敍

강 연안을 따라
강 윗마을로
사람들이 부러워하는 발걸음으로
사람들을 매료하는 뜀박질을 하면서
가끔은
뒤를 돌아보기도 하며
윗마을로 달려가
사마이웅쿠루의 집 제단으로 갔지

사람들이 부러워하는 발걸음으로
사람들을 매료하는 뜀뛰기로
몸을 돌려
뒤를 돌아보면서…

사마이웅쿠루는
신창 위에 몸을 반쯤 내밀고

"나라의 우러름을 받으려는 자
마을에 화를 불러올 마물(魔物)이
온 것 같으니
부자들은
몸을 숨기고
가난한 자들은 나와
엉덩이를 내밀어라"[75]

사마이웅쿠루의 말대로
부자들은
몸을 숨기고
가난한 자들은
밖으로 나와
담비(貂)만 한 남근(男根)
새 같은 여음(女陰)을
내 쪽으로 노출하니[76]
화가 나
발길을 돌려
오키쿠루미의 집으로 갔지

75) 악마를 막으려는 주술 행동. (지은이 주)

76) 악마를 추방하는 주술 행동. (지은이 주)

사람들이 부러워하는 발걸음
사람들을 매료하는 뜀박질로
뒤를 돌아보며
달려갈 때
오키쿠루미는
신창 위에 몸을 내밀어
나를 보고는
두 손을 올려
공손하게 예를 올리며

"품격 높으신 신이여!
내 하는 말을 들어 보시오
그대가 다만 홀로
그렇게 열심히 춤을 춘다고 해도
혼자서라면 섭섭한 일
여기에서
강을 따라
거슬러 올라가다 보면
인간 마을이 있을 것이니
그대가 마을 서쪽[77]을 지나가노라면

---

77) 마을 서쪽 : 길 동쪽에는 집들이 있고, 길 서쪽은 더러운 곳으로, 악신들이 다닌다고 한다. (지은이 주)

아득한 물 위를 지나게 될 터인데
그곳에
신들의 마을
사람들이 살고 있는 마을이
있을 것이니
그곳으로 가면
사내들과
여인들이 무리 지어 나와
여러 가지 우보보[78]를
엉덩이춤과 함께 부르면서

‘사내 중의 사내인 신이시여!
춤추며 놀다
잠시 쉬어 가심이 어떻겠소’

라 말을 해도
그대가 듣지 않고
더욱 나아간다면
마을 한가운데
커다란 집이 있어

78) 우보보 : 아이누 가요의 하나. 송가(頌歌). 춤과 함께 노래한다. (지은이 주)

그 바깥뜰에 이를 것이니
그리하면
술 마시는 소리
밥 먹는 소리가
시끄럽게 들려오고
그곳에서
신녀(神女)가
붉은 수건을
머리에 묶고
붉은 바리때
붉은 병
붉은 잔을 손으로 들어
두 잔
세 잔
술을 따르며 말할 것이니

'사내 중의 사내이신 신이여!
잠시라도
저의 집에 들어가
춤추며 노심은 어떠하신지'

그대 손을 잡고
집 안으로 인도할 것이니

집 안에서는
화로 주위에 원을 만들어
돌며 춤추면
분위기는 고조될 것이오

그대가 들어가면
여인들과
사내들 무리가
춤추고 있는 곳에
그대도 들어가 춤을 추게 되겠지요
점점
그대 마음은 기쁨에 들뜨고
춤이 끝나
지치게 되어
화로 머리맡에 있는
기둥에 기대
숨을 고르고 있다 보면
앞의 신녀가
그대의 아랫자리에 앉아
마치 아내처럼 그대를 봉양할 것이오
그리하면
그대는
품위 있는 신격을 보여 주게 될 것이니

인간 마을에 머물지 않고
신들의 마을로 간다면
이는 진정
그대의 마음에도 흡족한 일일 것이오”

이렇게 말하므로
나는 기뻐
강을 따라
상류 쪽으로 가니
인간 마을이 있고
그 마을 서쪽으로
거침없이 나아가니
이야기 듣던 대로
신들의 마을
수많은 집들이 있었지

여자들과
사내들 무리가
다양한 우보보를
엉덩이춤과 함께 노래하면서

“사나이 신이시여!
잠시 여흥을…

잠시 휴식을…"

이라고 말을 걸어와
고개를 돌려 보았지만
성에 차지 않아
못 본 척 걸어가니
마을 가운데
커다란 집이 있고
술 마시는 소리
밥 먹는 소리가 시끄럽게 들려왔지

그때
신녀는 입가에
옅은 미소를 띠면서
붉은 두건으로 머리를 묶고
붉은 바리때
붉은 병
붉은 술잔을 가지고 나와
두 잔
세 잔
나에게 술을 권했지

"사내 중의 사내이신 신이시여!

집 안에 들어가 놀지 않으시겠습니까?”

라는 말과 함께
내 손을 잡고
집 안으로 인도했지
그때
사내들
여자들 무리가
화로 주위를 돌며
춤을 추고 있어
내가 들어가니

“사내 중의 사내이신 신이시여!
함께 춤을 즐기시지요”

말하며
춤추기를 권했지
화로 주위를 돌며
춤을 추다 지쳐
이야기 들은 대로
화로 머리맡 기둥에 기대어
꾸벅꾸벅 졸게 되었지

문득 정신을 차려 보니
놀랍게도
커다란 나무에
포도 넝쿨이 늘어져 있고
그곳에서
수많은 악조(惡鳥) 우는 소리가
끔찍하게 들려왔지
그 나무가 자라난 곳에는
커다란 천남성(天南星) 독화(毒花)가 피어 있고
나는 또 그것을
먹고 또 먹었던 것이었지
또한 악조들이
내 몸 위에
오줌과 똥을 갈겨 놓아
나는 일어설 힘조차 없어
그대로 있다가 그만
죽어 버리고
흙과 함께 썩어 버리고 말았던 것이었으니

그러므로
이제부터 토끼들이여!
결코 인간들에게
우러러 받기를 바라지 마라

오키쿠루미 신이
보기 좋게 나를 속였던 것이었다고

요망한 토끼가
자신의 몸을 빌려 노래하였더라

내용 해설

요망한 토끼 한 마리가 사람들로부터 우러러 받들어지고 싶어 먼저 사마이웅쿠루 마을을 찾아간다. 사마이웅쿠루는 장자(長者)[79]들은 숨도록 하고, 가난한 남녀들에게 명하여 악마 푸닥거리, 주술적 의례를 행하도록 한다.

이어서 토끼는 오키쿠루미 마을을 찾아간다. 사마이웅쿠루보다 지혜가 있는 오키쿠루미는 교묘한 말로 요망한 토끼를 속여 마을을 떠나 강 윗마을로 가게 만든다.

오키쿠루미의 말에 속은 토끼는 강 윗마을로 가, 마을 한가운데 있는 집에서 열리고 있는 향연에 숨어들어 마시고, 먹고, 춤추다 지쳐 잠들고 만다. 문득 눈을 떠 보니 마을도 집도 없이 커다란 나무에 포도 넝쿨만 늘어져 있고, 그곳에 악조(惡鳥)들이 울어 대며 소란을 피우고 있다.

요망한 토끼는 지금까지 그것을 사람들이 노래하는 것이

79) 장자(長者) : 높은 사람, 부자 등을 일컫는다. (지은이 주)

라 여기고 있었고, 옆에 피어 있던 천남성(天南星) 독화(毒花)를 먹고 또 먹었다는 사실도 깨닫게 된다. 그리고 끝내 비참한 죽음을 맞이하게 되었으니, 권속들에게 사람들에게 못된 짓을 하지 말라 경계하고, 오키쿠루미의 지력(智力)을 칭찬하는 것으로 이야기는 끝이 난다.

신요 29

토끼 신의 노래

兎の神の自敍

강 연안을 따라
가벼운 몸놀림으로
발장난을 하며
위쪽으로 올라갔지

어딘지도 모르고
그저 발 닿는 대로
종종거리며 가다 보니
제법 솜씨 있게 숨겨 놓은
덫 화살이 걸려 있었지

그곳을 지나가며
본디 장난질을 좋아하는
나이기에
숨을 들이마셔
배를 집어넣고
덫을 피해

출랑거리며 나아갔지

그곳을 지나
또 강을 따라
총총
발장난을 하며
뛰어갔지
어딘지도 모르고
그저 발 닿는 대로
가다 보니
너무나도 조잡하게 심어 놓은
덫 화살이 있었지
그곳을 지나갈 때
본래 장난을 좋아하는 터여서
나는 몸을 크게 부풀리고
지나가려는데
조잡하기 짝이 없는 덫에서
시위 소리가 들리며
내 커다란 배에는
살이 꽂히고
가슴이
죽을 만큼 아파 왔지

얼마 걷지도 못하고
나는 그만 엎어지고
이제는
고개를 들지도 못하게 되었을 때
나는 생각했지
내가 사는 마을의 강
강 위에
흰 구름이 나타나면
나는 살 수 있을 것이고
검은 구름이 나타난다면
나의 목숨은 여기까지라고
생각하면서
그대로 있다 보니
우리 마을 강
강 위에
검은 구름이 짙게 내려앉고 있는 것이었지

그리하여
나는 이렇게 죽어 갈 것이니
내 자손 토끼들이여
덫 화살이 있거든
피해 달아나라고

토끼 신은 말을 남기고
죽음을 맞이했더라

내용 해설

교활한 토끼가 강 연안을 따라가니 정교하게 묻어 놓은 덫이 있었다. 몸을 굽혀 그곳을 벗어나 기분이 좋아져서 더욱 위쪽으로 올라갔다. 이번에는 조잡하게 엮어 놓은 덫이 있었다. 몸을 부풀리면서 그곳을 벗어나려는데, '휘익' 하고 화살이 날아와 배를 찔러 죽을 만큼의 고통을 겪게 된다. 얼마 가지 않아 엎어져 다시는 일어나지 못하게 된다. 고개를 들어 강 위를 바라보니 검은 구름이 피어오르고 있었다. 자신이 죽음을 앞두고 있다는 것을 깨닫게 되어 권속들에게 교훈을 남기고 죽음을 맞이한다는 이야기다.

신요 30

토끼 어버이 신의 노래

兎の親方神の自敍

강 연안에서
호장(虎杖)[80] 화살통을
엉덩이 위에 올려놓고
강 연안을 따라
올라가고 있었지

목적지도 없이
걸어가고 있자니
한 여인이
세수를 하고 있어
내가 다가가

"남편은
있소? 없소?"

---

80) 호장(虎杖) : 감제풀. 마디풀과의 여러해살이풀. 높이는 2미터 정도이며, 잎은 어긋나고 달걀 모양이다. 6~8월에 흰색 또는 붉은색의 꽃이 핀다.

라고 물으니

“나에게는 지아비가 있다오”

라는 대답에
나는 짜증을 내며 또
강을 따라
호장 화살통을 달랑거리며
올라가니
한 여인이
물을 길으러
물통을 들고
강 아래로 내려왔지
하여 내가
다가가

“남편은
있는가? 없는가?”

물으니

“나에게는 지아비가 있습니다”

라고 대답하기에
공연히 짜증이 나
다시
강을 따라
호장 화살통을
엉덩이에 이고
달리고 달려
강을 따라 올라가니
한 채
집이 있고
여인 하나가
곡식을 찧고 있었지
가까이 다가가

"남편은
있는가? 아니면 없는가?"

물으니

"소첩에게는 지아비가 없습니다"

라는 대답에

옳다 싶어 내가
그 집에 들어가
횡좌(橫左) 창문
보석이 놓여 있는 곳에
화살통을 걸어 놓고
본좌(本座)
화로 앞에 앉아
여인에게

"집에 들어와
밥을 지어 주게
몹시 시장하네"

라고 말하니
곡식을 찧던 여인은
집 안으로 들어와
보물이 놓여 있는 곳에 있는
그릇을 내려
그것을 들고
밖으로 나갔지
잠시 후, 돌아오기에
바라보니
그릇 가득

이삭이 그대로인 기장을
가지고 들어온 것이었지
그리고 그것을
나에게 내밀기에

"어찌 이런 것을 먹을 수 있겠는가?"

라고 말하니
여인이

"어찌하여 그대는
이런 것을 먹고
밭을 엉망으로 버려 놓았는가?"

라고 말하기에
나는 그만 화가 나
밥그릇을 들어
기둥을 향해 던져 버리니
작은 파편
큰 파편이
사방으로 튀었지
그 모습을 바라보며 나는
문밖으로 뛰어나가

집으로 돌아왔지

그러고는
이렇게 살아가고 있으니
토끼들이여!
결코 음식을
사방으로 흐트러트리며 먹어서는 안 될 것이다
아마도
곡물의 여신[81]은
이 같은 행실에 화가 나
이삭이 붙은 기장을
나에게 먹이려 했던 것이라고

토끼의 어버이 신이
자신의 경험을 빌려 이야기했더라

내용 해설

호장(虎杖) 줄기로 만든 화살통을 등에 진 토끼가 강 연안을 따라 뛰어가다가, 세 여인을 만나 구혼을 한다.

두 여인이 남편이 있다고 대답하기에 토끼는 실망하여 남

81) 곡물의 여신 : 기장(黍), 밤(栗) 등의 신. (지은이 주)

은 한 여인 집으로 찾아가 구혼한다. 남편이 없다는 대답에 집 안으로 따라 들어가 짐짓 남편이라도 된 듯 화롯가에 앉아 여인에게 밥을 지으라고 말한다.

이윽고 나온 밥에 기장(黍) 이삭이 섞여 있는 것을 보고 이런 것은 먹지 않는다고 말한다. 그런데 사실 여인의 정체는 '곡물의 신'으로, 이제까지 토끼가 밭을 어지럽혀 왔기에 이를 경계하려고 한 행동이었다.

토끼는 기장 이삭이 섞인 밥을 집 밖으로 집어 던지고, 집을 뛰쳐나와 강을 따라 내려가 집으로 돌아온다. 그러고는 권속들에게 이야기하는 내용이다.

신요 31

토끼 대장 신의 노래

兎の大將の神の自敍

언제나 변함없이
살아가고 있으면서
내가
음식을 먹는 모습은
이러했으니
오로지
버드나무만 갉아 먹으며
그렇게 살고 있었지

어느 날
강 상류로 뛰어갔지
그러고는
가스이새의 전언을
입으로 전하며
걷다가
뛰다가
가벼운 몸짓으로

사마이웅쿠루의 제단에 이르러
제단 위로
제단 아래로
가스이새의 전언을 전하며
제단 위로
제단 아래로
뛰며 돌았지

그때 내가

"엄청난 해일
산더미 같은 파도가
몰려올 것이니
높은 곳으로 도망쳐라!"

라는 가스이새의 전언을
외쳐 대면서
달리고 또 달렸을 때
사마이웅쿠루가
말했지

"이건 도대체 뭐 하는 놈이야!
괴이한 소리를 떠드는

못된 놈의 토끼 새끼
우리가 받들어 주었더니
도리어
화를 끼치러 왔더란 말이냐
자 모두 이리 모여라
가난한 이들은
여자든
남자든
앞으로 모이고
돈 많은 이
장자(長者)들은 몸을 숨기라
그리고 가난한 이들은
엉덩이를 까고
토끼를 향해 흔들라”

부하들에게 명을 내리니
명령을 따라
돈 많은 자
장자들은 몸을 숨기고
가난한 자들은
여자와
사내들이
내 쪽을 향해

엉덩이를 까고
흔들어 대는 것이었지

그것을 보고
화가 난 나는
강을 따라 올라가
가스이새의 전언을
외치면서
달리고 또 달렸지

오키쿠루미
인간 수령의 제단을
깡충깡충 뛰어
제단 위를
아래를
뛰어다니며
내가 말했지

"오키쿠루미
신인(神人)이여!
내 하는 말을 잘 들으시오
엄청난 해일과
극심한 파도가

양쪽에서 밀려들 것이니
마을 사람들과 함께
높은 곳으로
도망치시오"

내가 하는 말에
오키쿠루미 신인은
공손하게 손을 모아
예를 갖추며

"위없이 높으신 신
경고의 신께서 오셨으니
사람들은 모두
밖으로 나오도록 하라
그리고
신을 경배하라"

이 말에
부자들도
장자도
가난뱅이도 모두 나와
나에게 예를 올렸지

나는 진심으로
기쁜 마음에
깊은 감사의 마음을 전하고
깡충깡충
집으로 돌아왔지

그러고는
언제나처럼 살고 있었는데
정말로
엄청난 해일
집채만 한 파도가
양쪽에서
충돌하듯 밀려들었지

오키쿠루미
신인은
마을 사람들을 데리고
높은 곳을 찾아
몸을 피했고
사마이웅쿠루는
마을 사람들과 함께
비참한 죽음을 맞이하고 말았지

그러고는
얼마가 지나고 나서
오키쿠루미는
술을 빚어
많은 술과
많은 이나우를
나에게 공양함으로써 나는
격(格) 높은 신이 되어
살게 되었으니
이처럼 말하는 것이라고

토끼 대장이 말하였더라

내용 해설

토끼가 천재지변이 닥치는 것을 인간에게 알려 주어 감사받는다는 설화다.

언제나 버드나무를 갉아 먹으며 살고 있던 토끼가 어느 날 강을 거슬러 가스이새(鳥)의 전언을 전하기 위해 먼저 사마이웅쿠루 마을을 찾아간다. 토끼는 해일과 함께 집채만 한 파도가 밀려올 것을 경고한다. 그러나 사마이웅쿠루는 친절하게 경고하는 토끼에 대해 오히려 악마의 주술을 행하려는 것이 아닌가 의심하고, 이에 토끼는 분개한다. 토끼는 이어 오키쿠루미 마을을 찾아가는데, 오키쿠루미는 토끼의 경고를 공손하게 예배하며 듣고 마을 사람들을 피신시킨다.

토끼는 기뻐하며 집으로 돌아오고, 이어 토끼의 경고대로 해일과 집채 같은 파도가 마을을 덮친다. 사마이웅쿠루와 마을 사람들은 비참한 죽음을 맞는다. 오키쿠루미는 재난을 피하게 되어 술을 빚어 토끼에게 감사를 표한다.

토끼는 그 덕에 보다 격이 높은 신이 되어 살아가게 된다.

신요 32

반딧불이의 노래

螢の自敍

풀 망울 위에
나는 머무르고 또 머물러 있었지
내 목걸이의 황금[82)]은
국토 위를 비추고
수목 나뭇잎에
머무르고 머무르니
내 목걸이의 황금은
국토 위에
밝게 빛나고

그렇게 나는
강을 따라
내려갔지
낮은 수목 위에
내가 머무르니

---

82) 내 목걸이의 황금 : 반딧불이 머리의 빨간 부분. (지은이 주)

내 목걸이의 황금은
국토 위에
밝게 빛나고 있었지

점점 아래쪽으로 내려가
바다 위를 날아가
그곳을 건너갔지
내 목걸이의 황금이
밝게 빛나고
반짝반짝 명멸하며
계속 날아가니
집 한 채가 눈에 들어왔지

그 집 앞으로 가
기척을 하니
한 사내가 나왔지
사내를 바라보니
사팔뜨기여서
끔찍한 꼴을 참지 못하고
목걸이 황금을
바다 위에 번쩍이며
더욱 앞으로 날아가니
또 한 채의 집이 있었지

내가 날아가
기척을 하니
한 사내가 나오기에
바라보니
그 사내는 구레나룻 짙은 사내로
도저히 참을 수 없어
다시 또 날아갔지
목걸이 황금을
바다 위에
밝게 비추면서
날아가다 보니
또 한 채의 집이 나타났지

인기척을 하니
한 사내가 나와
바라보니
주둥이가 어찌나 크던지
그저 실망뿐이어서
또다시 나는 날아갈 수밖에 없었지
내 목걸이 황금이
바다 위에
밝게 빛나고

반짝반짝 명멸하면서
날아가니
또 한 채의 집이 있었지

기척을 하니
한 사내가 나왔고
바라보니
이 사람이야말로 비로소
내가 찾았던 사람이었으니
내가 사랑할 만한
미남인 사내는
나를 막으며 말했지

"신령스러운 숙녀여!
어서 안으로 드시지요"

나는 집으로 들어갔지
그러고는 부부가 되어
변함없이 원만한 생활을 하게 되었노라고

반딧불이는
자신의 몸을 빌려 말하였더라

내용 해설

반딧불이 여신이 황금 목걸이를 밝게 비추며 바다 위를 날아 가자미, 대구, 대장장이 물고기의 집을 차례로 찾아간다. 가자미는 사팔뜨기이기 때문에 남편으로 내세울 수 없고, 대구는 구레나룻이 있는 추남이니 도저히 안 되겠고, 대장장이 물고기는 입이 커서 마음에 들지 않아 날아가 버린다.

마지막으로 청새치를 찾아가니 그 외모가 마음에 들어 그 집에 들어가 부부의 연을 맺고 화목하게 지냈다는 반딧불이 여신이 스스로 부르는 노래다.

이 설화에서 반딧불이의 빛은 황금 목걸이가 반짝이는 것이라고 설명하고 있다. 또 반딧불이가 출현하는 여름은 홋카이도 태평양 연안에서는 청새치의 풍어기이다. 옛날 아이누인은 반딧불이가 출현하는 것으로 청새치 출어기를 맞게 된다는 것도 참고할 만하다.

신요 33

매미의 노래 1

蟬の自敍

나는
신으로서
매일 같은 나날을
살아가고 있었지

그러던 어느 날
바닷가에 전망대를 세워 놓고
그 위로 올라가
바다를 바라보고 있었지

저 멀리
아득한 바다에
배들이 몰려오고 있었으니
그들은 대체
어떤 신들인가
그 근원
출신을

알아보려 했으나
도무지 알 수가 없었지

궁리에 궁리를 더해
어떤 신인가
그들의 근원을 알아보려 해도
끝내 생각이 미치지 못했지

바라보니
우리 항구
항구를 향하여
육지를 향하여
배들이 밀려오는데

도무지
그들의 근원
그들의 출신을
알 길이 없는데
배들은 점점 다가와
노 젓는 소리
지척에 들려와
그제야
생각이 미쳤으니

그것은 순행(巡行) 신[83)]
순행 신이었지

나는 놀란 가슴을 쓸어내리며
집으로 돌아와
밭에서 소채를 뜯어
음료를 만들고
밭에 기르고 있던
연초를 또한
공물로 만들어
밖으로 나가 보니
신들은 이미 상륙하고 있었지

나는 조용히
미소를 머금고
신들에게 말했지

"영웅스러운
걸출하신 신들이시여!
권속을 이끌고
이 마을에 오셨으나

---

83) 순행(巡行) 신 : 포창(疱瘡) 신. 천연두의 신. (지은이 주)

우리 마을은
가난하기 짝이 없기에
귀하신 신들이 머무시기에는
턱없이 부족한 곳이올시다
인간들 또한
머무는 집도 적을 뿐 아니라
금년에는 특히
마을에 기근이 들어
마을 사람들은
먹을 음식이 없어
풀로 쑨 죽
풀 국으로만 연명하고 있으니
귀하신 신들께도
공양할 음식이 없는 형편이오이다

이대로
배를 돌려 가면
저 멀리 있는 나라
먼 마을에 이르게 될 터인데
그 바다 나라에는
마을 사람도 많고
집들도 지천이라
귀하신 신께서

수하 신들과 함께
쉬실 수 있는 곳뿐만 아니라
노닐 수 있는 곳도 충분하답니다"

내 말에
무언가 잠시 잠깐
생각을 하던 신은
흔쾌히 승낙을 하고
배를 돌려 가니
나는 그 광경에
눈을 떼지 않고 있었지

그 뒤
요운(妖雲)은 물러가고
위난으로부터 벗어날 수 있었으나
이 기쁜 일도
알지 못하고 있었기에 나는
꿈을 빌려
이 일들을 인간들에게 알려 주었으며
이후로
이 마을에는
역병이 오는
바람도 불지 않았으니

매년
여름이 되면
이를 염려한 나는
해를 거르지 않고
울고 있는 것이라

순행 신이
우리 마을까지 찾아오면
나아가 친구가 되었으니

아들들아
결코 이를 잊어서는 아니 될 것이더라

내용 해설

어느 날 바닷가에 전망대를 세워 놓고 바다를 바라보고 있던 매미신이 먼 바다에서 다가오고 있는 선단을 발견한다. 그들의 근원, 출신을 알 수 없었으나, 이윽고 그들이 포창(疱瘡) 신, 즉 천연두 신의 선단이라는 것을 알게 된다. 서둘러 집으로 돌아가 포창 신 일행에게 바칠 음식을 마련해 해안가로 나가니 포창 신 일행은 이미 상륙해 있었다. 매미신은 그들에게 이 마을은 굶주림으로 바칠 음식이 많지 않고, 또한 인구수도 적으니 부디 생각하시어 돌아갈 것을 청한다. 그리고 바다 나라로 가면 마을 사람들도 많고 가구 수도 많으니 그곳에 놀고 쉴 곳도 많을 것이라고 말한다.

그 말을 듣고 포창 신 일행이 급히 방향을 틀어 돌아가니 요기(妖氣)로 휩싸인 큰바람과 구름이 몰려간다. 이 상세한 내용을 사람들에게 꿈을 빌려 알려 주니, 그 이후로 이 마을은 포창은 물론 어떤 역병도 오는 일 없이 무사하게 된다.

신요 34

매미의 노래 2

蟬の自敍

그대는
자신의 근원을 듣고 싶어
왔던 것이겠지
내 그대에게
그대의 근원을
들려줄 터

옛날도
아주 먼 옛날
어느 마을에
여섯 세대 대(代)를 이어
살아가던 노파가 있었으니

어느 날엔가
무서운 해일이
육지를 덮쳐 와
마을은

바다로 쓸려 나가고
마을 사람들 모두는
목숨을 잃고 말았지

그리되었을 때
할매
단 한 사람만이
지붕에 올라
밤이고
낮이고
바다 멀리
떠내려가게 되었으니
죽고 싶어도 차마 죽지 못하고
밤이고
낮이고
울며불며
떠내려가고 있었지

그 시끄럽게 우는 소리에
신들 모두는
참을 수 없어
상의하기에 이르렀으니

인간의 땅이
이름만 남기고 사라짐이 한스러워
저리 슬피 울어 대고 있으니
노파를 매미로 몸을 바꾸어 주어
겨울이 되면
신의 국토에서
신들과 함께 머물도록 하고
여름이 오면
인간의 땅에서
인간들과 함께 살아가도록
신들이
의견을 모아
매미로 만들어 놓으니

이후로
여름이 되면
인간 세계로 내려가
인간들과 함께 살아가게 되었고
겨울이 오면
신의 나라로 가
신들과 함께 살아가게 되었는데

해일이 밀려오는 때면

밤이고 낮이고
울면서 떠다니는 것이
지금까지도
습벽(習癖)이 되어
밤에도 내내
소리 높여 울고 있었지

하여
신들은 다시 상의하였으니
아에오이나 신[84]은

"그대의 근원을 알려 주랴?
신에게도 속하지 않고
인간에게도 머물지 못하니
밤에는
잠을 자며
쉬어야 할 것이다
이제부터는
밤에는 결코
울지 말고
낮에만 울도록 하되

84) 아에오이나 신 : 전승(傳承) 신. 오키쿠루미. (지은이 주)

낮이라 해도
짙게 구름 낀 날에는 울어서는 아니 되며
태양 신이 보이는 때만
울어야 할 것이다"

아에오이나 신이
말하였으니
금년은
겨울이 길었던 탓에
인간 세계를 빨리 보고 싶어
그리워한 나머지
네가 왔던 것이겠으나
너의 근원을
말해 주었으니

이제 너는
신의 세계로 돌아가
여름이 빨리 오기를
기다려야 할 것이다

내용 해설

계절의 이변으로 매미가 예년보다 일찍 출현하니, 어느 늙은이가 예삿일이 아니라 여겨 신에게 그 출신, 근원을 묻는다. 신은 여름이 오기를 기다리라고 말한다.

옛날, 어느 마을에 살고 있던 노파의 마을에 해일이 밀려와 모든 마을 사람들이 몰살을 당하게 된다. 홀로 살아남은 노파는 지붕 위로 올라가 바다를 떠돌며 밤낮 울고 있다. 이에 신들이 시끄러운 노파에 대해 논의한 끝에 노파를 매미의 몸으로 바꾸어 주어, 여름에는 인간 세상에 살도록 하고, 겨울에는 신의 나라에 머물도록 정한다.

그러나 신들은 노파가 우는 것마저 금지하지는 않았으므로, 해일의 전조가 있을 때 밤낮으로 우는 것이 습관이 되어 있던 노파는 매미가 된 뒤에도 계속 울어 댄다. 신들이 또다시 곤란을 겪게 되자, 아에오이나 신은 매미에게 밤에는 울지 말고 낮에만 울라고 당부한다. 또한 날씨가 맑은 날에는 울어도 되지만, 구름이 많이 낀 날에는 울어서는 안 된다는 다짐도 하게 된다.

이 신요는 매미의 속성과 함께, 매미가 여름 인간 세계에 출현하여 낮에만 그것도 맑은 날씨에만 울게 된 연유를 담은 이야기다.

신요 35

매미를 교훈하여 부르는 노래

蟬を教え戒める神謠

너는
그것을 자세히 듣고 싶어
이리 온 것일 터이니
내 말해 주마

옛날옛날
그것도 아주 먼 옛날
절벽 위에 마을이
또 절벽 아래에도 마을이 있었지

그런데
절벽 아랫마을에
살고 있던 사람으로
여섯 대에 걸쳐 살아온
노파가 있었지

구름 속에 가려 있는 것도

무술(巫術)
신통력으로 내려오게 하고
땅속에 숨어 있는 것도
무술을 써
꺼낼 만큼
뛰어난 무녀(巫女)였지

어느 날
노파는 말했지

　“금년에는
　엄청난 산 파도와 해일이
　양쪽에서 몰려와
　절벽 위 마을은
　파도에 무너져 내리고
　절벽 아랫마을은
　파도에 휩쓸려 나갈 것이니
　절벽 아랫마을 사람들은
　윗마을로
　서둘러 달아나도록 해라!”

노파의 말이 있던 까닭에
절벽 아랫마을 사람은

절벽 위로 피난하였으나
노파 자신은
피난하는 것이 싫어
스스로 말한 경고를 따르지 않았지

이윽고
예언은 한 치의 틀림도 없어
그해에
엄청난 파도와 해일의 습격을 양쪽에서 받아
노파가 말한 대로
절벽 윗마을도 무너져 내리고
아랫마을 또한
바다로 휩쓸려 나갔지

그때
노파는
지붕 위로 올라가
밤이고
낮이고
울고 울면서
아득한 바다
먼 바다 위를 떠돌게 되었는데
죽고 싶어도 죽지 못한 채

울기만 하는 노파의 울음소리를
신들은 심히
시끄러워하며 참지 못하였지

하여
신들은 함께 머리를 맞대
논의해 정하기를

"저리도
인간의 땅에 미련을 두고
매달리고 있으니
우리가 중지(衆志)를 모아
노파를 매미의 몸으로 바꿔 주도록 하여
여름에는
인간의 나라에
겨울이 되면
신들의 나라에
신들과 함께 살도록 할 것이다"

신들의 결정에 따라
이 노파는
매미로 화하여
여름이 되면

인간 마을에 내려가 살고
겨울이 오면
신들의 마을로 가
신들과 함께 살게 되었으나
금년에는
봄이 찾아오는 것이 늦어
겨울이 길어지니
인간 마을을 그리워하여
네 멋대로
올 것을 염려하여
너의 근원을
내 말해 주는 것이니

서둘러
신들의 마을로 돌아가야 함을
너에게 알려 주는 것이니라

내용 해설

어떤 노인이 매미에게 그 근원과 출신을 낱낱이 설명하여, 이상이 있는 계절에는 나타나지 말고, 조금 기다려 여름이 되어 출현하도록 한다는 이야기다.

신요 36

거미 여신의 노래

蜘蛛の女神の自敍

마을의 수호신인 올빼미 신
너무나도 품격 높은 신을 섬기며
살아가고 있었지만
우리 남편은
너무나도 추남인지라
그것이 불만인 나는
밥 먹을 때조차
고개를 돌려
남편과 얼굴을 마주하지 않았지

어느 날인가
남편은 눈을 감고 있다가
끔벅이며 말했지

"친구들 생각이 나기도 하니
술을 빚어
신들을 모셔

환담이라도 나눌까 하네"

술을 빚으며
손을 바삐 움직이니
이틀
사흘이 지나
이제는 술이 익어
그 향기 집 안에 그득하고
하인들
이나우를 깎는 자들은
솜씨 좋게 서두르고
술 거르는 자들의
체 거르는 소리
이나우 깎는 소리 들려오니
내 마음은 기쁨에 들떠 있었지

그리고
주연(酒宴)과
향연 음식 준비가 모두 끝나니
촌주 올빼미 신은
초대 전언을
사자(使者)를 보내 전했으니
멀리에 있는 신

가까이 있는 신에게 소식을 전하고
범고래 젊은 신에게도
초대의 뜻을 전하니
신들 모두는
우리 집으로 모여들었지

화로 주위에서
서로가 인사말을 나누고
그것이 끝날 때쯤인가
남편은
범고래 젊은 신의
아름다운 손을 잡아
높이 받들어
대행기(大行器)[85] 뒤에
앉도록 하고[86]
스스로 대좌(對坐)하니
신들의 주연이 펼쳐져
주연의 상좌에서
말석에 이르기까지

---

85) 대행기(大行器) : 제수용 그릇.

86) 술이 들어 있는 대행기를 상좌에 두고 그 뒤에 앉도록 함으로써 주빈으로 대우함을 의미한다. (지은이 주)

신들은 자리를 잡게 되었지

나는
양쪽에 주둥이가 있는
술주전자를 가슴께로 받쳐 들고
술자리 사이를 다니면서
손님들에게
술을 따르고
인사를 하고 있었는데
신들 가운데
눈부신 이가 있었으니

바라보니
군계일학(群鷄一鶴)이라
범고래 젊은 신의
빼어난 외모는
단박에 나를 사로잡아
그의 여인이 되고 싶다는 충동을
떨쳐낼 수 없었지

술자리를 돌면서도
뜨거운 연심(戀心)
지독히 휘몰아치는 연정(戀情)에 빠져

범고래 젊은 신이
용변을 보러 나갈 때
술 주전자를 놓아두고
밖으로
그 뒤를 따라 나갔지

그러고는
뜨거운 연심
몰아치는 연정을
가득 담아
그에게 말하니
범고래 젊은 신
꾸짖으며 일갈하기를

"이건 도대체 무슨 짓인가!
요망한 년의 행동거지라니!"

라고 외치고는
집 안으로 들어가 버렸지
나의 연정은
술자리로 다시 돌아와서도
끝내 멈출 수 없었으니

이윽고
술자리가 파하고
신들은
감사의 인사를 남기고
떠났는데
마지막으로
인사를 남기고 돌아가는
범고래 신을 보고는
끝내 놓칠 수 없어

솜씨 있게 짜 두었던
옷을 꺼내 입고
머리를 고쳐 묶고
허리띠를 곱게 여미고는
밖으로 나가
바닷가에 이르니
범고래 신은 이미
바다에 뛰어들고 있었지

범고래 신은 뒤돌아
나를 노려보며
극렬한 분노를 얼굴에 드러내며
다시 육지로 올라

나를 두들기며 말했지

"이 못생긴 여편네!
썩어 문드러질 여편네
대체 너의 행실이 있을 법한 일이냐
격 높은 신
올빼미 신을
지아비로 섬기는 년이
남편 신에 대한 두려움도 없이
또한, 나에 대한 거리낌도 없이
도대체 무슨 짓거리를 하고 있는 것이냐!"

외치면서
나를 책망하며
던져 버리고는
바다로 뛰어들어
멀리 헤엄쳐 가는 것이었지

하나
저토록 아름다운 신
빼어난 외모를 지닌 신을
차마 놓칠 수 없어
나도 바다로 뛰어들어

범고래 젊은 신이
헤엄쳐 간 자취
희미하게 남아 있는
그 흔적을 따라갔지

나는
가고 또 가
바다 나라 바다와
우리나라 바다 사이
바다 가운데쯤에 이르러
바다의 여울이 굽이치는 동굴
깊이 들어가니
범고래 젊은 신
유영하는 모습이
희미하게 보였지

동굴 입구로
향하여 들어가니
내 귀에는
물 소용돌이치는 소리 들리고
더욱 나아가니
보기 좋은
작은 모래사장이 펼쳐져 있었지

그 모래사장을 지나
범고래 젊은 신 가던 길을 따라가니
황금으로 만든
커다란 집이 있어
집 밖에 당도하여
마음을 굳게 먹고
집 안으로 들어갔지

범고래 젊은 신은
의관을 풀고 있다가
입구에 서 있는
나를 보고는
얼굴에 노기를 띠고
벌떡 일어나
보단(寶壇) 위에 있는
창을 들고
칼을 뽑아 들었지
그러고는
나를 향해
창을 던지니
그대로 죽을 수는 없는 일이라
꽁무니를 빼
걸음아 나 살려라

도망을 칠 때
내 귀에는 바람이 일고 있었지

범고래 젊은 신은
무시무시한 큰 칼을
무시무시한 창을
겨누며 따라왔지

내가 겨우 도망을 쳐
앞서 바닷물이 밀려드는 동굴을 지나
바다 위로 나와
겨우 도망쳐
육지 위 모래사장에 이르렀을 때
쫓아오던 범고래 젊은 신은
나를 심히 꾸짖고는
돌아가 버렸지

집에 돌아오니
집 앞에 있던 남편 신이
눈을 부라리며
꾸짖기를

"그리도

범고래 젊은 신을
지아비로 맞고 싶어
그런 행실을 한 못된 년이 돌아왔느냐!"

하고 끝없이 꾸짖었으나
그 이후
나는 마음을 고쳐먹고
정성을 다해 밥을 짓고
지아비를 위해
진심을 다해 봉양하며 살았으니

나는
지체 높은
존귀한 촌주 올빼미 신을
지아비로 받들며
화목하게 살았노라고

거미 여신이
자신의 몸을 빌려 말하였더라

내용 해설

거미 여신은 촌주(村主) 올빼미 신을 남편으로 맞아, 추남인 남편에게 항상 불만을 가지고 살아간다. 어느 날, 남편이 주최한 주연(酒宴)의 자리에 초대되어 온 손님 가운데 범고래 젊은 신에게 마음을 뺏겨, 주연이 끝나고 나서 집으로 돌아가는 범고래 신을 따라 집을 나간다. 바닷속에 있는 범고래 신의 집까지 따라가지만, 범고래의 화를 사 목숨의 위협을 받게 되어 이를 피해 집으로 도망쳐 돌아온다.

이 일을 알게 된 남편 올빼미 신으로부터 심한 질책을 당하게 되고, 이후로는 마음을 고쳐 남편을 봉양하고 화목하게 살아간다는 이야기다.

신요 37

용뱀 신의 노래 1

龍蛇の神の自叙

큰 늪
한가운데
나는
홀로 살고 있었지

그러던 어느 날
강 아래쪽에서
이야기하는 소리가 들려
바라보니
오키쿠루미와
사마이웅쿠루가
다가오고 있는 것이었지
오키쿠루미가 말하기를

"어젯밤
꿈을 꾸었는데
정확히 기억은 나지 않지만

대충 이런 것이었어

넙치도
향어도
연못에 많이 있어
이곳으로 와
그 물고기들을 쫓아다니다
사마이웅쿠루가
기력이 다해
그만 죽어 버리고 마는 꿈이었지"

오키쿠루미의
말을 듣고
나는 화가 치밀어 올라
늪 위에
높은 파도를 일으키고
땅으로 올라가
오키쿠루미의 뒤를 쫓아갔지
오키쿠루미와
사마이웅쿠루 두 사람을
쫓고 또 쫓다 보니
나라 동쪽으로
여섯 번

나라 서쪽으로
여섯 번
나는 두 사람을 쫓아갔지

그러는 동안
사마이웅쿠루는
기력이 다해 죽어 버렸으나
오키쿠루미
신인은
조금도 지친 기색이 없었지
그리고
계속해서 쫓아가니
그는 하늘을 우러러
두 손을 높이 받들어 말했지

"부디
비를 내리는 신
진눈깨비 내리는 신이여
저를 구원하소서"

라고 기도했지만
그저 인간의 말에 불과한 것이니
비웃고 있을 때

심한 비와
진눈깨비가 쏟아져 내렸으니
나는
달릴 수도
날아오를 수도 없게 되었지
그러자 그가
방향을 바꾸어
활시위를 당겨
나는 화살을 맞고 말았지

"용뱀
이 몹쓸 요물
내 너를 당해 내지 못할 줄 알았더냐
네게 쫓기는 척하면서
기회를 틈타
반드시 너를
죽여 버릴 기회만 노리고 있었다"

말하면서
모질게 두들겨 대니
나는
끔찍한 죽음
비참한 죽음에 이르게 되었지

그러하니
용뱀들이여
이제부터는 결코
나와 같은 행동을 해서는 아니 될 것이다
라고

용뱀 신은
말하였더라

내용 해설

어느 커다란 늪에 용뱀이 홀로 살고 있다. 어느 날 오키쿠루미와 사마이웅쿠루가 다가오더니, 오키쿠루미가 지난 밤 꾸었던 꿈에 대해 이야기한다.

용뱀이 화를 내며 두 사람을 쫓아가니, 사마이웅쿠루는 힘을 잃어 죽어 버리지만 오키쿠루미는 피로한 기색도 없이 도망친다. 오키쿠루미가 하늘을 바라보며 비를 다스리는 신과 진눈깨비를 내리게 하는 신에게 구원의 기도를 올린다. 그러자 호우와 진눈깨비가 심하게 쏟아져 날쌔기로 유명한 용뱀조차 날기는커녕 기어나갈 수조차 없게 된다. 이때 오키쿠루미가 활을 잡아 시위를 당기니, 용뱀은 비참한 죽음을 맞이한다.

이는 오키쿠루미가 처음부터 계획했던 일이다. 인간들에게 화를 끼치는 용뱀을 응징하니, 죽음을 맞이하게 된 용뱀이 권속들에게 경계의 말을 남기는 것으로 이야기는 끝을 맺는다.

신요 38

용뱀 신의 노래 2

龍蛇の神の自敍

나는,
큰 연못
연못 위에
언제나 같은 날들을
변함없이 홀로 살고 있었지

신이든
인간이든
연못 가까이 오는 자는
나의 악취로 인해
죽음을 면치 못할 터
언제나 다름없는 일상을 보내던
어느 날

강 아랫녘에서
인간의 목소리가 들려
바라보니

한 젊은이가 걸어오고 있는 것이 아닌가?

'연못에
가까이하는 자는
죽음을 면치 못할 터인데
감히 목숨을 걸고 찾아온다는 말인가?'

이렇게 생각하는데
사내는 걸어와
연못 끝에 내려서며
잠시 머무는 듯하더니
입을 열었지

"신이시여!
연못에 거하는 신이시여
제 말을 들어 주소서
진정으로
진실은 이러하오니
천상으로부터
인간계에 신을 내려보낼 때
신들이 상의하여
이 연못에 그대를 보냈으니
신의 연못을 만들자는 뜻으로

신들이 정하신 바에 따라
하늘나라로부터 내려와
그대는 지금까지
이곳에 머물러 있었을 것임에도
이제, 이곳에 염증을 느끼고[87] 있기에
그대 갈 곳을 알려 주려
내가 온 것이라오

이곳으로부터
강을 따라
계속 거슬러 올라가
아득한 상류에 이르면
두 개의 지류가 나뉘어 흐르는데
서쪽에서 흘러오는
강기슭을 따라가다 보면
강의 원류에 도달하고
가던 방향을 바라보면
아득히 보이는 것이 있을 터이니

많은 사람들이 모여 사는

---

87) 오랫동안 연못에 살고 있었으므로, 이제는 이곳에 사는 일에 염증을 느낀다. (지은이 주)

동네가
평화롭게 펼쳐지고
마을
한가운데
산처럼 큰 집 하나
장엄하게 솟아 있고
집 바깥뜰에는
여자들
남자들 무리가
기장떡(粢餠)을 빚고 있을 것이니

마을을 질러가
그 큰 집
바깥마당에 들어서서
망설이지 말고
큰 집 안으로 들어서면
나이 든 남자와
나이 든 여인이
화덕 오른편에 나란히 앉아 있을 것이고
화로 곁에 앉으면 아마도
나이 든 노인이 입을 열 것이니

"내 딸아

내 말을 잘 들어라!
우리 집에는 대 이을 사내 하나 없이
너 하나가 유일한 자식이다
나는 신들과 상의해,
너를 존귀한 신에게 보내기로 했으니
이 혼례가 성사되면
내 늙어 죽을 때까지 보살펴 주기로 하매
용뱀의 신
전능한 신에게 너를 보내기로
신들과 상의하여
정하였으니
찾아온, 우리 조카 신
용뱀 신을 잘 대접토록 하라!"

나이 든 남자가
이리 말하면
집 안 가득
남자들과
여자들이 모여들어
기장떡(粢餠)을 만드노라
분주히 뛰어다니고

바로 그때

은물고기를 가져와
화로, 머리맡에 두고
은도마에 올려
화로 머리맡에 두면
그대는 그 물고기를 먹게 될 터

마땅히
은물고기에 감사하고
음미하며
더없이 맛있는 물고기를 먹고 나면
이 노인
늙은이의 딸을
아내로 맞아 살게 될 것이니

이는 진실로 그대가
드디어
존귀한 신의 면모를 갖추게 되는 것으로
내가 여기에 온 것은
앞으로의 일을
그대에게 알려 주기 위함이오”

젊은이가 이렇게 말할 때
나에게

내심 들었던 생각은

'인간 주제에
분수도 모르는가?
나에게 무엇을 알려 준다는 말인가?'

사내가 간 뒤
나는
언제나처럼
같은 일상을 보냈지

그러던 어느 날
강을 따라
상류로
마치 뱀이 미끄러지듯
기엄기엄
거슬러 올라갔지
아득한 상류에 이르니
물줄기는 둘로 갈라지고
서쪽으로 흐르는 강을 따라
발원지에 이르러
가던 쪽을 바라보니
듣던 대로

집들이 모여 있는 마을이 있었지
마을을 둘러보며
뱀처럼 기어 나가니

마을 한가운데
산처럼
큰 집이 하나
밖에는
사내들 무리
여인들이 한데 모여
기장떡을 빚고 있는 것이 아닌가?

집 바깥
그들에게 다가가니
그들은 얼마나 나를 두려워했던지…
하지만 나는
아무런 망설임도 없이
집 안으로 들어가
화덕 왼편을 지나
화덕 머리맡에 이르니
화로 끝에
한 늙은이와
한 노파가 나란히 앉아 있고

집 안에는
남자들과
여인들이
기장떡을 만든다며
북새통을 이루고
바로 그때
노인이 말했지

"내 딸아!
용뱀의 신
내 조카 신에게
너를 보내기로
신들과 상의하여 정했는데
이제 그대로
조카 신이 찾아왔구나"

라고 운을 떼며
밖에서
은물고기를 가지고 들어와
은도마 위에 올려놓으며
다시 말하기를

"이제

그대는
나의 사위가 되고자 온 것이라
은물고기를 대접하노라"

노인이
말을 마치기도 전에
도마를 내 쪽으로 밀어 주고
은으로 만든 작은 칼을 내게 주니
그 칼로
물고기를 썰어 맛보았을 때
형용할 수 없는 그 맛에
먹고, 또 먹어
다 먹었다 싶을 그때
갑자기 배가 아파
화로 왼쪽을
이리 뒹굴
저리 뒹굴 구르다가
문득, 생각이 미치게 되었지

어떻게
그 집은 세워졌으며
나는 또
어떻게 그 집에 들어갔던 것인가?

그러는 동안
어느새, 집은 사라지고
그 많았던
여인들
남자들 또한
자취를 감추었으며
게다가 나는
호박벌 마을
호박벌 나라로 보내졌던 것이었지

노인이 말했지

"이 못된 용뱀 놈아!
내 하는 말을 잘 들어라!
하늘로부터
이곳에 마을을 이루고
권속을 보살피도록 이곳에 보내져
나는, 호박벌 마을의 우두머리가 되어
적막만 흐르는 황량한 땅에
마을을 이루어 머물렀으나
나의 강팍한 성정은
신들조차

크게 두려워하여
신들도 가까이하지 못할 것으로
여기고 있었던 터이나
어떻게 된 연유로
내 머무는 곳을
오키쿠루미 신이 알게 되었으니
너의 악한
못된 성정을
나를 통해 징벌코자
너를 속여
내 머무는 곳에 보낸 것으로
너를 보내기 전에
내게 보낸 전갈이 있었지

'인간의 마을
인간의 나라에
네가 함께 머문다면
신도
인간도
생명을 보존할 길이 없을 터
호박벌의 우두머리
존귀한 신
그대에게 처음으로

그대의 용기를 믿기에
용뱀의 대악신(大惡神)을
그대에게 보내니
징벌토록 하시오!'

그리하여
오키쿠루미 신은 너를
이곳으로 보내려 했고
말 그대로
너는 이곳에 왔으며
그러므로
나는 너를 징벌하게 된 것이니
금후로도 너는
인간 나라에서
인간과 함께
머물지 못할 것이다"

노인의 말에 비로소
정신을 차려 생각해 보니
오키쿠루미 신이
나를 벌주기 위해
내가 지금까지 머물러 있던 연못을 떠나도록
나를 속이고

자극해
끝내 죽음에
비참한 죽음에 이르도록 만들었던 것이었으니

이제부터
용뱀들이여!
결코, 나쁜 마음을 품어서는 안 될 것이라고
용의 신은 이야기했더라

내용 해설

어느 커다란 연못에 살며, 그 몸에서 뿜어내는 악취로 신과 인간을 죽이는 용뱀 신이 오키쿠루미에게 속아 강에 이르는 수원(水源)으로 밀려난다. 끝내 적막만 흐르는 황량한 땅이라고 불리는 웅봉(熊蜂)의 나라로 쫓겨나 비참한 죽음을 맞게 되고, 그 잘못을 후회하며 이를 권속들에게 경계한다는 이야기다.

신요 39

용뱀 마신의 노래

龍蛇の魔神の自敍

오키쿠루미 신의
우물가에 살며
나의 몸에는
이끼가 자랐고
언제나 그렇게 살고 있었지

남자와
여자가
그곳을 지나면
눈인사를 보내고
또 바라보고
살아가던 어느 날

오키쿠루미 신이
내게 말하기를

"위대한 신이여!

내 하는 말을 들어 보시오
여기에서
강을 따라 올라가다 보면
커다란 집이 있을 것이오
그 집에 들어가면
많은 사람들이
음식을 먹고
술을 마시며
요란한 모습일 터인데

그대가
그곳으로 가게 된다면
신의 따님
수려한 미모의 여인을
아내로 맞을 것이니
그대가 그곳으로 간다고 하면
이 아니 좋은 일이겠소

이곳에
이대로 그대가 있노라면
남자들
여자들이
그대 몸에 오줌 싸고

똥을 쌀 터
내 그것이 안타까워
말해 주는 것이니
서둘러 떠나심이 어떠하시겠소"

내가
오랜 세월
몸에 붙어 있던 이끼들을
털어내고
강을 따라 올라가니
내 귓가에는 바람이 일었지

커다란 집이 있어
그 밖에 당도하니
집 안에서
술 마시고
음식 먹는 소리가
분주히 들려와
안으로 들어가니
많은 사람들이 가득 모여

"위대한 신이
이 좋은 곳으로 오셨구려

그대의 마나님
그대를 받들어 모실 아내가
바로 여기 계시오"

비단 장막으로 가려진 방 안에
눈부시게 아름다운 여인이 있어
기꺼이 안으로 들어갔지
그곳은 아마도
커다란 벌집이었던 모양으로
내가 그리 들어갔을 때
이쪽에서
또 저쪽에서
수없이 찔러 대는 통에
나는 그만
비참한 죽음
참혹한 죽음을 맞이하게 되었지

정신을 차려
겨우 알아챈 것은
오키쿠루미 신이
자기 마을이 위험하다는 것을 알아
나를 꾀어
비참한 죽음

참혹한 죽음에 이르도록 한 것이었으니

이제부터
용뱀들이여!
결코 인간 마을에
못된 짓을 하지 말라고

용뱀의 마신은
말하였더라

내용 해설

신요 38과 유사한 내용이다. 역시 오키쿠루미에게 쫓겨나 호박벌 나라로 가게 된 용뱀이 자신의 이력에 대해 스스로 이야기한다.

신요 38에서는 설화의 주인공 용뱀이 늪에 살고 있으나, 신요 39에서는 오키쿠루미 집 앞에 흐르는 강물에 산다. 몸에는 이끼가 자라며, 그곳에 왕래하는 남녀를 환송하며 살아간다. 또 신요 38에서는 심한 악취로 늪에 가까이하는 자들의 목숨을 빼앗는 악업을 거듭하는 데 반해, 신요 39에서는 그것이 확실치 않다. 따라서 오키쿠루미에 의해 쫓겨나는 이유도 명확하지 않다. 또 신요 38에서는 호박벌의 나라로 가, 은독어(銀毒魚)를 먹고 비참한 죽음을 맞이하는 데 반해, 신요 39에서는 호박벌에 쏘여 죽음을 맞이하게 된다.

신요 40

붉은 살모사 신의 노래

赤蝮の神の自敍

내가 살고 있는 쓰러진 나무
그 쓰러진 나무 위를
위로부터
아래로
스르륵
몸을 둥글게 말아
미끄러져 내리며
그렇게 나날을 보내고 있었지

새들조차
가까이 오면
나는
몸으로 감아 죽여 버리고
쥐가 다가오면
몸으로 휘감아 죽여
그것을 먹고 살아가던
어느 날

무슨 소리인가
혹 사람 소리인가
들리는 듯
아니면 울림이 있는 듯
생각이 들 때 돌연
오키쿠루미
신인이
내 쪽을 향해 다가왔지
피곤한 기색이 완연한 채
내 쪽을 보며
말하기를

"무서운 악신
흉악스러운 요웅(妖熊)이
나를 쫓아와
위험에 빠지게 되었으니
위대한 신이시여!
부디 나를 구원해 주소서"

내가 위로 뛰어올라
뒤에서 쫓아오는 놈을 보니
무서운 요웅

썩어 빠진 나쁜 곰이란 놈이
다가오고 있었지

똬리를 풀고
미끄러져 내려가
순식간에
고개를 빳빳이 들고
꼬리로 찌르고
감아 버리니
못된 요웅은
뼈가 부서지고
무너져 버리고 말았지
이에
오키쿠루미
신인은
내게 돌아와
몇 번이고 예를 표하며

"절망의 순간에
위대한 신께서 도와주시어
흉악한 요웅을 죽여 버렸으니
더없는 도움을 받았습니다"

정중한 인사를 남기고
집으로 돌아갔지

그러고는
마신(魔神)에게 공양하는 이나우를[88]
나에게 바쳤으므로
나는 드디어
신다운 신이 되어
살아가게 되었노라고

붉은 살모사 신이
말하였더라

내용 해설

붉은 살모사가 오키쿠루미를 도와 요웅(妖熊)을 죽이고 그 기도를 받기에 이르는 자세한 내용을 노래한다.

---

88) 선신과 악신에게 바치는 이나우의 제작 방식이 다르다. (지은이 주)

신요 41

연어 대장의 노래

鮭の大將の自敍

오키쿠루미의
여동생 신을
우리는 보고 싶었지
하여
강 아래로 내려갔을 때
그 장면은 이러했지

부부 둘이
아래로 가기도 하고
위로 가기도 하며
마치 씨름하듯
강 아래로 내려가
오키쿠루미가
살고 있는 집에 숨어들었지

그러고는
오키쿠루미의 여동생 신에게

잠(睡眠) 신 둘
잠 신 셋이 숨어들게 하니
여동생 신은
두 팔 사이에
고개를 묻고
꾸벅꾸벅 졸게 되었지

그리고
얼마쯤 지나
벌떡 일어나
밖으로 나가더니
풀을 베어 들고 들어와
두 손으로 움켜쥐고
숨을 불어 넣으니
두 마리 연어가 되어
돗자리 위에서
엎치락뒤치락 씨름을 하고 있어
숨어 있던 우리도
달려 나가
엎치락뒤치락 엉키고 있었는데
우리보다 먼저
엉켜 있던 연어들은
다리가 찢어지고

우리들 또한
다리가 둘로 찢겨
비참한 죽음
애통스러운 죽음을 맞이하게 되었지

그때
오키쿠루미 여동생 신이 나타나
우리를 흙 위로 집어 던져
흙먼지 속에서 두들기며

  "이 귀신만도 못한 것들!
  내 너희를 용서하지 않을 것이니
  결코 이딴 짓을 하지 말거라"

라고 말했지

하니, 이제부터 연어들이여
결코 인간들을 기만하는 짓을 해서는 아니 될 것이라고
연어 대장은 말하였더라

내용 해설

연어 남(男) 신의 노래이다. 연어는 뛰어올라 벌레 잡아먹으

므로 그런 이름(아이누어 terkeipe)이 붙여진다.[89)]

이 신요는 오키쿠루미의 여동생 신이 무술(巫術)로 연어 부부를 응징한다는 내용의 설화다. 오키쿠루미 여동생 신의 미모를 소문으로 들은 연어 부부가 강을 따라 내려가 오키쿠루미의 집에 숨어들어 잠(수면) 신을 불러 오키쿠루미 여동생 신을 잠들게 한다.

이윽고 잠에서 깬 오키쿠루미 여동생 신은 밖으로 나가 풀을 뜯어 와, 숨을 불어넣는다. 그러자 그것은 두 마리 연어가 되고, 이들이 돗자리 위에서 씨름을 한다. 이를 본 연어 부부는 본 모습을 드러내고 씨름을 한다.

이윽고 풀잎으로부터 변신했던 두 마리 연어는 다리가 찢겨 죽음을 맞이하고, 진짜 연어 부부도 가랑이가 찢겨 비참한 죽음을 맞게 된다. 오키쿠루미 여동생 신은 먼지와 함께 흙 위에 이들을 버림으로써, 이후로는 못된 짓을 하지 말라는 교훈을 인간들에게 주게 되고, 연어는 자신의 잘못을 뉘우치며 권속들에게 교훈을 남기는 것으로 이야기는 맺는다.

---

89) 아이누어로 연어(terkeipe)는 뛰어오르다, 솟구치다(terke)와 먹다(ipe)의 합성어이다. 뛰어올라 벌레를 잡아먹었으므로 그런 이름이 붙여졌다.

신요 42

늙은 지렁이의 노래

老いた蚯蚓の自敍

이 큰 연못
한가운데
나는 홀로
언제나 변함없이 살아가고 있었지

내 머무는 큰 연못
끝에는
크게 자란 갈대와
작은 갈대들이 뒤섞여 있었으니
그 갈대를 베려고
인간 여자들이 몰려오면
나는
물살을 높이 일으키며
땅 위로 올라가
갈대를 베려는 사람들을
휘감아 죽여 버리곤 했지

언제나 그런 식으로
나날을 보내고 있던
어느 날
강 아래쪽에서
인기척이 들려
바라보니
한 사내와
한 여인이 오고 있는 것이었지

그들은
황금 낫을 허리에 차고
은으로 만든 낫을
어깨에 걸고 있었는데
사내가 말하기를

"나는 사내지만
갈대를 벨 것이다[90)]"

그러고는
여자와 함께

---

90) 갈대를 벨 것이다 : 이와 같은 일은 보통 여자들의 일이다. (지은이 주)

열심히 갈대를 베어
연못 끄트머리에 높이 쌓고 있었지

그것을 보고
화를 참을 수 없던 나는
그곳을 향해
헤엄쳐 나갔으니
물살 위로 능숙하게
떴다가
혹은 가라앉았다가
헤엄쳐 뭍으로 가
여인을 감아 버렸지
그러자
사내가 다가와
은(銀)낫을 허리춤에서 빼내
휘두르니
내 몸은 산산이 부서지고 말았지
그때 사내는

"이 못된 지렁이 같으니!
흉악스럽기 짝이 없는 놈
인간은
갈대를 베어

그것으로 돗자리를 짜
살아가고 있거늘
너는 어찌하여
갈대를 베러 오는 사람을
죽이려 한다는 말이냐
우리는 너를 응징코자
이곳에 온 것이다.
이 같은 악행을 저지르는 이상
너는 이후로 되살아나는 일도
원래대로 몸이 돌아가는 일도 없을 것이다"

라고 말하며
심하게 낫질을 해 댔지
그러한 결과
어떤 일이 벌어졌을까

나는 정신을 차릴 수 없었지
겨우 정신이 들고 나서야
오키쿠루미
신인이
나를 벌하였다는 것을
비로소 알게 되었으니
되살아나고 싶어도

도리가 없고
얼마쯤 지나고 나서야 겨우
이만큼이나마 몸이 남게 되었지

그러니
이제부터 지렁이 제군들이여
결코 인간을 해하는 짓은 하지 말라고

늙은 지렁이는
말하였더라

내용 해설

어느 연못에 살고 있던 늙은 지렁이가 연못에 갈대를 베러 오는 사람들을 죽이는 일을 놀이 삼아 살아가고 있었다. 어느 날, 남자와 여자가 찾아와 갈대를 베고 있었을 때, 지렁이가 연못을 헤엄쳐 여자에게 다가가 여느 때처럼 죽여 버린다. 그러자 남자가 다가와 지렁이를 낫으로 베어 몸을 산산조각 내 버린다. 그러자 지렁이는 원래의 몸으로 돌아갈 수 없게 되었고, 낫으로 잘린 상처는 낫지 않은 채 언제까지나 남아 있게 된다.

이 남녀가 오키쿠루미와 그 여동생 신이었다는 사실을 뒤늦게 알아챈 지렁이가 자신의 전 죄를 후회하며 권속들을 훈계하는 것으로 이야기는 끝을 맺는다.

신요 43

곤줄박이의 노래

山雀の自敍

언제나처럼
변함없이 살아가고 있었는데
세간 풍설이 들려왔지
사루강(沙流川)
수원(水原)에
흉측한 요웅(妖熊)
더럽기 짝이 없는 요웅이 출몰하여
강 아래쪽에서
인간 낌새가 있으면
그 더러운 숨결을 내뱉어
죽여 버리고
강 위쪽에서
사람들 낌새가 있으면
그 더러운 악취를 내뱉어
죽여 버린다는 소문이었지

이는 너무 가여운 일이 아닌가

동정심이 들던
어느 날
숫돌에 칼을 갈아
강 연안을 따라 올라가
높은 나무 꼭대기로
날아오르고
낮은 수목 끝으로
날아가니
커다란 산 중턱에
소문에 들었던
요망한 요웅의
동굴이 눈에 들어왔지
동굴로 들어가
단도를 뽑아 들고
나는 말했지

"이봐라!
요망한 곰아!
당장 나와 내 칼을 받아라!"

그러자
동굴 안에서
벌떡 일어나는 소리 들리고

먼지투성이
흙투성이 몸뚱이가 밖으로 나왔지
요웅이 동굴 밖으로 나와

"대체 뭐 하는 놈이기에
나를 찾는 것이냐!"

말하는 그 순간을 놓치지 않고
그의 눈에 정확하게
그리고
팔을 뻗고 뻗어
놈을 찌르고 또 찌르니
요망한 곰은
발톱을 내게 휘둘러
내 몸에 상처를 만들었지
그러는 동안
나는
단도를 뻗고 또 뻗어
수없이 찔러 대니
요망한 곰의 두 눈은
뽑힐 지경이 되고
거의 숨이 멈추어
죽음에 이르게 되었지

그리고 나는
집으로 돌아와 예전처럼
살아갔으니
그 덕택에
인간들의 집에 들어가도
조금도 싫은 기색을 하지 않았고
집에 들어가
곰고기를 먹곤 하였으니
곰을 먹는 새라
불리게 된 것도
이러한 연유가 있었음을
말하는 것이라고

곤줄박이는
자신의 몸을 빌려 말하였더라

내용 해설

곤줄박이가 요웅(妖熊)을 죽이고 인간들이 고마워하게 되는 이야기다.

곤줄박이는 사루강(沙流川) 수원에 요웅이 출몰하여 인간들을 죽인다는 소문을 듣고, 인간들에게 동정심이 들어 칼을 갈아 요웅을 퇴치하러 간다. 그리고 칼로 요웅의 두 눈을 찔러 멀게 하고 숨통을 끊어 놓고 집으로 돌아온다.

그 덕으로 인간들은 곤줄박이가 집에 들어가 곰 고기를 먹어도 개의치 않게 되었으며, 그로 인해 곰을 먹는 새로 불리게 된다.

신요 44

산까마귀의 노래

縣巣の自敍

나의 오라비
나를 키우며
살아가고 있었지

어릴 때부터
언제나 내가 했던 것은
보석 춤
황금 춤을 추는 것이었지
춤을 추고 있노라면
내 한 손에는
도토리 열매가 떨어지고
다른 한 손에는
밤이 떨어지고
그렇게 살아가고 있었던
어느 날

이제는

제법 성장했을 즈음
오라비가

“강 위 인근 마을에
반인
반신으로
더 없는 호걸이 살고 있으니
그가 바로 너의 배필이다”

말했지
그러던 어느 날

“정혼을 하고서도
오랫동안 만나지 않고 있으면
마신들이 끼게 마련인 법
이제는 서둘러
정혼한 네 지아비를 찾아가도록 하라”

오라비의 말에
나는 나 자신이 수놓은 옷을 입고
그중 좋은 것들을 골라
머리에 이고
강을 따라가고 있었지

그런데 도중
한 여인
몹시 남루한 옷을
온몸에 칭칭 감은 여인이
강 위쪽에서 내려와

"강 입구 마을의 숙녀여!
조금 쉬고 가심이 좋지 않겠소
내 이를 잡아 드리리다"

라고 말했지
나는 싫다며
거절했지만
여인은 내 짐을 내리고는
내 머리를 잡고
천천히 머리카락 속에서
이를 찾고 있다 생각했는데
잠들어 버린 것인지
죽어 버린 것인지
나는 그만
의식이 희미해지며
정신을 잃고 말았지

얼마 뒤
정신을 차려 보니
그 요물녀가 입고 있었던
남루한 옷은 내게 입혀 있었고
내가 입고 있던 옷은
형체도 그림자도 없이 사라지고
내 짐 보따리 또한 보이지 않았지
그때

'이대로 네가[91]
오라비의 집으로 간다면
오라비가 나를 죽일 것은
뻔한 이치
너의 지아비가 될 사람에게 가
그의 손에 죽임을 당하는 것이
차라리 후회가 없지 않겠나'

하는 생각에
나는 울며불며
걷고 또 걸어가니

---

91) 이대로 네가 : 자문자답이다. (지은이 주)

커다란 집이 나왔지
집 앞에 이르니
앞의 그 요물녀가 나와 외치기를

“요물이
집 밖에 있어요
서방님
나와 얼른 죽여 버리세요”

이 말에
집 안에서

“악신이든
선신이든
집 안으로 들이라”

라는 말이 들려와
나는 울며
집 안으로 들어가
화로 아랫자리에 앉았지
밥을 지어
식사를 하려던 참이어서
신인은 말하기를

"설령 악신일지도 모르는 일이나
밥을 내오라
만일
인간의 마음을 지닌 자라면
먹을 것이 아니겠는가"

나에게 밥을 내어 주니
나는 밥을 먹었지
그리고
식사가 끝나자
집주인은 말했지

"강어귀 마을의 숙녀가
유명하게 된 것은
보석 춤
황금 춤이 아닌가
어서 춤을 내게
보여 주구려"

그러자
요물녀는 일어나
춤을 추었는데

아무것도 떨어지지 않았지
그러자
집주인은

“악신이든 뭐든 좋으니까
너도 한번
춤을 추어 보라”

라고 말했지
내가 일어나
언제나처럼
보석 춤을
황금 춤을 추며
이리저리
사뿐사뿐 움직여 가니
내 손끝에서
신풍(神風)이 불어와
내 한 손에서는
밤이 떨어지고
다른 한 손에서는
도토리가 떨어져 내렸지

춤이 끝나자

신인은
자리에서 벌떡 일어나

"이 못된 악신 같으니!
네가 정말 고약한 악신이로구나!
네가 여동생 신으로 몸을 바꾼들
그렇게 하여 내게 온다고 한들
언제까지 모를 줄 알았더냐"

외마디와 함께
요물녀의 머리카락을
움켜쥐고
화로 연통에 패대기를 쳐 대니
여우는
꼬리를 퍼덕이며
제 모습으로 돌아왔지

신인은 여우를 끊임없이 두들겨
흙먼지 속에 던져 버리고는
내 손을 잡아끌어
강을 따라 내려가
내 입고 있던 옷을 벗겨
갈가리 찢어

강물에 버리고
강 아래쪽으로 여섯 번
강 위쪽으로 여섯 번
내 몸을 물속에 잠기게 하고는
집으로 돌아와
내 옷을 입히니
나는 수령 뒤에 앉아
살아가게 되었지

매일 아침
보석 춤
황금 춤을 추니
내 손끝에서는
아름다운 아지랑이
수없이 많은 눈부신 아지랑이가
폭포처럼 쏟아져 내리고
내 한 손에서는
밤이 떨어지고
다른 한 손에서는
도토리가 떨어져 내렸지

그리하니 드디어
신과 같은 나의 남편이

나를 사랑해 주시니
두 아이가
세 아이가
부부 사이에 태어나
우리는 행복하게 살아갔기에
그러한 사실들을 들어
이처럼 말하였더라

내용 해설

오라비의 손에서 자란 산까마귀 여신은 어릴 적부터 춤추기를 잘해 보석 춤, 황금 춤을 춘다. 춤을 출 때마다 한 손에서 도토리 열매, 다른 한 손에서는 밤이 또르르또르르 떨어진다. 여신이 나이가 차자 수양 오라비는 동생 여신을 강 위 인근 마을에 살고 있는 반신반인의 절대 호걸(오키쿠루미)과 정혼시켰다는 사실을 알려 준다.

어느 날, 산까마귀 여신은 오라비의 권유에 따라 바느질한 옷을 이고, 강 윗마을로 시집가기 위해 길을 떠난다. 강 윗마을로 가는 도중 남루한 옷을 걸친 여자와 마주하게 되고, 여인은 여신에게 머리에 있는 이를 잡아 주겠노라는 말을 한다. 여신은 거절했지만 억지로 머리카락을 뒤져 이를 잡는 것 같았는데, 자신도 모르게 정신이 몽롱해져 잠이 든 것인지 죽어 버린 것인지 의식을 잃게 된다.

문득 정신을 차려 보니 여신의 옷은 좀 전에 여인이 입고 있던 허름한 옷으로 바뀌어 있는 것이 아닌가. 또한 이고 있던 옷들과 짐들도 없어져 버린 것이었다. 여신은 이대로 돌아가면 오라비에게 죽임을 당할 것이라 생각하여 죽든 살든 남편 될 사람에게 찾아가기로 한다.

커다란 집 앞으로 찾아가니 앞서 자신의 옷가지를 훔쳐 갔던 요물 여자가 나온다. 그리고 집 안의 남편(여신의 남편)에게 여신을 죽여 버릴 것을 권하나, 남신은 선신이든 악신이든 집으로 들이라며 맞이한다.

식사가 끝나자 남편 신인은 소문에 듣던 춤을 요구한다. 산까마귀로 변신한 요물녀가 먼저 일어나 춤을 추지만, 손에서는 아무것도 떨어지지 않는다. 이어서 남루한 옷을 입은 산까마귀 여신이 춤을 추자 손끝에서 신풍(神風)이 일면서 한 손에서는 도토리 열매가, 다른 한 손에서는 밤이 끝없이 떨어진다.

남편 신인이 요물녀의 머리털을 잡아당겨 화로에 메치니 요물녀는 흉악한 여우로 돌아가 버둥거렸고, 신인은 끝없이 매질한 뒤 요물녀를 문 밖 흙먼지 속에 던져 버린다. 그런 후 산까마귀 여신을 강변으로 데리고 가 남루한 옷을 찢어 버리고 몸을 정갈하게 한 뒤 집으로 가 화목한 부부생활을 하게 된다.

신요 45

뻐꾸기 신의 노래

郭公鳥の神の自敍

나는
하늘나라에서
살아가고 있었지

어느 해인가
인간 마을
인간 땅이 보고 싶어
하늘에서 내려가
하계(下界)를 향해
인간의 마을
인간의 땅으로 내려왔지

오키쿠루미가
다스리는 마을로 내려가
오키쿠루미
제사장 위에
날개를 쉬며

제사장 위로
제사장 아래로
총총거리며
내 우는 소리
높이높이 퍼져 나갔지

한참이나 그렇게
울고 있는데
오키쿠루미
좋은 화살과
버드나무 껍질로 만든 활을
가지고
문밖으로 나와서 말했지

"이보시오
품격 있는 뻐꾸기 신이여!
내 하는 말을
잘 들으시오
언제까지라도
편히 이곳에서 쉬고 계시다 보면
좋은 이나우와
좋은 술을 공양하여
제를 올려 드릴 것이니

그리하면
더욱 귀한 신분의 신이 되실 수 있지 않겠소?"

그러면서
내게 화살을 날리니
첫 발은 내 등 위로 지나가고
두 번째 화살은
내 배 아래를 지나쳐 갔지

이후
날아올라
강을 따라 내려가니
오키쿠루미는 뒤에서
쉼 없이
악담을 퍼부었지

"이봐
빼꾸기 신!
내 말을 잘 들으시오
내 집에서 쉬고 가라는 말을
스스로 떨치고
그런 행동을 보이시는구먼
이곳에서

바다를 건너가면
화인(和人)의 마을
수령의 마을이 나올 터
신분 높은 수령의
집 지붕에
날개를 쉬면서
신분 높은 수령의 집
지붕 위에서
소리 높여
지저귀다 보면
신분 높은 수령이 밖으로 나올 것이오

긴 활에
긴 화살을 가지고
밖으로 나와
그대에게 살을 날리면
첫 발은
그대 등 위로 지나가고
다음 화살은
그대의 배를 뚫고 지나갈 것이니
그리하면
신과 같은 모습으로
땅에 떨어져 죽음을 맞이하겠지

신분 높은 수령은
그대를 들고
집으로 들어가
화인들과
수령이 만든 이나우를 받을 것이나
그것은 종이로 만든
가지가 그대로 붙어 있는 버드나무
가지에 종이로 만든 이나우가 될 것
화인 수령의 습관에 따라
종이를 찢어 만든 이나우로
그대의 제를 지내 줄 것이니
그 이나우를
그대 신체 주변에
얼기설기 세워 두면
그대는
하늘나라로 올라가게 될 것이니

종이를 갈가리 찢어 만든
이나우에 둘러싸인
그대 모습에
스스로 수치심을 느끼게 될 것이오

가지가 붙어 있는 버드나무
종이를 찢어 만든 이나우를
떼어 버리려 해도
어디까지나
갈가리 찢어진 종이
잎이 붙어 있는 버드나무는
그대 몸 주위에 있어
어둠이 깃든 형상으로
승천하겠지

그리고
하천(下天)의 나라
신의 나라의 밖을 지나가면
신들은 창문에서
고개를 내밀어
비웃으며 말할 것이니

'뻐꾸기 신이여!
인간계에 놀러가려고
하늘을 내려가더니
좋은 이나우
아름다운 이나우를 가지고 왔구려!'

신들의 비웃음에
그대는 점점
부끄러워지고
그 가지 붙은 버드나무
갈가리 찢어진 종잇조각을
버리고 싶어 하며 나아가겠지
상천(上天) 나라를
다스리는 신의 마을을 지나갈 때는
또 신들이 고개를 내밀며
말들 하겠지

'빼꾸기 신이여!
인간계에 놀러 내려가
쓸 만한 이나우를
가보(家寶)로 가져왔구려'

신들의 목소리에
분한 마음을 되씹으며
잎이 달려 있는 버드나무
이나우 종이를
갈가리 떼어 내고 싶다는 마음으로
가고 또 가
그대의 집에 이르게 되겠지

그렇지만
그대의 집 가득한
종이 이나우
잎이 달린 채인 버드나무로
어디를 가든
그대가 머무는 곳에서
그대는 그 같은 이나우를 가진 허접한 신
그것을 지닌 존귀한 신이 될 것이니"

오키쿠루미의 비난을
귓등으로 흘리며
나는 마음속으로 조소를 보내고 있었지

"인간 주제에
무슨 말을 하고 있는 거야"

강을 따라
아래로 내려가니
넓은 바다가 나오고
그 바다를 날아가니
수령의 마을
화인의 마을에 당도하였지

신분 높은 수령의 집
지붕 위를
종종걸음으로 돌아다니며
목청 좋게 울며
오키쿠루미가 했던 말이
설마 이루어지기야 하겠는가 했더니
(예상외로)
신분 높은 수령이
밖으로 나왔지
긴 활과
긴 화살을 들고
밖으로 나와
내게 겨누니
첫 발은
내 몸 위를 지나쳐 가고
두 번째 화살이
내 가슴에 꽂히게 되니
나는 비로소
신다운 신의 모습이 되었지

존귀한 신분의 화인이
나를 들고
집 안으로 들어가니

오키쿠루미가 말한 대로
잎이 붙어 있는 버드나무를
밖에서 가지고 들어와
나뭇가지 끝에
갈가리 찢긴 종이를
나뭇잎이 그대로 붙어 있는 버드나무 가지에 붙여
그것으로 내게
공양 기도하는 것이었지

나는 화가 나
그것은 뒤로한 채
밖으로 나가려 했으나
내 몸에는
잎이 붙어 있는 버드나무
갈가리 찢은 종이가 붙어 있는 버드나무가
둘러져 있었지
하여 나는
내 몸을 둘러싼 것들을 떨쳐 버리려
하늘로 날아올라
하천 나라를
다스리는 신의
집 밖에 이르러
마을을 지나갈 때

신들이
창밖으로 몸을 내밀어
웃으며 말하기를

"빼꾸기 신이여!
인간 세상에서 놀아 보려
하늘로부터 내려갔을 터
필시 아름다운 이나우를 받고
제사를 즐기고 돌아오시겠구려"

놀려 대니
나는 화가 나
잎이 붙어 있는 버드나무
종이 이나우를 던져 버리고
다시 날아올라
상천 나라를
다스리는 신의 마을에 이르렀지

상천 나라를 다스리는 신은
창문으로 얼굴을 내밀고
비웃으며 말하기를

"나 수령은 물론

우리 친구들까지도
빼꾸기 신에게 놀라고 말았네
어찌하여
인간이 만든
형편없는 이나우
인간이 빚은 술이 탐나
인간의 마을로 내려가서는
그렇게나 좋은 이나우
제사를 받고 돌아온단 말인가"

상천 나라를
다스리는 신의
목소리를 들으면서
집에 돌아와
오키쿠루미가 한 말이
결코 허언이 아니었다는 생각을 하게 되었지

게다가
내가 집에 도착하기도 벌써 전에
잎이 붙어 있는 버드나무
종이 이나우가
창문에도
집에 들어가는 문에도

가득 던져져 있어
집은 좁아 빠진 꼴이었지

하여
창문으로
대문으로
종이 이나우를
잎이 붙어 있는 버드나무를
던져 버렸지만
끝내 분이 풀리지 않은 채
살아가게 되었지

그러고는
인간 나라에 놀러 가는 것이
화가 나
인간 나라를 보기는 했으나
다시 하늘에서 내려가지 않게 되었지

그동안
내 동무들은
인간 나라로 내려가
아름다운 이나우를
선물로 받아 와

이나우와
술들을
나에게 나누어 주니
그것으로 나는
신다운 신으로 살아갈 수 있게 되었노라고

뻐꾸기 신은
자신의 몸을 빌려 말하였더라

내용 해설

뻐꾸기 대장이 하늘에서 내려와 인간의 나라에서 울고 있다. 오키쿠루미가 이 마을에서 쉬며 이나우와 술을 선물로 받고 제사를 받아 신의 나라로 돌아가라는 충고를 한다. 그러나 뻐꾸기 신은 충고를 무시하고, 그가 쏜 화살도 받아 맞지 않고 화인의 나라로 날아간다. 오키쿠루미의 예언대로 화인의 마을에서 화인 수장의 화살을 맞아, 신으로 제사가 받들어지고, 버드나무 가지에 붙은 종이 이나우를 받아 하늘로 돌아가지만, 다른 신들의 비웃음을 사게 된다.

하여, 그 뒤 다시 한번 인간의 나라로 가 다른 신들이 인간들로부터 받아 온 이나우와 술을 받아 안아서 겨우 신으로서 체면을 지키며 살아가게 된다.

이러한 신상 고백의 내용이다.

여기에서 주의할 점은, 새의 입장에서 아이누에게 잡히는 것은 화살을 받아들인다는 것이다. 인간이 쏜 화살에 맞는 것이 아니라 새 스스로가 인간의 화살을 받아들인다는 것이다. 그렇게 함으로써 인간에게 복운(福運)을 준다고 하는 사고(思考), 또 아이누의 이나우와 화인의 이나우에 대한 생각의 차이가 내용에 드러나 있다.

신요 46

늙은 독수리의 노래

年老いた鷲の自敍

이가 들끓고
홀로
어디 의지할 곳도 없이
그저, 마음만 한가롭게
언제나처럼 살아가던 어느 날

강 상류로부터
사람 소리가 들려
바라보니
두 여인이
나무를 하러
도끼를 들고 오는 것이 아닌가?

하여, 그들에게

"내 이를 잡아 주지 않겠는가?"

말하니
그들은 나를 무서워하며
도망칠 뿐
나는 몹시 화가 나

"너희 둘 중 하나는
까마귀를 남편으로
그리고 또 하나는
쥐를 남편으로 해 살아가도록 할 것이다"

말했지
이후로도
별 탈 없이
무료하게 살아가던 어느 날

강 위쪽인지
아니면 아랫녘인지
인기척이 있어
고개를 들어 보니
여인 둘이 나무하러
도끼를 들고
다가오는 것이었지
하여 그들에게 또 말하기를

"내 몸에 붙은 이를 잡아 주지 않겠는가?"

이에, 여인들은
들고 있던 도끼를 내려놓고
내 쪽으로 다가와
이를 잡아 주었지
내 작은 머리를
이리저리
돌려 가며
이를 잡아 주었지

너무나도 고맙고 기뻐
그들에게 말하기를

"그대들 중 하나는
바다의 신
범고래를 남편으로 맞을 것이며
그리고 또 한 사람은
산의 신
곰을 남편으로 맞게 될 것이다"

여인들은 돌아갔고

그러고 나서는 또
언제나처럼
일상을 보내고 있었는데

정말로
이를 잡아 주지 않았던 두 여자
그 하나는 까마귀의 아내가
다른 하나는
쥐 서방을 맞았음을
나는 보았지

그리고
얼마 지나지 않아
다시, 돌아보니
나의 이를 잡아 주었던 한 여인이
고래의
흰 고기를 등에 지고
내 쪽으로 오면서

"위대하신 신께서 말씀하신 일은
한 치의 어긋남도 없어
바다의 신을 남편으로 맞았기에
흰 고래 고기를 예물로 가져왔습니다"

라며 여인은 돌아갔고
그 후로도
예전과 다름없는 나날을 보내고 있던
어느 날
여인 하나가
곰의 고기를
등에 지고 와서는

"위대하신 신께서 말씀하신 대로
정말로
산의 신
곰을 남편으로 맞게 되었습니다
하여
곰 고기를 예물로 드리고자 왔습니다"

라고 말하며 다가와서는
이내 가 버렸고
그러고는 또
언제나처럼 살아갔으니

이후로도 때때로
그 여인들이

하나는 고래 고기를
다른 하나는 곰의 고기를 가져다주었지

나이가 들어 늙어 꼬부라질 때까지
두 여인은 번갈아 가며
나를 찾아와 주었건만
이제는 나도 늙어
천상으로 돌아가려 한다고

늙은 독수리는 말했더라네

내용 해설

독수리(검둥수리, 흰머리수리 등을 지칭함) 남신(男神)의 노래이다.

신의 나라에서 인간의 나라로 와 머물고 있는 독수리가 이(虱)가 들끓어 고생을 하던 중, 나무를 하러 온 두 여인이 있어 그들에게 이를 잡아 달라고 부탁한다. 그러나 이들은 무서워 도망을 치고 마니, 이에 화가 난 독수리 신은 두 여인을 각각 쥐와 새에게 시집보내 여인들을 응징한다.

이어 등장한 다른 두 여인에게 같은 부탁을 하자, 여인들은 독수리 머리에 있는 이를 잡아 준다. 이에 독수리 신은 두 여인에 대한 보답으로 각각 바다의 신 범고래 신과 산의 신

곰 신을 남편으로 삼는 행운을 선사한다. 이후, 친절한 여인 한 사람은 바다 신의 선물인 고래 고기를, 다른 한 여인은 산 신의 선물인 곰의 고기를 독수리가 머무는 곳으로 가져다주었다. 그로 말미암아 독수리 신도 아무 어려움 없이 살아가다가 차츰 나이가 들어 하늘나라로 돌아가게 된다는 이야기다.

아이누에 의하면, 벼룩은 썩은 티끌, 혹은 먼지처럼 더러운 곳에 사는 존재여서 신분이 낮은 종자다. 따라서 사람의 어깨 그 이상은 올라가지 못하고, 가슴 아래에서만 활동을 하며 동물들에 기생해 산다. 그런 미미한 존재여서 벼룩은 손으로 짓눌러 죽여도 되는 것이다. 따라서 천대받는 가난뱅이보다 멸시당하는 존재였다.

이에 반해, 이(虱)는 몸에 붙어사는 이나 머리카락에 붙어 있는 서캐(머릿니의 알)나 모두 지체가 높은 신이다. 그들은 어깨 위나, 심지어는 머리 위에서조차 살아간다. 이들은 본래 인간의 살에서 생겨난 것이다. 그렇기 때문에 이빨로 씹어도 더럽지 않을 뿐 아니라, 오히려 그렇게 해야 할 일이며, 결코 손으로 짓이겨 죽여서는 안 된다. 그 신명(神名)은 '이빨 위에 머무는 신' 또는 '이빨 뒤에 머무는 신'이라 불리며, 이들을 화로 위에서 죽이면 '화로 위에 머무는 신'이 된다고 한다.

신요 47

부리 가는 새(강까마귀)의 노래

嘴細鳥(川鵜)の自叙

상천(上天) 나라에서 나는
신들과 사이좋게
친구처럼 어울려
살고 있었지

그렇지만
인간들의 이나우
인간들이 빚은 술을 가져와
마시고
먹고 하는 소리를 들을 뿐
나는, 그것을 동경하며
언제나처럼 살아가면서
너무도
부러워 참을 수 없었고
또, 지루해서
견딜 수 없을 때에는
벌떡 일어나

횡좌 위에서
보석 춤
황금 춤을 추었지

그때마다
내 손에서는
도토리가 떨어지고
또 다른 손에서는
밤이 떨어지고…
그 덕에
지루함을 달래며
언제나처럼 살아가고 있었으니
나의 춤사위가
신들 사이에 소문이 나서
비로소
나의 존재를
신들도 알게 되고

그리하여 처음으로
인간들이 공양한
술이 오게 되면
나도 초대되어
주연에 낄 수가 있었지

술을 마셔 보니
어쩌면 그리도 맛나던지!
술을 마시고 있으면
마음은
어찌 그토록 평화롭고
즐거워지던지…!

우좌(右座)에서
좌좌(左座)로
보석 춤
황금 춤을 추어 나가면 홀연
내 손에서는
도토리 열매가 떨어지고
다른 한 손에서는
밤 열매가 떨어지고
그리하면
앉아 있던 신들은
밤을 주우려
도토리를 주우려
다투어 달려들고
왁자하게 터지는 웃음소리
모두가 함께

흥겨운 웃음소리로 어지러웠지

바로 그때
상천(上天) 나라를 관장하는 신
말하기를

"이렇게 가까이
내 집 주변에
존귀한 여신
강까마귀 여신이 살고 있는 것도
까맣게 모르고
지금까지 살아왔음에
존귀하신 신
강까마귀 신에게
사죄의 말씀을 드리고자
모시게 되었는데
이 술로 하여
확연히
흥겨운 기분이 되었구려!"

더없이
아름다운 주연이
성대하게 끝나 집으로 돌아왔고

그런 이후로 신들은
인간들로부터
제사를 받고
술이 차려지면
그 어느 향연
그 어떤 주연이든
어김없이 나를 초대했지

주연에 불려가
술을 마시고
술기운에 흥겨움이 차오르면
황금 춤
보석 춤을 추고
내 손에서
도토리 열매와 또
밤 열매가 떨어지면
신들은 다투어 나가
밤이며
도토리를 줍고
커다란 웃음소리
왁자하게 즐겁고
흥겨운 소리가 풍성하게 일곤 했지

나도, 그것들을 즐기며
신들의 주연
눈부신 향연을 함께하며
언제나
그렇게 보내곤 했지

인간들로부터
술과
이나우 공양이 있을 때마다
술과 이나우를 나누어 받았고
덕분에 나도
품격 있는 신이 되어

언제까지나 변함없이 살았던 것이었다네

내용 해설

능란한 기교의 춤을 추는 물까마귀가 스스로 부르는 노래이다. 물까마귀는 기품 있는 신의 모습으로 신요, 성전 등에 다수 등장한다.

물까마귀 여신은 보석 춤, 황금 춤에 능란하고, 춤출 때, 한 손에서는 도토리가 다른 한 손에서는 밤이 떨어진다. 그럴 때마다 향연에 초대된 신들은 환호하며 물까마귀의 춤을 칭찬하고, 물까마귀에게 이나우와 술을 나누어 주니, 여신은 차츰 신격이 높아지며 살아가게 된다.

신요 48

부리 가는 새 여신의 노래

嘴細鳥の女神の自敍

나의 지아비
내가 받들어 모시는
지아비와 함께
언제나처럼 변함없이
화목하게 살고 있었지

그러던 어느 날
뒷간에 간다며
황금 똥막대기
여섯 개
나무 똥막대기
여섯 개를 손에 들고
지아비는 밖으로 나갔지

그렇게 나가서는
오래도록 돌아오지 않았지만
나는 지금처럼

뜨개질만 하고 있었지

그러던 어느 날
신이 우리 집으로 오는 소리
천지를 진동했으니
우리 집
지붕 위에
신의 가마가 멈추고
신의 목소리 들려왔지

“이보시게 강까마귀 여신이여!
어느 여신이
그대 남편을
그대가 섬기고 있던 남편을 빼앗아
자기 서방으로 삼고 있다오
한시가 급하니
위대한 여신인 그대는
분기를 일으켜
복수에 나서야 하지 않겠소?”

신의 목소리가
큰 울림으로 들려왔지만

'나는
범상한 신의 아내가 아니던가?'

하는 생각에
신의 충고를 귓전으로 흘리며
이전처럼 살아가고 있었지
며칠 밤과
며칠 낮
헤아려 보니
엿새 동안이나
그대로 아무것도 하지 않고 있자니
신의 목소리가
천둥처럼 울리며

"누가 이렇게까지
밥도 먹지 않고
참고 기다리고 있다는 말인가"

라며 화를 내며 돌아가는
신의 몸짓에서
우레 같은 소리가 들려왔지

그리고 나서 또

어느 날
더더욱 위대한 신이
내게로 다가오는 소리
우레처럼 들리고
우리 집 위에
신의 가마가 멈추더니
신의 목소리 들렸으니

"이토록 위대한 여신이
어쩌면 이리도 눈이 멀었단 말인가?
그대의 남편
그대가 섬기는 남편을
어느 여신이 꾀어내
자기 서방으로 삼고 있는데도
분하지 아니한가
서둘러
남편을 되찾아 와야 하지 않겠는가?"

이 말을 들으면서
또 며칠 밤
며칠 낮을
못 들은 척하고 있자니
위대한 신이

"누가 이렇게
굶어 가면서
기다리고 있을 것인가"

라고 말하고는
떠나갔으니
그 소리 우레와 같았더라

그 후에
비행자재(飛行自在) 장갑을 끼고
비행자재 신발을 신고
높은 창 위로
밖으로 나가
그 여신
남편을 빼앗아 간
여신이 거하는 곳으로 향했지

이나우 단 위에
은(銀)새의 모습으로
몸을 변신
단 위로
단 아래로

총총 뛰어다니며
지저귀니
그 여신은
나의 남편
내가 받들어 모셔 온 남편의
아랫자리에 앉아
입가에 미소를 띠고 말했지

"어머나
대체 무슨 새가
이렇게 아름답게 지저귈까"

나는
지저귀며 외쳤지

"여신이
가지고 있는 보물은
새털처럼 날아가
우주를 날아
하늘을 날아
우리 집으로 가라"

나의 지저귐에

여신이
가지고 있던 보물은
우주를 날아
하늘을 날아 우리 집으로 가게 되었으며
이어서

"여신이 옷을
아랫도리며
윗옷들이며
어지러이 많이 걸치고 있으나
그것들 모두는
우주를 날아
하늘을 날아
우리 집으로 가게 될 것이다"

라고 지저귀니
그대로 실현되어
여인의 옷들이
우주를 날아
하늘을 날아
우리 집으로 가게 되었지

그럼에도

여신은
입가에 미소를 띠고 말했지

“이보세요
서방님
내 받들어 모시는 서방님
무슨 새가
지저귀는 소리가 이리 예쁜지
와서 한번 보시구려”

그러자
나는 또 지저귀었지

“여신이
입고 있는 옷을 벗겨
우주를 날아
하늘을 날아
우리 집으로 갈 것이다”

이에
여신의 옷은
스스로 벗겨져
우리 집으로

우주를 날아
하늘을 날아가니
여신은 실오라기 하나 걸치지 않은
자신의 몸을 보고
비명을 질러 댔지

그리고 나는
집으로 돌아왔지
집에 돌아와 살아가고 있자니
나의 남편
내 받들어 섬기는 남편도
집으로 돌아왔지
그러고는
이전과 다름없이
살아가다 보니

새삼
그 여신이 가엽게 여겨져
그 여신 또한
내 남편의 아내로 삼게 하고
우리는
이전보다 더욱
화목하게 살아갔노라고

강까마귀 여신은
이야기하였더라

내용 해설

이 신요는 '신요 1. 불의 할매 신의 노래'와 유사한 부분이 있다.

신요 1에서 불의 할매 신이 남편을 빼앗아 간 물의 여신과 무술(巫術)로 다투어 이긴 뒤, 남편을 되찾아온다는 일화가 등장하는데, 신요 48에서도 강까마귀 여신이 무술로 모 여신으로부터 남편을 탈환한다.

강까마귀 여신은 남편과 함께 살아가고 있었는데, 어느 날 남편은 뒷간에 간다면서 똥막대기를 들고 나간 뒤 돌아오지 않는다.

얼마가 지나 가마를 타고 온 신이 남편이 어느 여신에게 유혹당해 그녀 있는 곳에 있으니 복수하고 남편을 되찾아오라 권유한다. 그러나 강까마귀 여신은 듣지 않으니, 그 신은 그만 화를 내며 돌아간다. 또 얼마가 지나 앞서 찾아왔던 신보다 신분이 높은 제3의 신이 찾아와 남편을 되찾으라 충고한다.

하지만 지체 높은 신인 자신은 경솔하게 행동할 수 없다는 생각에 무시하려 하자 그 신 또한 화를 내며 돌아간다.

그런 일이 일어난 뒤 강까마귀 여신은 벌떡 일어나 몸단장을 하고 손에는 비행자재(飛行自在) 장갑을 끼고, 발에는 비행자재 신발을 신고 남편을 빼앗아 간 여신의 집으로 가 제단 위에서 지저귄다. 강까마귀 여신이 지저귀는 소리를 듣고 여신이 밖으로 나오니, 강까마귀 여신은 세상에 없는 오묘한 무술 노래를 불러 여신이 가지고 있는 보물, 보석, 옷가지들을 공중으로 날려 보내 자신의 집으로 가도록 만든다.

옷이 사라지게 된 여신은 전라(全裸)의 모습이 되어 비명을 지르며 살려 달라 애원한다.

강까마귀 여신은 남편과 함께 집으로 돌아오고, 나중에는 자신이 응징했던 여신 또한 남편의 부인으로 삼아 모두가 함께 평화롭게 살아간다.

신요 49

부리 가는 새의 노래

嘴細鳥の自敍

강을 따라
지저귀면서
아래로 내려가
사마이웅쿠루의
제단에 머무르게 되었지
제단 위에서
제단 아래로
총총 뛰어다니며
지저귀며 알렸지

"높은 산에는
물이 닿지 않는다네
닿지 않는다네
마을 땅 위에는
물이 넘치고
물이 넘친다"

꼬리 날개를
위로
아래로
움직거리니
사마이웅쿠루는
몸 절반쯤
창문 위로 내밀고는

"큰 요물이
동네로
마을로 찾아오려 하는구나
마을 사람들아!
가난한 자는
밖으로 나가고
돈 많은 자들은
몸을 숨겨라
가난한 사람들은
남자든
여자든
엉덩이를 내밀어
요물을 향해
옷을 벗어 흔들라"

라고 말하자
가난한 자들의
남자들
여자들은
내 앞에서
나를 향해 엉덩이를 드러내고
옷을 흔들어 댔지

나는 화가 나 그만
다시, 아래쪽으로 내려가
오키쿠루미
신인의 제단
위쪽에서
아래쪽에서
날개를 접고
지저귀며 말했지

"마을 땅 위에는
물이 차고
물이 차고
높은 산에는
물이 오지 않는다
물이 오지 않는다"

지저귀면서
제단 위로
아래로 날아다니며
나는
꼬리를 올렸다가
또 내렸다가
날아다니고 있노라니
오키쿠루미
신인은
신창 위로 몸을 내밀어
수없이 정중하게
수없이 공손하게
손을 모으며
말하였지

“너무나 고맙게도
위대한 신이
충고를 해 주셨으니
분명 변고가 있을 듯하다
마을 사람들아!
가난한 이들은
이나우를 만들어 집 앞에 세우고

돈 있는 이들은
보석을 내야 할 것이다”

그 말에
놀라울 만큼
지시에 순응해
부자들은
보석을 내오고
가난한 자들은
이나우를 집 앞에 세웠으니
보석을 공양하고
이나우를 받들어
진정으로 내게 예배하며
기도를 바치었지

그러고 나서
내가 집에 돌아와
얼마쯤 지났을까
여름 호우가
폭포처럼 쏟아져 내리니
며칠 밤
며칠 낮을
쉼 없이 내리고

그러는 동안 또
엄청난 해일과
산더미 같은 파도가 밀려왔지

그때
오키쿠루미
신인은
자기 마을 사람들
가난한 자는 물론
신분이 높은 자에 이르기까지
목숨을 구하려

"어서 서두르라
위대한 신께서
말씀하셨던 대로
높은 산 위로
서둘러 도망하라"

라고 외치며
높은 산 위로
마을 사람들과 함께
피난했지
그러는 동안에도

사마이웅쿠루는
마을 사람들과 함께
낮은 산 위로
도망쳤을 뿐이었으니
당연히
밀려드는 파도에 휩쓸려
비참한 죽음을 맞이하고 말았지

그 후로
오키쿠루미
인간의 수령은
술을 빚어 공양하고
이나우를 만들어
나에게 기도하니
그로 인해 나는
점차 신격이 높아져
지금에 이르게 되었노라고

강까마귀 대장이
말하였더라

내용 해설

강까마귀 대장 신은 해일의 습격을 알려 주는 선신(善神)으로, 인간 마을을 방문하지만, 마을 사람들은 제마(除魔) 의례를 행하며 쫓아낸다.

그러나 오키쿠루미는 이 소식을 경건한 마음으로 받아들여 예를 행하고 공물을 바치는 한편, 강까마귀 신의 말에 따라 마을 사람들에게 명을 내려 마을 사람들과 함께 피난한다.

이후로 강까마귀 신에 대한 보은의 제(祭)를 잊지 않으니, 강까마귀 또한 신격을 높이고 신의 나라에서 살아간다는 이야기다.

신요 50

강까마귀 신의 노래 1

川鴉の神の自敍

"높은 산은 물이 찰 것이니
물이 찰 것이니!
낮은 산에는 물이 미치지 못할 것이니
물이 미치지 못할 것이니!"

라고 지저귀며 나는
강
상류로부터 하류 쪽으로
내려가
사마이웅쿠루의 마을에
도착했지

이나우 제단 위에서
제단 아래로
가벼이 날아다니며
지저귀었으니

"높은 산은 물이 찰 것이고
낮은 산에는 물이 미치지 못할 것이다
물이 미치지 못할 것이다"

이 같은 지저귐에
사마이웅쿠루는
상반신을
창문 밖으로 내밀고
마을 위로부터
마을 아래에 이르기까지
모두가 들을 수 있게
큰 소리로 말했지

"대요물
진정 고약한 신이라는 놈이
마을에 화를 불러오려 한다
부유한 자들은
몸을 숨기고
여자든
남자든
가난한 자들은
밖으로 나와
요물 앞에서

옷을 벗어
흔들고 또 흔들라"

사마이웅쿠루는
자기 마을 끝에서 끝까지
모두가 들을 수 있게
소리소리 질러 댔지

사마이웅쿠루의 지시인 까닭에
마을 사람들은
여자든
남자든
부유한 사내와 숙녀들은
몸을 숨기고
여자든
사내든
가난뱅이들은
밖으로 나와
음부(陰部)를 드러내고[92]
옷을 펄럭이며 흔들어 댔지

---

92) 음부를 드러내고 ; 나쁜 신을 쫓아내는 주술. (지은이 주)

그에 화가 난 나는
강을 따라 내려가
오키쿠루미의 마을로 갔지

이나우 제단 위에
날개를 접고 앉아
지저귀었지

"높은 산은 물이 차고
물이 차고
낮은 산에는 물이 들지 않으리
물이 들지 않으리"

이나우 제단 위로
이나우 제단 아래로
총총거리며
날아다니니
오키쿠루미는
상반신을 창문 밖으로 내밀어
마을을 향해 말했지

"예삿일이 아닌
분명 있을 변고를 알려 주시러

위대한 신께서 몸소 오셨으니
마을 사람들아
낮은 산 위로
서둘러
그대들의 살림을 옮기고
몸을 피하도록 하라"

오키쿠루미가
마을 사람들에게
명하는 것을 들으며
나는 집으로 돌아왔지

얼마의 시간이 지나
돌이켜 보니
내가 돌아간 뒤에
엄청난 파도가 밀려왔을 때
오키쿠루미는
마을 사람들과 함께
낮은 산으로 피난했지
사마이웅쿠루는
높은 산으로 도망쳤으나
물의 습격으로
마을 사람들은 모두

물에 빠져 죽고 말았지

오키쿠루미는
마을 사람들과 함께
목숨을 건지니
오키쿠루미는
그로부터
술을 빚고
이나우를 만들어
나에게 공양하고
고마운 마음으로 제를 올렸으니

드디어 나도
신분 높은 신이 되어
살아가게 되었노라고
강까마귀 신이
그 몸을 빌려 이야기하였더라

내용 해설

신요 49와 거의 유사한 내용으로, 서술 어구에 차이가 있을 뿐이다.

신요 51

강까마귀 신의 노래 2

川鴉の神の自敍

이시카리강(石狩川) 수원
강이 두 갈래로 갈라지는 곳
마을에 살며
상천(上天)으로부터
내려온 신
강까마귀 신인 나는
칼자루를 조각하고
보도를 다듬으며
다른 일에는
한눈도 팔지 않고
나날을 보내며
그렇게 살아가고 있었지

어느 날
창문으로
검은 그림자가 다가와
창문 위를 바라보니

창틀 위에
다리 붉은 새
부리 붉은 새가
날아다니며 말했지

"그대는
이곳에 머무는 신이면서
눈이 멀어
아무것도 못 보는구려
인간 마을도
신들의 마을도
기근이 퍼져
인간들도
신들도
어떻게 하지 못하는 지경인데
그대 같은
위대한 신이
아무것도 보지 못한 채
무익하게 소일하고 있다는 말인가?"

다리 붉은 새
부리 붉은 새의 말에
그대는 범상한 신이 아니던가

스스로 생각하면서도
못 들은 척
평소 하던 대로
칼집을 조각하고
보도를 다듬고
오로지
그 일에만 신경을 쓰며
살아가고 있었지

그러고는 다시
얼마쯤 시간이 지나
다시
창문에 어른거리는 그림자가 있어
고개 들어 보니
부리 붉은 새
다리 붉은 새가
창틀 위로 날아다니며
말했지

“마치 내가
거짓말이라도 하는 것처럼
위대한 신인 그대는
내 말에

귀를 막고 있는 사이에
인간들은 굶다 굶다
이제는 죽음에 이르게 되었으니
강까마귀 신이여!
위대한 신이여!
이제라도
인간 마을을
돌아봐야 하지 않겠소”

다리 붉은 새
부리 붉은 새의 말에
나는 비로소
조각하고 있던 것들을
돗자리에 말아
보석 단에 올려놓고
밖으로 나가 서서
황금 부채를
손에 들고
바깥 면으로 나가 서서[93)]

---

93) 바깥 면으로 나가 서서 : 내가 들고 있는 부채는 또 다른 세상을 형성하고 있는 것으로 보인다. 이는 마치 꿈에서 자신이 제3자가 되어 활동하고 그것을 지켜보는 것과 같은 의미라고 할 수 있다. ‘바깥 면’은 ‘다른 한쪽 면’의 의미라고 보면 된다. ‘나가 서서’는 ‘현실 세계에서 부

황금 부채의
산 쪽으로 향하는 반면(半面)
부채 위
산에 거하는 신들
선신을
불러냈지

그 부채 면을 살펴보니
악신도 나와 있었지
더욱 부채 면을 살펴 가며
기아를 일으키는 신을 찾으려 했으나
어찌해도 하나의 신도 찾을 수 없었으니

그리하여
바다 쪽을 향하는 부채의 반면
그 부채 면에
바다에 있는 신들이
그려져 있는 것을
찾아보니
그곳에는 악신도 그려져 있었지

채 안의 세계로 향한다'는 의미이다.

부채 면을 조사해 가며
기아를 일으키는 자를
찾으려 해도
쉽사리 찾아지지 않았는데
애를 써
몇 번이고 살펴보았더니
놀랍게도
바다를 벗어난
해저에
거마(巨魔) 신이 집을 만들어
집 밖에는
말린 생선이 쌓여 있는 선반
말려 놓은 짐승 고기가 그득한 선반이
어지러이 있었지

그러한 모습을
부채 면에서
보게 되면서 나는
놀라고 말았지

이 거마 신은
인간 마을의
번영을 질투하여

인간 식량의 혼을
약탈하는 자라는 것을
부채의 면에서
보게 되었으니

그로부터 나는
이시카리강을 따라
강어귀를
다스리는 신
빠른 여울의 신에게 가
말했지

> "인간 마을
> 기근의 원인이 되는
> 기아를 일으키는 자를
> 찾아보았더니
> 아마도
> 거마 신
> 바다를 벗어난
> 해저에 머물고 있는 놈이
> 기근을 일으킨다는 것을 알았으나
> 나 혼자
> 이 거마를

토벌하기는 무리라는 생각이 들어
빠른 여울 신과 함께
이 거마를 토벌하려
내가 내려온 것이라오"

내 말에
빠른 여울 신은

"내가
강까마귀
위대한 신과
함께 간다고 해도
당해 낼 수 없을 것이라 생각되오
여기에서
더욱 가다 보면
토메산베치강에 이를 것이니
토메산베치강
강어귀를 다스리는
빠른 여울 신에게 가
그의 조력을 받는 것이 좋을 듯하오"

이시카리강
강어귀를 다스리는 신이

그리 말하기에

나는 또
길을 떠나
토메산베치
강어귀를 다스리는 신인
빠른 여울의 신에게 가게 되었지
길을 가며
바라다보니
토메산베치강
강 중류에
험준한 신산(神山)
언덕진 산
높고 높은 신산
다섯 개에 이르기까지
아지랑이가 피어나고 있었지
그 모습을 바라보며
토메산베치
강어귀에 이르러
빠른 여울 신의 집에 들어가
말했지

"나는

이시카리강
두 갈래로 갈라진 곳
마을을 다스리기 위해
하늘에서 내려온
강까마귀 신이오

놀랍게도
인간의 마을도
신들의 마을에도
흉년이 들어
인간들도
신들도
어찌할 수 없는 지경이 되었소

하여
기근을 일으키는 원흉을
찾아보니
거마 신이
바다를 벗어난
해저에
집을 짓고
인간 마을의 번영을 시기하여
우리 식량의 혼을

빼앗았기 때문이라는 것을
알게 되었소
하여
이시카리 강어귀 신
빠른 여울의
힘을 빌리려 한다고 하니
그 신이 말했소

'강까마귀 신이여!
내가 함께 간다 하더라도
힘이 부칠 것이니
토메산베치강
강어귀를 다스리는 신의
조력을 받아
세 신이 함께 간다면
거마 신을 토벌할 수 있을 것이라 생각하오'

이시카리강 어귀의 신이 그렇게 말하기에
바로
토메산베치강
강어귀의 신께
조력을 구하고자
이렇게 오게 된 것이오"

나의 말에
토메산베치강
강어귀를 다스리는 신은
아무 말도 없이
한참을 있더니
입을 열어

"나 또한
그 거마 신을
토벌하러 가고 싶었으나
자신이 없어
토메산베치강
강 중류에
마을을 다스리는 사람
시누탓푸카
토메산베치 마을을 다스리는 자는
인간인데도
신 중에서도
범상치 않은 신만큼의
도저히 대적할 수 없는 능력의
호탕한 신이니
강까마귀 신

그대는 그리로 가
시누탓푸카
토메산베치 연안에서
마을을 다스리는 자에게
도움을 구하고
거마를 토벌하는 것이
좋을 듯하오"

빠른 여울 신의 말이
그럴듯하다고는 생각되면서도
설령 그렇다고는 하나
인간에 불과한
시누탓푸카 마을을 다스리는 수령에게
도움을 청하다가
죽임을 당하는 것이 아닐까
생각이 들어

"지금, 다른 곳에 살고 있어
그것이 흠인 듯하오
그대는 같은 강줄기에 살고 있으니
그대가 가서
시누탓푸카 마을을 다스리는 수령에게
부탁해 주는 것이 좋을 듯한데

어찌되었건
이야기를 좀 해 주시구려"

라고 내가 말하니
빠른 여울의 신은
잠시 말없이 있다가
여동생에게
몸을 돌려 말했지

"누이야!
내 말을 잘 들으렴

'여인이라는 존재는
신들보다 오히려 유리한 법
네가 가서
토메산베치
시누탓푸카
마을을 다스리는 수령을 찾아가
조곤조곤
인간의 마을에
기근이 들고
신들의 마을 또한
기근이 들어

인간도
신들도
궁핍함이 극에 달하매
강까마귀 신이
기근을 일으키는 원인을
그 원흉을 살펴본 결과
바다에서 떨어진
해저에
거마 신이
집을 지어 살면서
인간 마을의 번영을
시기하여
음식의 혼을 빼앗아
기근이 일어났음을
알게 되었으나
강까마귀 신
혼자서는
거마를
토벌하기에 너무 버거운 일이라
내게 힘을 보태 달라 찾아왔으나
나 또한
광명 신
선신(善神)이지만

그 거마를 토벌하기는
힘에 겨운 일이라
인간의 수령에게
이 일을 알리러
강까마귀 신과
나의 뜻을 전하러 왔습니다'

라고
네가 가서
말을 전해 주었으면 좋겠구나"

빠른 여울 신의 말에
심부름을 떠나게 된
빠른 여울 신의 여동생 신은 말했지

"나를 키워 주신 오라버니
자신에게도 두려운 일에
가녀린 여자에 불과한
제가 간다면
더더욱 그는
화를 낼지도 모를 일이나
나는 결코
죽임을 당하지 않을 것이라 생각하여

  오라비는 말씀하시는 것이겠지요"

신녀의 말에
빠른 여울의 신이 말하기를

  "죽을 것이 두려워
  네가 가지 않는다고 한다면
  나는
  내 손으로 너를 죽이고
  인간 수령에게 갈 것이다"

빠른 여울 신의 말에
여동생 신은 울며
문밖으로 나갔지

그러고는 잠시
험준한 신산
신산 정상에서
신의 영혼이
그 몸을 떠나가는 소리가 들리니
그것은
소생하는 신처럼
마치 다시 살아나는 신을 깨우는 것처럼

정동(正東)의
하늘로 가는 소리
진동할 때
빠른 여울 신은 말했지

"내 여동생이
죽임을 당한다 해도
반드시
되살아나
돌아올 것이오"

빠른 여울 신이 말할 때
건너편에서
위대한 신이 가는 소리
진동하니
지하에도
지상에도
그 신이 가는 소리
천둥처럼 울려 퍼지고 있었지

바다를 벗어난 곳에
위대한 신이
이르는 소리

진동하여 울리더니
이제는 드디어
거마 신이 머무는 곳에
다다랐다는 생각이 들 때
해저에서는
신들 싸우는 소리
진동했지

그때
집으로 돌아온 신녀
들어와
말했지

"내가 가
산성으로 가서
집 안으로 들어가
문간에 앉으니[94]
실내에는
밝게 아지랑이가 피어오르고
본좌(本座)
화로 끝에

94) 문간에 앉으니 : 경의를 표하고 앉는 것이다. (지은이 주)

한 사내가 있었는데
그 모습은
도저히 인간이라고는 믿기지 않을 정도였다오

황금색 머리카락
곱슬곱슬한 머리카락은
탐스럽게 늘어뜨려져 있고
그 머리카락에서
황금물
방울져 떨어져
머리카락 끝에서 마치
넝쿨처럼 둥글게
흘러내렸지요

턱을 따라 자라난
구레나룻 털은
바늘처럼 솟아
가슴을 덮어 흘러내렸으니
그런 준수한 외모는
일찍이 없었습니다

이쯤에서
나를 키워 준 오라비의

전언을 말하니
카무이오토푸시(神髮彦)
인간 수령은
아무 말도 없이
보단(寶壇) 앞에서
생각에 잠긴 듯

'내가 기다려 온 신
내가 모시며 키워 온 신인
너 이외의 자로부터
들어야 할 것을
네가 말한다는 것인가'

라고
카무이오토푸시
인간의 수령은
말하고는
그러고는 또
조용해졌지요
나는 조금도 눈치채지 못하고 있었지만
갑자기
신도(神刀)의 빛
하늘에서 쏟아져 내리고

섬광이 일어
마치 꿈만 같았을 때
놀랍게도 나는
죽임을 당하여
신의 하늘 위로 올라가는
느낌이었으나
되살아나
원래의 몸이 되어
돌아오게 되었답니다"

그러고 나서 나는
귀로(歸路)에 들어
이시카리강
강어귀로 돌아오게 되었지
그러고는
이시카리강을 따라
여울로 가
강이 두 줄기로 갈라지는
산성
나의 집으로 돌아와
내가 들은 소리가 있었으니
바다에서 떨어진
해저에

엄청난 굉음
귀를 찢는 굉음이
일어나고
신들이 싸우는 소리를
들으며 나날을 보냈으니

몇 달 며칠이 지난 지금까지도
엄청난 굉음은
쉼 없이 들려왔지

그러던 어느 날
아득한 땅속
거마 신 죽어 무너지는 소리
우레처럼 들려오고
그 반대편에서
위대한 신이 돌아가는 소리
전갈(傳喝)처럼 들려오니
토메산베치에
이르는 소리를
나는 들었지

그리하여
자세한 사연

거마 신이 기근을 일으키는 것을
내가 알고
토메산베치
시누탓푸카 마을을 다스리는 사람
인간의 수령에게
내가 전갈을 보내
알린 덕에
거마 신
기근을 일으키는 신을
죽이게 되었음을
오키쿠루미의
꿈을 통해 알렸지

그러고 나서 나는
칼집을 조각하고
보도를 다듬으려
단지 그 일에만 열중하며
일상
변함없이 살아가고 있었는데

그러던 어느 날
신창(神窓) 쪽에
어른거리는 그림자가 있어

돌아보니
커다란 술잔
위에 놓인 주저(酒箸)가
넘쳐 나올 만큼 술이 넘쳐
주저가 빙글빙글 돌면서
전언(傳言)을 말하기를

  "오키쿠루미 신이
  나를 사자(使者)로 하여

    '그대
    존귀한 신의
    존재 덕분에
    마을들을 구하게 되었으니
    존귀한 신께
    술과
    이나우를 공양하여
    예를 바칩니다'

  라고
  말하였소"

라고

술잔의 주저가
전언을 말해 주었으므로
나는 일어나
큰 잔을
받쳐 들고
여섯 개의 제기를
횡좌((橫座)에 늘어놓고
그 술잔을
제기 사이로 옮겨 놓았지

그러고서
이틀
사흘이 지나
술이 맛있게 익게 되어
가까운 신
멀리 있는 신들을
초대하니
신들이 모여들어
주연이 열리고
더없이 아름다운 술로
성대한 잔치가 벌어졌지

향연이 끝나

신들이 감사 인사를 건네고
돌아가니
나는
칼집을 조각하고
보도를 다듬는 일에 열중하며
한눈파는 일이 없었지

그렇게
나날을 보내고 있자니
사람들로부터
사람들이 빚은 술
사람들이 만든 이나우가
기도와 함께
보내져 오게 되니
드디어 나는
신격을 높이며
언제나처럼 살아가게 되었노라고

강까마귀 신이
자신의 몸을 빌려 노래하였더라

내용 해설

강까마귀 대장 신이 인간을 기아(飢餓)로부터 구하는 이야기이다.

기아의 원흉으로 해저에 거하는 거마를 토벌하기 위해 토메산베치강 어귀의 시누탓푸카인(人)과 카무이오토푸시(神髮彦)가 등장하는 점이 다른 일반 신요와 다른 점이다.

신요 52

붉은 참새의 노래

赤雀(東蝦夷の女)の自敍

사사루(小沙流)인을 향해

"히가시에조(東蝦夷) 땅[95]의 여인은
멍석 자루 밑에
날 선 예리한 단도를 놓아두고
멍석 자루 안에는
화살통이 붙어 있는 소도(小刀)를
멍석 자루 앞에는
유례없이 큰 칼을
놓아두었으니
사람들로부터
신랄한 담판(談判)이
그대에게 향하게 되더라도
아내 스스로 (그대를 대신해)
말로는 풀지 못할 것으로

95) 히가시에조(東蝦夷) 땅 : 동쪽 아이누의 땅이라는 뜻이다. 에조(蝦夷)는 홋카이도, 사할린 등지에 거주하는 아이누인을 낮추어 부르는 말이다.

여길 것이다"

내가 이렇게 말했을 때
무슨 못된 말이라도
들은 것처럼
사사루인은
얼굴에 노기를 띠고
벌떡 일어나
화덕 오른편에 있는
예리한 칼을 뽑아 들어
화덕, 왼편으로 올라가
스스로 숨통을 끊어 버렸지

나는
홀연히 일어나
그 칼을 뽑은 다음
할머니로부터 어머니에게로
모계(母系) 대대로 물려받은 멍석 자루를 꺼내
바닥에 내려놓고
멍석 자루 바닥에 손을 넣어
아름다운 비단을 꺼내며
말했지

"오, 내 받들어 모시는 불의 할매 신이시여
말씀을 듣고자
이 비단을 던지옵니다
만약에
사사루인이 이대로 죽을 것이라면
이 비단이 불타게 하소서"

비단을 불 속에 던지니
비단은 타올랐고
나는
사사루인 시신에 매달려 목 놓아 울었지
그리고
모계, 대대로 전해 내려온 멍석 자루를
다시 꺼내
멍석 자루 밑에 손을 넣어
대대로 전해 온
구슬 목걸이와
대대로 전해 내려온
귀걸이를 꺼내
상복을 갖추어 입고
그러고는
큰 칼을 움켜쥐고
상 위에 칼자루를 단단히 세워

그곳에 몸을 던졌을 때
마치 꿈속인 듯
나는 혼절하고 말았지

문득, 정신을 차려 보니
서까래 위에
손발이 늘어진 채
내 몸은 걸려 있던 것이었지

그리고
높은 창틀 위로 올라가니
가는 빛이 강을 따라
길게 뻗어 가는 모습
흰빛 완연히 보여
그 위를 달려가니
커다란 집 한 채가
장엄하게 세워져 있고
집 안에서는
사사루인이 스스로 목숨을 끊은 일에 대해
자책하는 소리가 들려왔지
집 밖에서
우두커니 바라보고 있자니
사사루인이 악을 썼지

"이 나쁜 년!
비열한 년
네년 때문에 창창한 내 삶이
중도에 꺾여
죽음을 맞이하게 되었는데
여기까지 내 뒤를 쫓아왔더란 말이냐!
꿈속에서라도
단, 한 발짝
발도 들일 수 없을 것이다!"

그의 말대로
나는 그 집에 들어가지 못했지

이후로
나는 어쩔 수 없이
나라를 방황하며
배회했으니
내 언니가 나의 제사를 받든다고 한들
나는 받을 수 없었으니
결코 나를 공양하는 일은 없기를…

붉은 참새는 말하며

불타 버린 기둥을
부리로 쪼아 대며
이후로는
다만, 울음을 울 뿐이었지

나는 그러했으니
인간들이여
내 하는 말을 잘 듣고
결코, 스스로 목숨을 끊어서는 안 될 것이다

내용 해설

붉은 참새의 노래로 되어 있으나 원래는 히가시에조(東蝦夷)의 여자였다. 여자의 말이 분해 자살한 사사루(小沙流)인의 뒤를 따라 자신도 스스로 목숨을 끊어 사사루인에게 갔으나, 역시 그 노여움을 풀지 못한다. 마침내 붉은 참새가 된 히가시에조의 여인은 나라의 끝에서 끝으로 헤매다니며 공양도 받지 못하게 된다는 슬픈 운명을 이야기하고 있다.

신요 53

갈대새 여신의 노래

葦鳥の女神の自敍

나는
언제나처럼
변함없이 살고 있었지

내 지아비는
매일
칼자루를 깎고
칼자루를 다듬고
오로지 그렇게
살아가고 있었지

나는
매일
바늘로 꿰매고
누벼 가며 살아가고 있었는데
그러던 어느 날
내 지아비는

황금 똥막대기
여섯 개의 똥막대기를
은 똥막대기
여섯 개의 똥막대기를 가지고
뒷간으로 가는 듯하더니
끝내 돌아오지 않았지

나는
바느질로 손수 지은 옷 가운데
좋은 것을 골라
여섯 장 소매 옷을 겹쳐 입고
허리띠를 조이고
여섯 겹의 소매 옷 위에
하오리(羽織)를 걸치고
신공(神工)의 기장(粢) 장식을
목에 걸고
신공의 귀고리를
귀에 걸고
강을 따라
위쪽으로 올라갔지

올라가다 보니
설마

이런 곳에 있으리라고는 믿기지 않을
황금으로 지어진
커다란 집이 자리하고 있었지

횡좌(横座) 창 밖에 서서
창틈으로
들여다보니
여인 하나
두 줄기 실
세 줄기 실로
바느질을 하고
횡좌에는
내 지아비가
불을 쏘이고 있었지

나는
앞뒤도 가리지 않고
제단 위로 달려 들어가
외쳤지

"여신이
입고 있는 옷 소매를
창문 위로

구름이여 끌어내고
구름이여 늘어뜨리라"

지저귀니
여신이 입고 있던
옷 소매는
창문 위로
구름이 밀어내고
구름이 늘어뜨려 놓았지

"황금 제기를
창문 위로
구름이여 늘어뜨리고
구름이여 밀어 올리라"

지저귀니
창문 위로
황금 제기를
구름이 늘어뜨리고
구름이 밀어 올렸지

"내 서방이
입고 있는 옷은

  창문 위로
  구름이여 밀어 올리고
  구름이여 늘어뜨리라”

지저귐에
지아비가 입고 있던 옷을
구름이 창문 위로
밀어 올리고
늘어뜨려 놓았지

여신이
자신의 몸을 보니
전라(全裸)의 모습이라
깜짝 놀라
자지러지게 비명을 지르니
나도 놀랄 지경이었지

그러자
황금 집
커다란 집은
자취도 없이 사라지고
나는 남편과 함께
여신이

가지고 있던 제기
그 밖에 많은 보물들을
가지고 집에 돌아오니
어떤 부족함도 없이
부부생활을 하게 되었지

대공(大空)을 다스리는 신의
여동생 신이
내 서방을 꾀어냈기에
이에 분개해
여신의 것들을 취했던 것이었다고

갈대새의 여신은
자신의 몸을 빌려 이야기했더라

내용 해설

주인공 갈대새 여신이 남편을 빼앗아 간 대공(大空) 신의 여동생 신으로부터 남편을 되찾아 온다는 이야기로, 곳곳에 〈신요 1. 불의 할매 신의 노래〉와 유사한 부분이 눈에 띈다.

신요 54

점박이새 신의 노래 1

斑文鳥の神の自敍

가라후토(樺太)섬에
마을을 이루며
나는 살고 있었지

칼자루를 깎고
보도를 다듬으며
한눈도 팔지 않고
오로지 그 일에 몰두하며
오랫동안
그렇게 살아가고 있던
어느 날

돌연
사루강(沙流川)
물 위에
솟아 있는 산
산 동쪽을 지키는 신

원숭이 신
내 친구인
그 원숭이 신의
외마디 소리가
끊어질 듯 끊어질 듯

“이보시게
점박이새 신
위대한 신이여
나를 좀 구해 주구려
난폭한 곰
흉악하기 이를 데 없는 곰이란 놈이
나를 위험에 빠뜨리고 있으니
어서 구해 주구려”

소리가 끊어질 듯 끊어질 듯
들려와
고개를 돌려보니
당장에라도 죽어 버릴 것 같은 원숭이 신의 모습이
눈에 들어왔지

내 친구
원숭이 신

차마 그에게 닿기도 전에
나도 당하는 것이 아닌가
두려움이 앞섰지만
지금까지 조각하고 있던 칼자루를
멍석으로 말아
보단(寶壇) 위에
얹어 두고
황금 갑옷을 챙겨 입고
밖으로 나갔지

그러고는
바다를 건너
뭍으로 오르니
내 귀에서는
바람이 일고 있었지

사루강에 이르러
바라보니
그 모습이란

'내 친구인
원숭이 신은
겨우 허리뼈와 등골만 붙어 있는 모습으로

격투의 장소
그 땅 위에 내팽개쳐져 있었지'

바라보는 것만으로
화가 치밀어 올라
못된 요웅(妖熊)
썩어빠질 곰에게 달려들었지
나를 업신여기듯
그 또한
내게 달려들어
서로 엉켜 싸우게 되었지

요웅은 몸이 작고
탄력적이어서
죽이기 쉽지는 않았으나
나는 다가가서
때로는 떨어져
발톱으로 할퀴어
작은 살점
큰 살점을 움켜쥐어 뜯어내니
마침내
뼈만 남게 되었지만
숨통을 끊어 놓지는 못했지

악웅(惡熊)

썩어질 곰이라는 놈은
여러 가지 심장을 가지고 있었지

평범한 심장을 잇는 끈
여섯 개의 끈
금 심장의 끈
여섯 개의 끈을 지니고 있는 놈이어서
나는
좀처럼 숨통을 끊어 놓을 수 없었으나
금 옥(玉)의 끈
여섯 개의 옥 끈
보통의 옥 끈
여섯 개의 옥 끈을
나는 자르고 또 자르니
금 옥의 끈
하나가 남게 되었지

나는
칼을 휘둘러
끝내 하나 남은 심장의 끈을
끊어 버리니

요웅은 털썩
무너져 내리고
원숭이 신을 안아 올려
집으로 돌아오게 되었지

그러고는
극진히 간호하니
숨이 돌아왔지
원숭이 신은
감사의 예를 표하고
이틀
사흘
내 집에 머문 후에
자신의 집으로 돌아갔다고

점박이새 신이
자신의 몸을 빌려 말하였더라

내용 해설

점박이새 신이 요웅(妖熊)과 싸워 원숭이 신을 구해 낸다고 하는 이야기다.

신요 55

점박이새 신의 노래 2

斑文鳥の神の自敍

은방울이 또록또록
황금 방울이 또록또록
지저귀면서
강을 따라 아래로 내려갔지

아래쪽에 이르자
많은 사내애들이
화살을 가지고 놀고 있어
바라보니
가난한 집 아이를
밀어붙이며
모두가 구박하고 있었지

은방울이 또록또록
황금 방울이 또록또록
지저귀고 있자니
많은 아이들이

일제히 나를 바라보았는데
가운데 있던
촌장 집 아이가

"위대한 신이
지나가신다
조용히들 해"

아이들에게
말하고는
나를 향해
살을 날리니
처음에 날아온 화살은
내 몸 아래를 지나가고
다음에 쏜 화살은
내 몸 위를 지나쳐 갔지

나를 향해 화살을 쏘는 동안
나는 화살 하나를 잡으러 달려 내려갔지
그 뒤에
가난한 집 아이가
눈을 비비고 일어나
내 쪽을 보았을 때

눈물 속에
웃으면서
나를 쏘려 하는 것이
너무도 기특해
화살 하나를
내 몸으로 받고
화살 둘을
내 몸으로 받으니
신다운 면모
대단한 신의 모습이 되어
털썩
밑으로 떨어졌지

그러자
가난한 집 아이는
빙긋이 웃으며
나를 들어 올려
아래로 내려갔으니
그곳에는
많은 집들이 늘어서 마을을 이루고
마을 끄트머리쯤에
당장에라도 쓰러질 것 같은
낡은 집이 있었지

아이는
신창 아래에
나를 놓아두고
자신은 안으로 들어가니
나이 든 노파가 하나 있고
아이는 말했지

"존귀한 신이
우리 집에 손님으로 찾아오셨으니
이나우를 깎아
신에게 바쳐 주세요"

이 말에
그 노파는

"이나우를 깎는 일은
여인이 할 수 없는 일
네 스스로 이나우를 깎아
존귀한 신께 올려
보내 드리려무나"

노파의 말에

가난한 집 아이는
이나우를 솜씨 좋게 깎아 놓고
조화 속에 내가 자리 잡도록 했을 때
촌장 집 아이가 찾아와

"존귀하신 신이
오시는 것을
너는 못 보았니?"

라고 묻자
가난한 집 아이는

"전혀 못 봤는데"

라고 대답하여
촌장 집 아이를 돌려보냈지

그 뒤에
내가 주의 깊게 살펴보니
아마도
가난한 집 아이의
아비도
어미도

신의 가호를 받아
좋은 생활을 한 사람들이었으나
인생
절반도 살지 못하고
죽어 버리니
그 후로는
조모가 이 아이를 키워 주었다는 것을 알 수 있었지

그러고는
가난한 집 아이는
나날이 성장하여
사냥에 나서면
마치 그 앞길에 사냥감이 달려온 것처럼
언제나
많은 수확이 있었지

그리고
나무 제기와
황금 제기를
넘치도록 손에 넣으니
부유한 신분이 되었고
훌륭한 집을 지어
그 안에

집주인의 수호자로서
나를 공양했으니
진정한 장자로
세상에 이름을 날리는 자가 되었고
나 또한
신격을 높이게 되었노라고

점박이새 신이
그 몸을 빌려 노래했더라

내용 해설

점박이새 신이 마음씨 고운 가난한 집 아이에게 복운(福運)을 가져다준다는 이야기다.

신요 56

점박이새 신의 노래 3

斑文鳥の神の自敍

산치리!
산치리!
지저귀며
강을 따라
위쪽으로 날아갔지
예전에는 가난했지만
이제는 넉넉해진 자의
이나우 단으로 날아가
나 지저귀는 소리
종 치는 것처럼
높이 울려 퍼지니

예전에는 가난했으나
이제는 부유해진 자는
신창으로 몸을 반쯤 내밀고
내 쪽을 바라보며
몇 번이고

손을 조아리며
예배하고
벚나무 껍질을 감은 활과
멋진 화살을
손에 들고 말했지

"존귀하신 신이시여!
나의 멋진 화살을
받아 주소서
그리하신다면
조화 속에 고이 모셔
당신은
존귀한 신으로 숭배될 것이오이다
이곳을
그대로 지나가신다면
이 강 위에는
예전
부자였으나
지금은
가난하게 살아가는 사람이 있어
당신이 그리로 가신다면
흙 속에 모셔지게 될 것이니
당신의 모습을

더럽히지 마시고
나의 멋진 화살을
받아 주시옵소서"

라고 말하고
나에게 화살을 날렸는데
첫 발은
내 몸을 지나치고
다음 화살은
내 몸 아래를 지나고
나 또한
화살을 꺼려
내 몸 위를
내 몸 아래를 비켜 가게 하니
화살은 끝내
허공을 가를 뿐이었지

나는
날아올라
강 위로 올라갔지

예전에는 장자(長者)였으나
지금은

가난뱅이가 된 자의 집 동쪽에
커다란 나무가 서 있었으니
그 나무 위에 날개를 접고
내 지저귀는 소리
종소리처럼 높이 울려 퍼지니
예전에는 장자로
지금은 가난뱅이가 되어 버린 이가
반쯤
신창 위로 몸을 내밀고
내 쪽을 보고는
먼지투성이 활
먼지투성이 화살을 가지고
집 밖으로 나와
울면서 말했지

"예전에는 장자였던 제가
치졸하고 우매한 꼴로
강 아래 살고 있습니다
예전에 가난했으나
이제 천금을 쌓고 살고 있는 놈이
제 보물을 훔쳐 가
저는 가난뱅이가 되고 말았습니다
그리하여

예전에는
보물이 담긴 궤짝이 많았으나
이제는 빈 궤짝만 남아 있습니다

하오니
존귀하신 신이시여!
저를 동정하시어
제 화살을 받아 주신다면
이나우 조화 속으로 모시겠나이다
그리하시면
당신께서도
존귀한 신이 되실 수 있지 않겠습니까?"

그는 울먹이며
살을 날렸지
처음 오는 화살을
몸으로 받으면서
신다운 모습
격조 있는 신의 모습이 되어
밑으로 떨어질 때
눈물 흘리며 예배하며
나를 들어 올렸지

그때
예전에 가난했으나
이제는 부자가 된 자가 달려와
내게 욕설을 쏟아부으며
말하기를

"너를 존귀한 신이라 여겨
내가 제사를 지내 준다고 했으나
그것도 듣지 않고 지나쳐
예전에는 장자였지만
이제는 가난뱅이가 된 자의
쓰레기 속으로 들어가고 싶어
그런 짓을 했다는 말인가?"

험담을 뿌리고
돌아갔지

예전에 장자였으나
이제는 가난해진 이는
나를 집 안으로 들이고는
정말 장자였던 듯
빈 궤짝
보석을 담는 궤짝

조화(造花) 속에 나를 누이니
나는 드디어
신격이 높아지고
예전의 장자
지금 가난한 자에게
내가 가지고 있는 웅변(雄辯)을
나누어 주니
예전에 가난했으나
이제는 잘살고 있는 자가
가지고 있는 것을
깨끗이 씻어
빼앗아 원래로 돌려놓았지[96)]

그리하니
웅변의 인물이 되어
예전에 장자였던 정도를 훨씬 넘어선
부유한 장자가 되었지
그러는 사이
예전 가난뱅이로
지금까지 부자였던 자는

---

96) 빼앗아 원래로 돌려놓았지 : 새로이 은혜를 입은 웅변의 힘으로 담판에 이겨, 이전에 빼앗겼던 것을 탈환한 일. (지은이 주)

가난뱅이로 돌아가고 말았지

그리하여
예전의 부자
지금의 장자 배후에
수호신으로 자리하니
정중한 제사로 모셔져
점점
신격을 높여
지금에 이르렀다고

점박이새 신이
이야기했더라

내용 해설

지리 유키에(知里幸恵)[97]의 〈올빼미 신이 부른 노래-은방울이 떨어지네〉와 같은 유형의 노래다.

---

97) 지리 유키에(知里幸恵) : 《아이누 신요집》, 치리 유키에, 이용준·홍진희 역, 지식을만드는지식, 2020.

신요 57

점박이새 신의 노래 4

斑文鳥の神の自敍

인간 마을을
보고 싶어
(피우닌타)[98]
별 하늘
여섯 겹의 하늘을
(피우닌타)
날아가
(피우닌타)
노을 하늘
여섯 겹의 하늘을
(피우닌타)
(추푸투루 막케)
(투루막케)
(란란 피우닌타)

98) ( ) 안은 원문에 있는 것으로 아이누어 추임새이다. 정확한 의미는 알 수 없다.

(피시피시 란란)
(라-푸시 타-파케)
(피우닌타)
날아
국토 위
(피우닌타)
인간의 나라에서
날개를 접어 쉬고 있었지

강을 따라가며
강 위쪽을
때로는
강 아래쪽을 바라보며
언제나처럼
인간 국토
인간의 나라 위를
아득히 바라보고 있자니

강 근처에
요사스러운 땅(妖地)이
앞에
혹은 뒤에
끝없이 펼쳐져 있었지

(추푸투루 막케)

(투루막케)

(란란 피우닌타)

(피시피시 란란)

(라-푸시 타-파케)

(피우닌타)

버드나무 그늘은
물가에 무성하고
주(榛)나무[99] 그늘 또한
언덕에 무성하고
등골나무 들판이
언덕에 가득하고
귀모(鬼茅)[100] 벌판
해안가에 무성하니
나는
그 아름다움에 취해
감탄을 금치 못하고
언제까지나 바라보고 있었는데

99) 주(榛)나무 : 귤나무의 일종. (지은이 주)

100) 귀모(鬼茅) : 집을 짓는 데 쓰이는 떡갈나무, 개화나무를 말한다.

문득
바다 위로
눈을 돌려 바라보니
(추푸투루 막케)
(투루막케)
(란란 피우닌타)
(피시피시 란란)
(라-푸시 타-파케)
(피우닌타)
건너 나라 바다와
우리나라 바다 사이에
수많은 배들이
이리로 노를 저어 오고 있는 것이었지
(피우닌타)
(추푸투루 막케)
(투루막케)
(란란 피우닌타)
(피시피시 란란)
(라-푸시 타-파케)
(피우닌타)

하여 나는
오키쿠루미에게

이 사실을
지저귀며 알려 주었으니
(피우닌타)
(추푸투루 막케)
(투루막케)
(란란 피우닌타)
(피시피시 란란)
(라-푸시 타-파케)
(피우닌타)
날아올라 귀로(歸路)에 접어들었으니
하천(下天)의 하늘
여섯 겹의 하늘을 지나
안개 하늘
여섯 겹의 하늘을 지나
(피우닌타)
(추푸투루 막케)
(투루막케)
(란란 피우닌타)
(피시피시 란란)
(라-푸시 타-파케)

집에 이르러
뒤를 돌아보니

오키쿠루미
신인은
풀 인형 신을 만들어
대적하여 세워 두고
바다 위에서
(피우닌타)
(추푸투루 막케)
(투루막케)
(란란 피우닌타)
(피시피시 란란)
(라-푸시 타-파케)
(피우닌타)
격렬한 전쟁을 일으키니
포창 신의 동생 신과
기근 신의 동생 신
단지 두 신만
겨우 목숨을 건져
(추푸투루 막케)
(투루막케)
(란란 피우닌타)
(피시피시 란란)
(라-푸시 타-파케)

(피우닌타)
도망쳤지

그런 일이 있은 뒤
오키쿠루미
신인은
술을 빚어
나에게 성심껏 제사를 올렸으니
나는 드디어
격 높은 신이 되어
살아가게 되었노라고

점박이새 신이
이야기하였더라

내용 해설

점박이새 신이 인간계를 구경하러 하늘에서 내려와 그 아름다움에 감탄하고 있을 때, 포창(疱瘡) 신과 그 권속들이 배를 저어 오고 있는 것을 본다. 새의 신은 오키쿠루미에게 그 사실을 알리고 하늘로 날아간다.

오키쿠루미는 풀 인형을 만들어 포창 신 일행과 싸우니, 포창 신 일행은 포창 신의 동생 신과, 기근(飢饉) 신의 동생 신, 둘만 남고 나머지는 모두 죽임을 당한다. 재난을 피한 오키쿠루미는 점박이새 신에게 언제나 감사 제사를 올리니, 점박이새 신은 점차 신격을 높여 살아가게 된다는 이야기다.

신요 58

점박이새 신의 노래 5

斑文鳥の神の自敍

상천(上天)의 나라에서
존귀한 신으로
언제나처럼
살아가면서
오로지
바느질에
전념하고 있을 때

‘상천의 나라에서
신들이
인간 세계에
놀러 갔다 돌아와
인간 나라의
아름다움이
이러이러했노라’

라는 소문을 들었지만

나는 어떠한
감흥도 없어
언제나처럼
살아가고 있을 때
지아비 신
내게 말했지

　“인간 세계에 가 보지 않겠노라
　마음먹은 자는
　결코
　인간 세계에
　놀러 갈 생각조차 해서는 안 될 것이다”

경계하는 말을 듣기도 하였으니
나는 평상심 속에
나날을 보내고 있었는데

그러던 어느 날
나의 지아비가
산에 가려
밖으로 나가
집에 없는 사이
바느질하고 있던 나는

옷감에 바늘을 꽂아
안에 밀어놓고
일어나
단지 한 줄기 골(菅)풀로
허리춤을 묶고
좋은 비단으로 머리를 묶고
비행자재(飛行自在)
신발을 신고
비행자재
장갑을 끼고
문 가운데로
머리를 들이밀어
밖으로 나갔지

그리고는
창천(蒼天)의 하늘
여섯 겹의 하늘을 지나
안개 하늘
여섯 겹의 하늘을 지나
별들의 하늘
여섯 겹의 하늘을 지나
인간의 나라
인간의 땅에 이르러

내가 본 것은

사루강(沙流川)
흘러가는 모습
눈에 그득하고
물 위에 솟아오른 산
신이 빚어 놓은 듯한 언덕
언덕 중턱에 살아 있는 에조마쓰(蝦夷松)[101]
하이송(蝦夷松)[102] 아래 가지를
발톱으로 움켜쥐고
내려앉아
들판 위를 바라보니

이 얼마나 아름다운가
신들
인간 세계의 아름다움을
즐기는 것만으로
들판 위에 전개되고
그 끝 멀리에는

---

101) 에조마쓰(蝦夷松) : 소나무의 한 종류.

102) 하이송(蝦夷松) : 홋카이도 소나무라는 의미. 하이(蝦夷, えぞ)는 홋카이도(北海道)의 옛 이름이다.

안개가 피어올랐지

그 마음
그 같은 즐거움으로
바다 위를 바라보니
바다 위 저 멀리
안개가 밀려오고
바람 그친 바다에
바닷새들은
잔잔해진 바람을 기뻐 노래하여
수많은 새들의 지저귐이
아름답게 들려왔으니
그 재미로움
그 감동의 울림은 끝도 없이 계속되었지

얼마 동안이나
그렇게
바라보고는
바다 나라의 바다와
본주(本州)의 바다
가운데쯤에 이르러
저 먼 곳으로부터
배를 저어 오는 무리가 있어

살펴보니
그 선단은
일렬로
사루강 어귀를 향하고 있었지
하여 나는
강한 입김을 불어 날리니
강한 입김은
강을 따라
강어귀 쪽으로
엄청난 소리와 함께 날아가고
입김 끝에
신풍(神風)의 엄청남이 함께하니
고목 넘어가는 소리
강어귀에 가득하였지
이어
바다 위로
숨결을 불어 내리니
아래 바다는
위가 되고
바다 위는
아래가 되어
바다 폭풍우의 격렬함이
바다를 엎어 놓아

바다는 뒤집히고
거센 물보라는
신풍에 밀려
신공(神空) 위로 솟구쳐
쏟아져 내리니
온 나라 벌판 위에
비처럼 내려
그 소리는 참으로 우렁찼지
그때
엄청난 파도가 밀려와
바다를 뒤덮어
바다를 향해 밀려오니
바다 나라의 바다와
본주 바다 사이에
밀려들던 많은 배 무리는
엄청난 파도
장엄한 물결에 휩싸여
부서져 나갔지

그러하니
인간 나라에 접근할 수도 없어
배가 부서지게 된
그 권속들은

형세 불리함에 후퇴하니
배의 방향을 바꾸어
바다 나라 국토를 떠나가는 모습을 보고
나는
천상의 하늘 위
우리 집으로 돌아와
예전 같은 차림을 하고 있을 때
나의 지아비 신은 돌아왔지

그리고
바느질을 하며
언제나처럼 변함없이
살아가고 있던
어느 날
창문 쪽에
인기척이 있어
고개를 돌려 바라보니
커다란 술잔
조화가 붙어 있는 주저(酒箸)가
철철 넘치는 술잔에
잠겨 있었지

우좌(右座) 쪽에서

좌좌(左座) 쪽으로
술잔이 움직이고
술잔에 잠긴 주저는
빙글빙글 돌면서
전언을 말하기를

"불의 할매 신이
나를 사자로 하여
말을 전하니
오키쿠루미 신
나[103]에게
이와 같이 말하였노라

'어느 신이신가
어느 신이신가가
우리 마을을 막아 주었고
그 덕분에
우리 마을을
무사히 지킬 수 있었음에 감사하여
술과
이나우를 공양하여

---

103) 나 : 불의 할매 신 자신을 말함. (지은이 주)

우리를 구해 준 신에게
예를 표함은 물론
우리를 대신하여 주신
우리가 제사 받들어 모시는 신
불의 신에게
감사의 말씀을 올립니다'

오키쿠루미
내가 아끼는 수령이
내게 부탁하였기에
인간 수령을 대신하여
예의의 말씀을 전합니다"

꽃으로 장식된 주저의 이야기에
나의 지아비 신은 일어나
여섯 개의 제기를
하좌(下座)에 두고
여섯 개의 제기를
상좌(上座)에 놓고
술잔을 들어
제기에 놓고
이틀
사흘이 지나니

술의 신이 오신 듯
집 안에는 향내 그득했지
먼 신들
가까이 있는 신들을
사자를 시켜 초대하니
신들이 찾아와
성대한 주연이 열려
신들 마음에
온화함과
즐거움이 넘쳐흐를 때
내 마음도 더없이 기쁘기만 했지
그때
나의 지아비 신이 말했지

"어떤 연유로
인간 나라에
놀러 가지 않겠노라
마음먹은 자가
놀러 간다면
흉한 일이 일어날 것이라
내 안사람
내자에게 말해 두었음에도
놀랍게도

내 안사람은
인간 나라에
나도 모르게 놀러 갔던 모양이오
돌연
오키쿠루미 신이
감사의 증표로
술을 빚어
이나우와
술을 공양하여
내 처를 예배해 주었으니
신들께서는
한 분도 빠짐없이
초대에 응해 주시기 바라는 바요"

지아비 신의 말에
신들은 모두 입을 모아 말했지

"돌바람을 일으키는
위대한 신의 힘으로
용케 무찌르셨구려"

신들의 칭찬 속에
성대한 주연도

식사도 끝이 나고
신들은 감사의 예를 남기고
돌아갔지

그러고는
오로지 바느질만 하며
한눈팔지 않고
살아가고 있었는데
오키쿠루미 신은
술을 빚을 때마다
나를 가장 가까운 신으로
나를 제일의 신으로
첫째 잔과
처음 만든 이나우를
항상 내게 공양하니
나는 드디어
신격 높은 신이 되어
우러름을 받게 되었다고

점박이 신은
자신의 몸을 빌려 이야기하였더라

내용 해설

점박이새가 인간 세계를 구경하러 나가 밀려오는 포창(疱瘡) 신 선단을 발견하고, 자신의 무술(巫術), 입김의 힘으로 포창 신을 궤멸시킨다. 그 뒤 하늘로 돌아와 오키쿠루미로부터 감사의 제사를 받게 된다는 이야기다.

신요 59

촌주 올빼미 신의 여동생 신의 노래

村主の梟神の妹神の自敍

수양 오라비
나를 키우고 있던
어느 날
오라비는 사냥을 나가고
바느질을 하고 있을 그때
갑자기
입구에 문이 열려
돌아다보니
한껏 야윈 동자가 들어와
나를 바라보더니
나를 잡아먹을 듯
삼켜 버릴 듯
어느 틈엔가
내 한 손을 잡아당기더니
나중에는
온 힘을 다해
문 쪽으로 나를 끌고 갔지

문기둥을 잡으니
그는
힘주어
나를 기둥에서 끌어내
밖으로 나갔지
입구 오두막
기둥을 끌어안고 버티니
야윈 동자가
힘을 주어 끌어당겨
입구 오두막
기둥이 무너지니
바닷가
선착장으로
나를 끌어내리고는
바다 너머로
나를 끌고 달아나
밤인지도
낮인지도
분간 못 할 만큼 나는
지친 채
끌려갔지

새털 같은 바다를 지나
새털 같은 바다를 넘어
가고 또 가
어딘지도 모를 곳으로
가고 또 가다 보니
대나무가 자라나는 바다에 이르렀지
대나무가 일렁이는 곳에
펄쩍 뛰어오르니
대나무 끝에서는
짙은 물보라
수상한 물안개가
피어오르고
반대로 몸을 돌리니
대나무가 자라는 바다
바다 위에
엄청난 비가 내리는 듯
요란한 소리
대단했지

반대로 이번에는
대나무
대나무 바다
그 밑바닥으로

대나무가 잠기어 가니
그 틈을 보고
그곳을 지나
구름 언덕104)
구름 잠기는 곳에 이르렀지

이어
구름 언덕
그 뒤를 뚫고 지나가
바라보니
아름다운 나라가
내 눈앞에 펼쳐졌으니
아름다운 나라를
관통하는
아름다운 작은 강이 흐르고
그 끝
아득히 보이는
강을 따라 상류로
야윈 동자가
나를 이끌고 가니
작은 강의 본류에는

104) 구름 언덕 : 구름이 출입하는 곳. (지은이 주)

웅장하게 솟아 있는 산이
하늘을 찌를 듯
솟아 있었지

그 신의 산
언덕의 모습은
의연하였고
산 중턱에 동굴이 있어
거뭇거뭇 보이는
동굴로 들어가니
바위 문
여섯 겹의 문과
통상의 나무 문
여섯 겹의 문이 닫혀 있었지

그 문을
열고 들어가
뒤에 있는 문을 열고
안으로
깊이깊이 들어가니
넓은 집의 내부가 보였으니
둥근 화로에는
불길이 활활 타올랐지

좌좌(左座)로 자리를 옮겨
화로 끝에 앉아
바라보니
우좌(右座)
화로 끝에
사람이라고도
그 무엇이라고도 말할 수 없는 자가
작은 산에
팔을 걸고
다리를 걸고
기괴한 모습으로
앉아 있었지

야윈 동자는 입을 열었지

"저는
사자(使者)가 되어
육지에 올라가
말씀하신
숙녀 신을 모시고 왔습니다"

라는 말을 듣고 나는
두 줄기 뜨거운 눈물

세 줄기 뜨거운 눈물을
쏟으며
내가 잡혀 온 뒤에
우리 오라비가 돌아와서
얼마나 놀랄 것인가
나의 행방이 묘연한 것을
알게 되고 난 뒤
걱정하고 있을 오라비를 생각하고
눈물로 하루를 보냈지

그러던 어느 날
우리나라로부터
신이 오는 소리를 듣고
대나무 바다에 이르렀구나
생각했지만
신들 죽어 가는 소리만
우레처럼 요란했지

거마 신은 말하기를

"세상 어떤 신이 오더라도
우리 집에는 접근도 못 할 것이다"

그러고는
또 하루
내 고향에서
위대한 신
오는 소리가 들렸지
점점 다가와
대나무 바다에 이르는가 했을 때
소리는 사라지고
내내 조용해져
어느 누구 하나 가까이 오는 낌새가 없더니
돌연
돌문
여섯 겹의 돌문
무너져 깨지는 소리
엄청나게 울리고
통상의 나무 문
몇 겹으로 세워진 나무 문이
부서져 무너지고
이상하게 생긴 자가
들어오니
뜰 위에
작은 아지랑이 산이
피어오르고

아지랑이 속에서
신의 목소리가
의연하게 울려 퍼지며

“이봐라
마신아!
내 하는 말을 잘 들어라
마신은
마신들끼리 혼인하는 법이거늘
어찌하여
촌주 올빼미 신의
여동생 신을 유괴하였더냐
인간의 땅에
하늘로부터
오래전에 내려온
촌주 올빼미 신이라

하늘로부터 쫓겨나
구름 언덕
뒤에
마을을 이뤄 살고 있는
거마의 신
너에 대해

촌주 올빼미 신을
대신하여
너를 벌하러 왔노라"

라고 말하고는
나를 품고
왼손으로
내 허리 아래를 안아서는
동굴 입구를 향해 나간 뒤
밖으로 빠져나가
신운(神雲) 위로 불어 올리니
내 뒤에서는
그 산
무너지는 소리
신의 발끝에서 우렁차고
그 신이
여섯 겹의 지옥에
떨어지는 소리
역력하게 들리며
나를 데리고 돌아올 때
내 귀에서는
바람이 일고 있었지

위로 위로
어딘지도 모르겠으나
위로 올라
모래사장 위에
나를 던져 내리게 하니
조금 떨어진 곳에
작은 아지랑이 산
아지랑이가 피어오르고
아지랑이 속에서 소리가 들려왔지

"이보시오
내 하는 말을
잘 들으시오
촌주 올빼미 신
그대 오라비가
그대를 잃고
너무나도
슬픔에 잠겨 있기에
내 그대의 행방을 쫓아갔더니
거마 신의 지옥에 떨어져 있는
그대를 보고
그대를 키워 준 오라비
촌주 올빼미 신에게 찾아가

그대를 되찾아 오겠노라
말해 두었소"

아지랑이 속에서
신의 목소리
아름답게 들려왔지
그러고는
작은 아지랑이 산은
소리를 내며 하늘 위로 날아가고
아지랑이 속에
젊은 사람일 듯한
생각이 들게 하는
소매에 불붙은 아쓰시(厚司)[105]
끝머리가 불붙은 칼자루가
빙글 도는 모습이 보였지

그보다 먼저
우리 집 해변가
어귀 쪽에
내가 던져지고

---

105) 아쓰시(厚司) : 아이누인들이 옷감으로 쓰는 난티나무 껍질로 짠 두껍고 질긴 천이다. 앞치마나 작업복으로 쓰인다.

길을 따라
몸을 일으켜 올라가
이전
내가 살던 산성이 서 있던 곳으로 가니
나의 오라비
수양 오라비는
보단(寶壇) 앞에 몸져누워 있어
내가 다가가
돌아올 수 있었던
사연을 말했지

"존귀한 신
나의 행방을 좇아와 주었더라오
구름 언덕 뒤
거마 신의 마을을 세운 자가
오로지
나를 연모하여
그의 사자
야윈 동자를 시켜
나를 유괴한 뒤
도망하여
구름 언덕 저편으로
데리고 감에

존귀한 신
내 뒤를 쫓아와
나를 구해 준 덕택에
나는 고향으로 돌아올 수 있게 되었다오”

이 말에
나의 수양 오라비는

“아 누이야!”

라고 외치며 일어나

“사냥에서 돌아와
누이의 행방을 알 수가 없어
기원 이나우를 만들어
누이를 찾아 달라
기도하고
또 기도를 했단다
그러던 중
이나우 단에 서서 보니
먼바다 쪽에서
죽임을 당한
죽은 영혼 돌아오는 소리만 요란하여

나는 몸져누워
자리를 보전하고 있었더니
아이누락쿠루
우리 조카 신
덕분으로
누이가 돌아오게 되었구나
그러하니
술을 빚고
조카를 초대해
예를 다해야겠구나"

라고 말하고는
술을 빚어
이틀
사흘이 지나고
술이 익어
집 안 가득
술 향기가 넘치니
하인들
이나우를 다듬는 자들은
작은 칼질로 분주하고
술 빚는 자들은
술 거르기에 바쁘니

이제는
향연을 위한
술과
음식 준비도 끝나고
오라비는
사람을 시켜
초대의 말을 전했지

얼마 지나지 않아
첫 손님으로
아이누락쿠루
신을 닮은 이를
공손하게 맞이하니
나의 오라비
아이누락쿠루의
아름다운 손을
높이 받들어
주빈(主賓)으로
자리에 인도하고
자신은 그와 마주 앉으니
신들의 술자리는
상좌에서
말석에 이르기까지

모두 자리하게 되었지

그리고는
술잔을 비우고
술자리를 오가면서
내가 술을 따르는 동안
성대한 주연은
도도하게 이어졌으니

이제는
술자리도 파하고
식사가 끝난 시간
신들은 감사 인사와 함께
돌아가고
아이누락쿠루
단 한 사람만 남았을 때
나의 오라비는

"이보시오
신이신 나의 조카
내 말을 듣고
흔쾌히 승낙해 주었으면 좋겠구려
그대 덕에

목숨을 구한
내 누이가
비록 도량이 부족하고
보잘것없어
모자람이 많으나
내가 가진 보석으로
누이를 아름답게 치장하여
그대에게 보내고 싶은데
그대의 의중은 어떠하시오?
내 바라는 대로
신이신 우리 조카가
내 말을 거두어 주시기를 바라는 바이오"

오라비의 말에
신인 인간도
승낙의 의사를 밝히니
오라비는 나를 향해

"누이야!
내 하는 말을 잘 듣거라
하늘나라로부터
이 인간의 땅에
오래전부터

내려오게 된 신으로서의
우리임에도
거마의 신은
우리에 대한 아무 두려움도 없이
무례를 저질러
그것으로 끝일 수도 있었던 것을
이 악마의 손아귀에
갇혀 버린 너를
다행히도
때마침
신인 나의 조카가 달려가 준 덕분에
네가 무사히
마을로 돌아오게 되었고
그 덕에 목숨을 보전하게 되었으니

내 너를
신인 조카에게
보내기로 상의하여
정하였으니
너는
수령의 풍습
인간의 예법에
어김없이 따라야 할 것이다"

오라비의 말에
신인 인간은
나를 작은 포대기로 업어
산성으로 향했지

그러고는
가사로 분주히 보내며
언제나
변함없이 살아갔으니
존귀한 신에게 나는
아낌을 받는 존재여서
먹고 살아가는 일은 물론
가지고 싶은 것이 더 이상 없을 만큼
풍족하게 살아갔노라고

촌주 올빼미 신의
여동생 신은
말하였더라

내용 해설

촌주 올빼미 신의 여동생 신이 구름 언덕 저편에 거하는 거마(巨魔)에 유괴당하게 되자, 아이누락쿠루가 여동생 신을 구하고 이윽고 결혼에 이른다는 이야기다.

애초에 올빼미 신의 여동생 신은 오라비의 손에서 자라게 된다. 어느 날, 오라비가 집을 비운 사이 거마의 명을 받은 야윈 동자가 찾아와 여동생을 유괴하여, 구름 언덕 저편에 있는 거마의 거처로 데리고 간다. 이에, 올빼미 신의 여동생 신을 구출하기 위해 많은 신들이 등장하나, 도중에 발각되어 한 사람도 남지 않고 모두 거마에게 죽임을 당한다. 마지막으로 아이누락쿠루가 거마 몰래[주인공 올빼미 신의 여동생 신은 무녀(巫女)인 듯한데, 그것을 알고 있다], 거마의 집에 도착한다. 그는 거마의 집을 부숴 버리고, 여섯 겹 지하 또한 무너뜨린다. 그 후, 올빼미 신의 여동생 신을 데리고 돌아와 오라비와 여동생은 상봉하게 된다.

올빼미 신은 술을 빚어 아이누락쿠루를 주빈으로, 원근(遠近)의 신들을 초대해 향연을 펼친다. 그 대목에서 올빼미 신은 여동생 신과 아이누락쿠루의 결혼을 결정한다. 연회가 끝나고 여동생 신은 아이누락쿠루를 따라 아이누락쿠루가 기거하는 성으로 가 부부가 되어 화목하게 살아간다.

신요 60

촌주 올빼미 신의 여동생 신의 노래와 아이누락 쿠루의 노래

村主の梟神の妹神の自敍(前半)　アイヌラックルの自敍(後半)

오로지
바느질만 하며
언제나 변함없이
살아가고 있었지
그러던 어느 날
몸이 나른해지고
마치 혼이 나간 듯
움직일 기력조차 없이
온몸에서 기운이 빠져나가
바느질감에
바늘을 꽂아 둔 채
안에 밀어 두고
화롯가에
베개를 베고 누웠지

그러자
내 몸 위에
흙이라도 뿌린 듯
개운치 않은 기분이 들고
움직이고 싶어도
마음뿐
꼼짝도 못 하고 있자니
어느새 시간이 지나
날은 저물고
밖에서
누군가
걸어오는 소리가 들려왔지
다가오는
그의 몸에서 나는
방울 소리
점점 가까이 들려오더니
입구의 문을
서서히 열고
한 사내가 들어왔지
눈을 뜰 기운조차 없었지만
간신히
눈을 떠 바라보니
황금 소매 위에서

늘어져 흘러내린 방울은
소매 절반까지 매달려 있고
소매 절반쯤부터
늘어뜨려져 있는 방울은
옷자락까지 내려져 있어
걸을 때마다
그의 몸에서는
방울 소리가 요란하게 울리는 것이었지

좌좌(左座)에서
화로 머리맡으로 다가가
상좌(上座)에 앉으니
나 또한
몸가짐을 제대로 해야 했지만
그것은 마음뿐
움직일 수조차 없었을 때
사내는
혼잣말로

"처음으로
어여쁜 여동생 신을
내 처로 삼고자
내가 이리 왔는데

무슨 병에
나의 어여쁜 여동생 신이 걸린 듯하오
어찌 되었든
그 때문에
찾아온 것이니
내 소매를
어여쁜 여동생 신에게
증표로 남기고
돌아가겠소"

말하고는
방울 달린 소매
황금 소매를 벗어
내게 입히고
밖으로 나가 버렸지
그러고는 또
숨이 끊어질 듯 괴로워
죽을 지경이어서
누운 채 그대로 있었지

또다시
사람 오는 소리가 들려
힘겹게 문을 열고

바라보니
문 앞에서
작은 아지랑이 산이
집 안으로 들어왔으니
사람인지
신인지
좌좌(左座)를 지나
걸어오는데
아지랑이 속에는
불타오르는 칼자루와
소매에 불이 붙은 아쓰시(厚司)가
일렁이는 모습이 눈에 들어왔으니
이이가
혹여
사람일지도 모른다는 생각이 들었지

화로 머리맡에
털썩 앉으니
주변은 아무런 소리도 없이
조용해졌지
이윽고
아지랑이 속에서
신 같은 자가 말하는 소리

은은히 들려왔으니

"진정
촌주 신의
여동생 신이 아름답기에
나에게 처로 주겠노라
촌주의 신이 말하였기에
그 여신을 찾아
내 여기까지 왔으나
아마도
포로시리다케(幌尻岳) 신을
지아비로 삼아 놓고서
내게 허언을 한 모양이구려
포로시리다케 신이 입고 있던
옷을 걸치고 있으니
그대를 보는 것은
이것으로 마지막
금후(今後)로는
나를
유령으로도 만날 수 없을 것이오"

하는 소리
아지랑이 속에서

냉랭하게 들려왔지
그러고는
그 작은 아지랑이 산
아지랑이 속에서
어떤 형태였는지
허리뼈
목뼈 부근이
부러져 꺾여 버리고
빈 몸뚱이가
횡좌(橫座) 위에
풀썩 무너져내렸지

그제야 비로소
내 몸에는
기운이 돌아오고
눈이 떠지니
벌떡 일어나
몸을 일으켜
외마디 소리와 함께
젊은이의
스러진 육신 위에
몸을 던져 울어 댔지

바로 그때
촌주 올빼미 신
나의 오라비는

"어찌 된 일이냐?"

물으며
달려와 주었지
그리고는
오라비의
담판 짓는 소리
뻐꾸기 소리처럼
들려왔으니[106]

촌주 올빼미 신의
여동생 신을
아내로 주겠노라고 하여
이제야 비로소
여인을 맞으러 왔건만
촌주 올빼미 신의
집에

106) 이하 젊은이의 자서(自敍). (지은이 주)

들어가 보니
설마
이런 장면을 목격하게 될 줄이야
촌주 올빼미 신의
여동생 신은
화로 주변에
널부러져 있는 것이 아닌가
포로시리다케 신의
옷 소매를
자기 옷 위에 걸치고
누워 있는 것에
도저히 참을 수 없어
집으로 돌아가려는 순간
내 허리뼈는
동강 나고
아득한 꿈속에서처럼
정신이 혼미해지더니
꿈결인지
죽어 버린 것인지
차마 분간도 못 할 지경에
문득 눈을 떠 바라보니
서까래 위에
팔이 늘어져 있고

다리가 늘어져 있어
그제야
문득 정신을 차렸던 것이었지

내 아래쪽
상좌(上座) 위에는
놀랄 만한
미모의 젊은 청년도 있었지
그 청년은
완전히 숨이 끊어진 상태였는데
그의 몸 위에서는
영롱한 광채가 빛나고
촌주 올빼미 신의
여동생 신은
그 숨이 끊어진 사내의
시신 위에
몸을 비비면서
울부짖는 모습을 보니
그 숨이 끊어진 사내를
남겨 두고 갈 수도
차마 없는 일이었지

그러나

왜 자신이 그렇게 하고 있는가 하는 것은
완전히 잊기를 바라오
내가 망설이며
이리저리 생각하는 동안
포로시리다케 신이 한 짓에
화를 참지 못해
죽게 된 것이라는 사실을
겨우
떠올릴 수 있었지

숨이 끊어진 사내를
버려두고 가는 일도
차마 참을 수 없는 일이나
마음을 굳게 먹고
고창(高窓)107) 위로 올라갔지
고창 위에는
하늘 쪽으로 길게 깔린
아지랑이 다리가
확연히 눈에 들어왔지
아지랑이 다리를 지나

107) 고창(高窓) : 높이 뚫려 있는 창문. 신창과 같은 개념으로 날아다니는 신(조류)이 드나든다.

걸음을 재촉하여
포로시리다케 신이
살고 있는 집으로
나아갔지

황금으로 만든
커다란 집은
진실로 장엄하였지
집 안으로 들어가
바라보니
포로시리다케 신은
엄청난 부자였더군
보석들이 즐비하고
그 위에는
수령의 칼
수많은 칼자루가
겹겹이 걸려 있고
보석 광채는
눈부시게
벽에 아른거렸지
본좌(本座)
화로 끝에
포로시리다케 신이 앉아

나를 보고 말하기를

"정녕 내가 한 짓이
잘못된 일이었는가
촌주 올빼미 신의
여동생 신은
용모가 아름답고
솜씨 또한 절묘하다는 소문이
신들 사이에 무성할 만큼
높은 세상에 알려져 있기에
내
그녀를 연모하여
내려가 보니
그 여신
무슨 병인가에 걸려
몸져누워 있었던 것이라
내 생각에
아에오이나 신의
젊은이와
연을 맺을 것이라는 소문이 있으니
내가 입고 있던 옷을
그녀에게
남기고 오는 일은

옳은 일이 아니라 생각했으나
어찌 되었건
그 때문에 일부러
산을 내려갔으니
내가 입고 있던 옷
비록 소매라고는 하나
증표로 남긴다면
일생
흉이 되고
조소 거리가 되리라 생각하면서도
내 옷을
올빼미 신의
여동생 신에게
증표로 남기고 돌아왔소
실로
도리에 벗어난 일이라
젊은이
신과 같은 그대가
내게 분함을 참을 수 없어
예까지 찾아왔을 것이나
보석이든
보검이든
내 사죄의 뜻으로 드리려 하니

결코
위험한 마음[108]일랑
거두어 주기 바라오
누가 사람이 있소
그대와 나
두 사람만이
이 인간 국토에
마주하며 살도록
하늘로부터 내려온
우리가 아니겠소?
촌주 올빼미 신의
여동생 신의 일이
원인이 되어
나를 죽인다면
인간 마음은 설 수도 없으며
이 나라도 설 수 없게 되는 일이 될 것이며
또 그대가 죽어도
인간 나라는
혼을 잃게 되는 것이니
속히 돌아가기를 바라오"

108) 위험한 마음 : 나를 죽이려는 마음. (지은이 주)

라고 말했지만
나는
듣지 않았지
문밖으로 나가
등 뒤
포로시리다케 신의
집 위로 올라가
밟아 무너뜨리는 소리
발끝에서 요란했으니
황금으로 만든
큰 집이
여섯 겹 땅속으로
무너져 내리는 소리
여섯 겹 지하로
떨어지는 소리
요란했지

그리고
하늘 높이 걸려 있는
아지랑이 다리가
눈에 들어와
나는
그 위를 높이 걸어

별들의 하늘
여섯 겹의 하늘을
빠져나갔지
그때
촌주 올빼미 신의
담판이
뻐꾸기 소리처럼
선명하게 쏟아졌으니

"젊은이여!
진실로 위대한 그대는
무엇에 그리 화가 나
인간 세계를 떠나려 하는가?
포로시리다케 신의
업이 중하여
그 몸에 죄를 물으려
여섯 겹의 땅속에
짓밟아 떨어뜨린 것이나
거기에 또
무엇이 더 화가 나
떠나간다는 말인가
포로시리다케 신을 죽여 버리고
그대마저

떠나 버린다면
이 인간계는 어찌하라고
그대는 떠나가는가?"

하는
올빼미 신의
담판의 목소리
내게 들려왔지

그렇지만
아지랑이 다리 위에 올라
나는 나아갔으니
아지랑이의 하늘
여섯 겹의 하늘을 지나
구름 푸르른 하늘
하늘 가까이 가니
내 앞에
알 수 없는 이가 내려와
아지랑이 다리
다리 위에서
나를 비껴 내려갔지
인간일까?
아니라면 어떤 존재일까?

나에게는 풀리지 않는 것이
몹시 허름한 방(房)을
그 주위에 펄럭여 움직이게 하니
홀연
그 허름한 방에는
불꽃이 타오르고
그 방
집채 위에
굉장한 불꽃이
산더미처럼 타오르고
동시에
썩은 흙먼지 타는 악취가 나매
나도 차마
참을 수 없었지

내 몸 주변에도
불꽃은 산을 이루니
차마 죽지도 못할 지경이었지
하여
오던 길을 되돌아갔지
점점 아래로 내려가
아지랑이 하늘
여섯 겹의 하늘을 지나

별 하늘
여섯 겹의 하늘을
빠져나왔지만
내 몸 주위에
화염은
산더미가 되어
나를 포위하듯
내 뒤를 따라와
내 몸에 불이 붙어
아쓰시(厚司)는 물론
불꽃이 이는 칼자루에도
옮겨붙고 있었지
다행히도
내 몸에 붙은 불을
손을 저어 떨쳐 버리고
도망쳐
아지랑이 다리 위에
내려오니
내 귀에는 바람이 일고 있었지

끝끝내
촌주 올빼미 신의
담판은

빼꾸기 소리처럼 들려오고
나는 계속 내려가
촌주 올빼미 신의
여동생 신이
머물고 있는 집
고창 위에서
하늘로 올라가려 했으나
고창 아래 이르러
안으로 들어가
서까래 위에 내려앉았던 것이지

아직
젊은 청년의
시신은
화로 횡좌(横座)에
오래도록
높은 베개 위에
뉘어 있었지
혼을 불러오는 목걸이가
그의 가슴 위에
놓여 있고
촌주 올빼미 신의
담판의 목소리

뻐꾸기 소리처럼
크게 들려와
그 소리를 들으면서
서까래 위로 내려오니
서까래 위에도
그 엄청난 불꽃이
내 몸을 덮쳐 와
진퇴양난의 지경에서
완전히 숨이 끊어진
인간의 시신 위로
뛰어내릴 때까지
아득한 꿈속을 헤매는 듯했지

그러고는 또
죽고 말았던지
아니면 꿈이었던지
꿈인가
현실인가
차마 가늠이 되지 않고 있을 때
사람의 목소리인지
아니면 무슨 물건에서 나는 소리인지
알 수 없는 소리가
들리는 것만 같고

다만 느낌뿐이었을 그때
스스로
눈을 떠 보려 했건만
그도 여의치 않았지
나는 겨우겨우
촌주 올빼미 신 쪽으로
고개를 돌려
눈을 뜨고 있었던 것이지
그곳에서 나는
침상 위에서 일어났지
그리고
화롯가에 책상다리로 앉으니
촌주 올빼미 신이
나를 향해 말했지

"실상은 이러했으니
용모 보잘것없고
얼굴 생김 또한 내세울 것 없이
부족하기만 한
내 누이이나
젊은이
신인 나의 조카가
누이를 처로 삼았으면 좋겠다 하고

나 또한 함께 인간계의 수령인지라
젊은이
신인 조카님에게
부족한 누이를
혼인시키기로
신들이 상의해서 결정한 바 있소

그런데
그사이에
포로시리다케 신이
방해꾼이 되었다는 사실을
나중에 가서야 알게 되었소

그렇지만
젊은이
신인 나의 조카님이
그처럼 행동하지 않을 것이었음에도
어찌 그러한 일을 해 버린 것일까

이를테면
어떤 신이라도
신분이 높지 않은 신이
뒤를 좇아온다면

그대는 돌아오지 않을 것이라 생각하여
불의 여신이
존귀한 당신의 몸을 일으켜
그대를 쫓아갔고
덕분에
그대는 돌아오게 된 것이라

포로시리다케 신과
그대
두 신 이외에 다른 누구라도
이 인간 국토를 수호하기 위해
하늘로부터 내려온 것이 아니었음에도
포로시리다케 신의
행실이 잘못되었던 까닭에
같은 죽음으로
비참한 죄업의 죽음을
그대 또한 당하게 된 것이나
이제 또 그대마저
분함을 이기지 못해
이 나라를 떠나려 하는가?"

촌주 올빼미 신은
이렇게 말했으므로

그 장면에서
나는 새로이
촌주 올빼미 신의
여동생 신을 데리고
나의 산성으로 돌아갔지

그리고 이후로는
아무런 탈도 없이
언제나처럼
살아가고 있노라고

아이누락쿠루는
말하였더라

내용 해설

아이누락쿠루, 혹은 그를 사칭한 니시우라(西浦) 신과 포로시리다케(幌尻岳)[109] 신이 촌주(村主) 올빼미 신의 여동생 신을 사이에 두고 다투는 이야기이다.

(제1단) 포로시리다케 신이 촌주 올빼미 신의 여동생 신

109) 포로시리다케(幌尻岳) : 홋카이도에 있는 해발 2052m의 산. (지은이 주)

을 찾아가, 소매 옷을 증표로 남긴다(여동생 신은 아이누락쿠루와 정혼이 되어 있었다).

(제2단) 아이누락쿠루가 올빼미 신의 여동생 신을 찾아와 분개한 나머지 죽고 말아, 그 영혼은 육신을 떠난다.

(제3단) 아이누락쿠루 죽은 영혼의 회상.

(제4단) 아이누락쿠루의 죽은 영혼이 포로시리다케의 거처로 찾아가 복수하고 승천한다.

(제5단) 여동생 신의 오라비, 마을의 주신(主神)이 아이누락쿠루의 영혼이 사람들이 사는 땅에 머물도록 해 주기를 간언(諫言)한다. 천계(天界)를 향해 떠돌아다니나, 천화(天火)에 쫓겨 끝내 머물지 못하고 하계로 돌아온다.

(제6단) 아이누락쿠루의 죽은 영혼이 원래의 몸으로 들어가 비로소 소생한다.

(제7단) 아이누락쿠루가 촌주 올빼미 신의 여동생 신을 맞아 화목하게 살아간다.

신요 61

마을의 수호신(올빼미 신)의 여동생 신의 노래

村の守護神(梟神)の妹神の自敍

오라비
나를 키우며
언제나 같은 날을
변함없이 살고 있었지
이제는
처녀 속옷을
몸에 걸치는 나이가 되던[110)]
어느 날
오라비는
집 지붕 서까래로
날아가
벽 허리춤에
훌륭한 작은 집을
내게 만들어 주었으니

110) 13, 14세에 성년이 되어 '모울'이라는 속옷을 입는다고 한다. (지은이 주)

나는 그 안에서
바느질로 소일하며
살아가고 있었지

불현듯
오라비 집에
사내들의 환담 소리
밤이고
낮이고
크게 들려왔지

그러던 어느 날
오라비는
나의 집으로 찾아와
횡좌(橫座) 위에
자리 잡고 앉아
내게 말했지

"누이야!
내 하는 말을 잘 들으려무나
너는 아직 혼인도 하지 않은 몸
포로시리다케(幌尻岳) 신과는
네가 어릴 적부터

친분이 있고
혼인을 약속한 사이여서
세상 풍파 속에도
너를 키우며
장자의 기품을 지켜 왔는데
앞서
니시우라(西浦)의 신이
우리 집에 놀러 왔으니
너는 결코
모습을 드러내서는 아니 될 것이다"

그리고는
문밖으로 사라져
돌아가고
얼마쯤 있었을까
사람 발자국 소리
요란하게 들리고
문에 걸린
장막을 열고
집 안으로 들어오는
두 줄기 광채
세 줄기 광채
집 안으로 비쳐 드니

뭐라 말할 수도 없을
존귀한 신
어깨 옷소매에서 흘러 늘어뜨려진 방울은
옷 절반쯤에서 멈추어 있고
옷 절반쯤에서부터
흘러내린 방울은
옷 끝에 멎어 있는
갑옷 형상
감탄을 금할 수 없는 사내
그 신인은
무슨 연유에서인지
훌륭한 복장 속에
분노의 얼굴을 감추지 않고
아무런 말도 없이
위협하는 발걸음으로
내게 다가와

"이년!
이 못된 것!
니시우라 신과
붙어 놀아난 것을
내 모를 줄 알았더냐?"

라고 말하고는
내 머리채를 움켜쥐고
위 기둥
아래 기둥에 내치니
애간장 끊어지고
울며불며
죽을 지경에 이르러
내 급소는 갈가리 찢어지고
그만 혼절할 때쯤
나의 오라비의
우렁찬 목소리 들려와
겨우
정신을 차리고 바라보니

소문으로 들었던
니시우라의 신으로 보이는 자가
인간의 모습을 하고
작은 아지랑이에 둘러싸여
오라비와
둘이서
나를 소생시켜
내 생명은 다시 살아나게 되었지

니시우라 신이
말하는 소리
그의 입가에서
아름답게 울려 나왔으니

"내가 한 일도 아니고
나와는 아무런 관련이 없음에도
내가 한 것으로
포로시리다케 신이
오해하여 벌인 일이니
내가 가
그와 전쟁을 치를 것이오"

말하고는
나를 들어
양손으로 주물러
대갈못으로 만든 다음
칼자루 끝에 꽂고
밖으로 나가
달려가는 소리에
지축이 흔들렸지

포로시리다케 신이

살고 있는 집에 들어가니
무슨 걱정이라도 있는 듯
한곳만을 응시하며
앉아 있는 그를 향해
니시우라 신은

"결단코
내가 한 일이 아니었음에도
그대는 나를 의심하였을 뿐 아니라
무참하게도 여인에게
책임을 묻는
죄를 저질러
이제
수령 동지의 전쟁
수령 동지의 격투를
결행하게 되었으니
너 또한
큰 화를 면치 못하리라"

말하고
니시우라 신
칼을 뽑아 드니
그 소리 요란하고

서로 부딪히는 칼 그림자
분주하게 교차하였으니
밤에도
낮에도
신들의 싸움은 계속되었지
두 사람만의 싸움이 아닌
신 동지들의 전쟁
빙신(憑神) 동지들의 전쟁도[111)]
함께 일어나는 상황이었지

그러는 동안
피비린내에
내 가슴은 두근거리고
마음에는 고통이 저며 와
죽을 지경이어서
숨조차 쉴 수 없었지

겨우
사태가 진정되어
포로시리다케 신의

---

111) 빙신(憑神, 빙의된 신)도 서로 전쟁을 한다. 포로시리다케 신과 니시우라 신에 각각 빙의된 신들이 각각의 편이 되어 싸운다. 빙신은 빙의된 신들이라는 의미이다. (지은이 주)

죽은 혼령
그 몸을 떠나가는 소리 요란하고
니시우라 신
칼집에 칼을 넣고
어딘가를 향해 떠나가는 소리
또한 벼락 같았지

내 귀에
바람이 일 때
신왕(神王) 산성의
장엄함이란!
산성 안으로 들어가
자리 위에
나를 던져 놓으니
오라비
올빼미 신이 그리워
두 끼니
세 끼니를
아무것도 먹지 않고
나날을 보내고 있던
어느 날
니시우라 신은
말했지

"참으로 시끄럽구려
그대 오라비 신을
그토록 그리워한다면
어디 한번 가 봅시다"

그러고 나서
밖으로 나가
저 멀리에
우리 집이 있을 것이라 생각했으나
의외로
우리 집은 멀지 않은 바로 옆에 있었지
기쁜 마음으로
오라비에게 달려가
안기었을 때
오라비는

"놀랍게도
니시우라 신은
다름 아닌 아이누락쿠루
존귀한 신이었던 것
수령의 솜씨
신의 품격을

너는 잘 배워
마음에 새겨 두어야 할 것이다”

오라비의 말을 뒤로하고
돌아와
그 고귀한 신을
지아비로 섬기며
나는 신격을 높여 가며
살아갔노라고

마을의 수호신
올빼미 신의
여동생 신은
자신의 몸을 빌려 말하였더라

내용 해설

니시우라(西浦) 신(실은, 아이누락쿠루)과 포로시리다케(幌尻岳) 신이 촌주 올빼미 신의 여동생 신을 사이에 두고 다툰다는 이야기이다.

(제1단) 촌주 올빼미 신의 여동생 신이 성년이 되어 오라비의 집을 나와 별채에 기거한다.

(제2단) 니시우라 신이 촌주 올빼미 신의 집에 손님으로

찾아온다. 춘주 올빼미 신은 여동생이 머무는 별채로 가서 니시우라 신의 눈에 띄지 않도록 하라며 주의를 준다.

(제3단) 여동생 신과 결혼이 약속된 포로시리다케 신은 니시우라 신과 여동생 신 사이를 의심하고 질투하여 여동생 신을 찾아가 소란을 일으킨다.

(제4단) 니시우라 신이 화가 나서 여동생 신을 칼집 대갈못으로 변신케 하여 데리고 가서 포로시리다케 신과의 전쟁에 나선다.

(제5단) 니시우라의 신이 개선하여 성으로 돌아와 여동생 신과 결혼한다.

(제6단) 여동생 신이 향토 신 오라비 춘주 올빼미 신과 만난다.

(제7단) 결론.

신요 62

촌주 올빼미 신의 여동생 신의 노래

村主の梟神の妹神の自敍

수양 오라비
나를 키우며
우리는 언제나처럼
같은 나날을
변함없이 살고 있었지

한눈도 팔지 않고
오로지 바느질에 몰두하며
일상을 보내던
어느 날

한 사내가
문을 열고 안으로 들어와
바라보니
놀랄 만한 기품과 용모에
인간인지, 신인지도 가늠할 수 없는
작은 젊은이가 들어왔지

아마도, 멀지 않은 곳에서 온 듯
오비(帶)도 묶지 않고
옷깃도 여미지 않은 채 들어와
화로 머리맡에 앉았지

그때
오라비는 눈을 감고 있었는데
어느 순간
눈을 뜨고
인사하는 젊은이에게
누구냐고 묻자
젊은이 대답하기를

"나는 니시우라의 신으로
너무도 일상이 따분해 왔노라"

이에 오라비는

"존귀하신 신께서
나를 찾아와 주셨는데
술 없이 맞는다면
이는 도리에 맞지 않는 일
소박하나마

술을 빚어 드릴 터이니
여흥을 즐기시기를…"

라고 말하며
민첩하게 손을 놀리고
빈번하게 움직여
성의를 다하니
이틀이 지나고
사흘이 지나
마침내 술이 익어
술 향이 집 안에 가득했지

그리고 하인들
분주히 이나우를 깎는 자들
다투어 작은 칼로 이나우를 조각하고
술 거르는 자
체 거르기에 분주하니
술 거르는 소리
이나우 깎는 소리에
너무나 기쁜
내 가슴은 쿵쾅거리고
은밀하게 이야기 나누는 신들의 목소리
내 귀에 들려왔지

드디어
주연과
성찬 준비가 끝나니
수양 오라비
사람을 시켜
신들을 초대하는 전갈을 보냈으니
가장 먼저
포로시리다케 신에게
사람을 보내고
이후로
가까이 있는 신들
먼 곳의 신들에게 서신을 보냈지

오래지 않아
신들은 모여들었고
오라비
니시우라 신의
아름다운 손을 높이 들어
커다란 술통 뒤
주빈(主賓) 자리에 앉게 하고
자신은 마주 앉아
주인으로서의 역할을 하니
신들이

주연(酒宴) 상좌로부터
아랫자리에 이르기까지
모두 자리했을 때
나는 술잔과 술병을 들고
술자리를 돌며
술을 따라 주었지

어느덧
주연이 무르익고
성찬도 절정에 이를 무렵
마을 어디에서인지
나라 어느 곳에서인지
하늘에서
엄청난 소리
대단히 존귀한 신의 존재를 알리는 굉음이
요란한 울림과 함께 들려오니
오라비 일어나
화로 끝에 앉으며
동시에 하는 말이

"포로시리다케 신이 오는가 보구나
내가 홀로 나가
말을 붙여 볼 요량이니

그 누구라도, 결코
포로시리다케 신에게
말을 걸지 마라"

오라비, 화로 끝에 앉고
잠시 후
바깥 뜰에
사람 달리는 소리 들리고
무언가 불쑥
아무 망설임도 없이
오두막 안으로 들어왔지
대체, 어떤 자인가?
입구 문을 열고
안쪽 문에 놓여 있는 의자를 밀치고
들어서는 이의 모습을 보니
들판에 자라는
생생하게 서 있는 수목
높이 뻗은 나무 기둥
한가운데가 부러진 모습을 한 자가
집 안으로 들어와
방 안으로 들어서서는
나를 내려다보았지

대머리가 벗어진 자라 생각되었는데
서 있는 모습에는
몹시도 화가 난 표정이었지

바로, 그때
오라비

 “포로시리다케 신을
 누구보다 먼저 초대했건만
 대체, 무슨 사연이 있어
 이토록 늦으신 것인가
 아쉬운 일이나
 지금이라도
 우리 주연이 한참인 시간에
 이리 도착하셨으니
 참으로 다행이 아닌가 싶소”

오라비 말이
무슨 험구(險口)라도 되는 양
포로시리다케 신은
노기를 띠며
거칠게

"진실인 듯
춘주 올빼미 신은
그 여동생의 아름다움으로
나를 속여, 꾀어내
부부의 연을 맺는 것처럼
속삭이고는
맛난 음식을 가득 차려
니시우라 신에게
여동생을 보내려 한 이상
지금, 이 자리에서
그대가 나를 보는 것이 마지막으로
죽임을 당할 터
그대는
내 손에 죽어
지옥의 악귀를 만날 것이며
그다음에야
나는, 나의 마을로 돌아갈 것이니
이제부터
격멸의 전쟁
말살의 전쟁을
그대 마을에 퍼부을 것이다!"

말을 남기고

돌아서 밖으로 사라졌지

포로시리다케 신 돌아가는 소리
요란하게 들리니
대체, 무엇이
끔찍이도 신을 노엽게 만들었던 것인가?

마을이 무너져 내릴 듯
천둥 치는 소리 들려오니
오라비는 말했지

"진실은 이러했단다
포로시리다케 신에게
나의 누이를 보내기로
신들이 논의해서
결정하기는 하였지만
무슨 일이 있어도
니시우라 신과
혼인시켜야 한다고
내 말하지 않았던가?"

이후
주연을 상세히 살펴보자면

수령들의 들뜬 목소리
신들의 즐거운 대화를 즐기며
손님 사이를 돌아다니며
술을 따르는 동안
어느새
성대한 술자리도
성찬도 끝이나
신들은
감사의 말을 남기고 돌아가고
니시우라의 신
혼자 남아
화톳불 한가운데를
가만히 바라보고 있다가
이윽고, 하는 말인즉

"마을의 주인이신 올빼미 신이여!
내 하는 말을 잘 들어 주시오
너무도 따분하고 적적하여
적조한 마음이라도 풀 겸
온 것이지
무슨 연모의 마음을 품었다거나
외람된 생각으로

이곳에 온 것이 아님에도
포로시리다케 신이 저리도
나를 곡해해 말하는 이상
이는, 참을 수도
납득할 수도 없는 일

포로시리다케 신이라는 자가
막말을 멈추지 않는다면
나는, 돌아가지 않고
여기에 남을 것이고
마을의 주인이신
올빼미 신의 마을에
멸살의 전쟁
격멸의 전쟁이 일어난다면
어려움을 겪게 될 터
이 위중한 일에
나 스스로
책임을 지고 나아갈 것이니
이는, 나에게 놀이만큼이나
수월한 일이오

포로시리(幌尻)의 언덕
포로시리다케 신이 다스리는 산

서쪽에

마을을 이루고 있는 존재는 이러하니

보통 늑대

그 수 60마리

수은(水銀) 독 늑대

60마리

독수리

60마리

수은 독 독수리

60마리

괴조(怪鳥)

60마리

독을 품고 있는 괴조

60마리가

마을을 이루고 있소

무슨 대가를 치르더라도 나는

포로시리다케 신의 마을을

토벌할 것이니

전쟁이 무르익어

절정으로 치닫게 될 때

마신(魔神)들과의 싸움에

내가, 달려가는 것은 정한 이치

6년의 여름
6년의 겨울에 걸친
마신들과의 싸움을 맞아
다행히도
적을 멸하고
전장에서 살아 돌아온다면
나라에
호령하는 존귀한 신의 음성
나라에
울려 퍼지는 신의 목소리를
그대
마을의 주인이신
올빼미 신은 들을 것이나
혹여, 내가
죽음을 맞이한다면
나라 절반에
피 비가 내리고
나라 절반에는
태양이 비출 것이니
이런 징조로
촌주 올빼미 신은 알게 될 것이오"

니시우라 신은 말을 마치고
벌떡 일어나니
나를 뒤에 남겨둘 것이라 여겼으나
그는, 나를 잡아
손 위로 얹어
둥글게 쓰다듬으며
숨결을 불어넣어
나를
칼집 대갈못으로 만들어 버렸지
니시우라 신은
칼집 끝에 나를 붙여 놓고는
피어오르는 연기
화덕 위로 피어오르는 연기에
몸을 섞어
높은 창 위를 향해
어디론가 향해 갔지

나를 데리고
어딘가를 가리키며
어딘지도 모를 곳으로 달려갔으니
밤에도
그리고 낮에도
달리고, 또 달릴 때

내 귀에는 바람이 일고 있었지
그렇게 또, 달리고 달려가니
말로만 듣던
포로시리다케 신의 마을
잠에서 깨어 있는 마을에는
놀라울 만큼
많은 마을 사람
권속들로 넘쳐나고
마을 위로는 정적이 흐르고 있었지

마을 하늘 위에 다다라 보니
마을 안에서는 외마디 소리가 들리고
이 커다란 마을
인간들의 모습은
마치 벌레 꾸물대는 것 같았으니
서둘러 갑옷을 입는 자들의
갑옷을 입는 소리
차락차락 들려왔지

그러는 가운데
이 큰 마을
사람들 사이에
니시우라 신은 머리를 들이밀고 들어가

큰 칼을 뽑아 휘두를 때
그 절묘함이라니…!

그가 지나는 곳마다
스러진 풀처럼
마을 사람들의 주검은
끝도 없이 스러져 있었지

그 칼바람
탁월한 움직임의 놀라움
단지, 칼날의 번쩍임으로
포로시리다케 신은
마을 사람 뒤에서
칼을 휘두르며 독려했지

"조금도 주저하지 마라!
나의 마을 사람들아!
용감하게 칼을 휘두르라!
니시우라 신을 죽이는 자는
니시우라 신의 산성에 있는 보물
수많은 보화를 상급으로 내려
그 누구든지 부자가 될 것이니
두려워 말고 맹렬히 싸우라!

나의 마을 사람들아!"

마을 사람 무리 앞에서
또, 그 뒤에서
이리 명하고
지시하니
이제는
싸움도 절정을 넘어
무르익어 갈 즈음

포로시리다케 신이 다스리는 산
언덕, 기슭에서
일단의 검은 구름
시커멓게 짙은 구름이
용솟음치듯 일어
마치, 화살을 쏘아 대는 것처럼
니시우라 신이 분투하고 있는
전장을 향해 덮쳐 왔지
그 짧은 순간
눈 깜짝할 사이에

오래지 않아
전장은

검은 흙구름
무리 지어 피어오르는 먹구름에 휩싸여
마치, 칠흑 같은 어둠에 빠져
지금이 밤인지
혹은, 낮인지
모를 지경에
시커먼 구름
짙게 피어오르는 구름 속에서
두려움에 떨며
구원을 호소하는 여인의 목소리
울부짖는 소리
하늘에 닿았지
그리고
검은 구름
짙게 펼쳐진 구름안개 속에서
개 짖는 소리
새 날개 퍼덕이는 소리
또한, 들려왔지

피아(彼我)를 분별할 수 없는 가운데
칼날의 빛
날카롭게 빛나는 칼날의 빛으로
눈을 돌려보니

"내가 니시우라의 신이다!"

라 말하는 이의 모습
날카로운 장검의 빛
그 빛의 영롱한 곳에
작은 안개 봉우리[112)]
안개 속에
소매에 불타오르는 아쓰시(厚司)
불타오르는 칼집
흔들리는 모습이 보여
바라보니
니시우라 신인 듯
큰 칼의 그림자
섬광의 번쩍임이 보였으니
그때
내게 들었던 생각은

'너같이 못난 여인[113)]

---

112) 작은 안개 봉우리 : 니시우라 신이 자신의 몸이 보이지 않도록 감싸고 있는 구름안개가 신체의 높이로 피어남. (지은이 주)

113) 너같이 못난 여인 : 자문자답의 어법. (지은이 주)

보잘것없는 여인으로 인해
니시우라 신이 위험에 빠진 이상
나도 빠져나가[114]
누더기가 물건을 감싸듯
그 신의 수족에
힘을 보태리라'

칼집 위로
얼굴을 올리려 들이미니
신은
왼손으로 나를 눌러
머리를 들지 못하게 했지

그렇게 마신과의 전쟁은
맹위를 떨쳐
6년의 여름
6년의 겨울 동안 이어져
천신만고 끝에
마신과의 전쟁에서 벗어나
곤란을 피하게 되었지

---

114) 나도 빠져나가 : 칼집, 대갈못으로 화하여 박혀 있다가 그곳에서 빠져나감. (지은이 주)

이후로
나라를 찾아
걷고 걸어
어느 곳엔가 이르니
황금으로 지은
커다란 집이
좋은 땅 위에
당당하게 세워져 있어
집 안으로 들어가니
황금으로 만든 평상이
눈에 들어오고
황금 화로의 화려함은
눈이 부셨지
그것들을 바라보며 나아가니
니시우라 신
차고 있던 칼집을 위로 하여
나를 뽑아[115]
평상으로 던져 버렸지

꽤 오랫동안

115) 나를 뽑아 : 칼 대갈못이 되어 붙어 있던 나를 뽑아. (지은이 주)

불을 지피지 않았던 듯
불탄 흔적[116]만 묵묵히 남아 있었으니
화로 위에 박혀 있는 못[117]
둥글게 돌아가며 장식된 못을 걷어차며

"이 미천한 것들
어찌 그리 잠들어
오래도록 깨어나지 않는 것이냐!"

말을 이어 가며
화로 위
장식 못을
돌아가며 걷어차니
남자 하인
여자 노비들
눈 비비며 일어나 말하기를

"이제 막 눈을 잠시 붙이던 참이었는데
깨우신 것이지요"

---

116) 불탄 흔적 : 불을 피웠던 듯 화목이나 재가 제법 쌓여 있었음. (지은이 주)

117) 화로 위에 박혀 있는 못 : 돌아가며 원형으로 장식된 못으로 이해된다. (지은이 주)

모두 일어나
노비, 여자들은
다다미 위를 청소하고
하인, 남자들은
한 아름 장작을
또, 한 아름 땔감을 날라 와
불붙이기에 분주했지

그사이
수많은 보석들은
낮은 절벽처럼 줄지어 늘어서고
수령의 칼
많은 칼자루
많은 손잡이에는
보석의 빛
보석의 광채가 빛나
벽에는 투영된 빛의 그림자가 어른거리고
이같이
수많은 보석
보기(寶器)들 아래
특별히 만들어진 평상
황금으로 만든 평상이 놓여 있고

평상 위에
니시우라 신의 자리를 마련해 놓고

그 후로는
평소처럼
변함없이 살아갔지
칼집을 새기고
보도(寶刀) 칼집을 조각하고
허튼 곳에 한눈도 팔지 않고
오로지 한 곳에만 집중하며 보내던 어느 날
홀로 생각하기를

'이만큼
나를 간절하게 키워 주었으면서도
수양 오라비를 떠나
어느 마을
어느 나라로 가 살게 하려
오라비는 마음을 먹고 있었던 것일까?'

이런 생각에
한 줄기
두 줄기
눈물은 그치질 않고

언제나와 같이 그러할 때
하인들
남자 하인들은 사냥을 나가
사슴을 잡고
곰을 잡아
진심으로 나를 공양했지

그러던 어느 날
니시우라 신은

"이 강 건너
그대 오라버니 사는 곳이 있으니
그대가 찾아가 만나 봄이 어떠한가"

이 말에
나는 얼마나 기뻤던지
손수 짠 옷
아름답게 수놓은 옷들을 가지고
강을 건너니
눈앞에
오라비 집이 보이고
안으로 들어가 보니
오라비는 눈을 내리깔고 앉아 있었지

"오라버니!"

외마디와 동시에 달려드니
오라비 눈을 떠

"이게 누구냐
누이가 아니더냐!"

우리는 기쁨 가득한 재회를 했지
나는

"니시우라 신의 이름으로
나와 함께
전장을 같이 한 신이 있어
내 바라보니
작은 안개 무리 속에
소매 불타는 아쓰시
불타오르는 칼집
흔들리는 모습이 보여
심히 괴이한 일이라 여겨
바라보니
니시우라 신이었던 것이지요

싸움을 이어 나가
천신만고 끝에
마신과의 전쟁에 이기고
나라로 돌아와
그 신의 집에 머물러 있었다오

그러고는
여기는 어디이고
또, 어느 나라에
나 오라비를 떠나 버려졌던 것인가?

나 혼자
생각하며
두 줄기
세 줄기 눈물을
끝없이 흘리며 많은 날을 보냈더니
오늘에 와서야…

아마도, 오라버니
수양 오라버니의 땅에서
나를 데리고 갔음을 알게 되었고
오늘에 와서야
오라버니가 머무는 곳을

그 신이 알려 주어
덕분에 올 수 있었다오"

이리 말하니
오라비 감탄해 말하기를

"진정한 아이누락쿠루
나의 조카 신
내 아끼는 조카가
나를 속이다니
'내가 니시우라의 신이오'
라 말한 그대로 믿었는데

놀랍게도
아이누락쿠루
나의 조카
나의 조카 신이
마을 앞
강 건너에 마을을 이루고 있었음을
나는 알지 못했구나
생각해 보면
그는, 나를 속인 것이었구나!"

그러고 나서, 나는
손수 짠 것 가운데
좋은 것들을 골라
오라비
수양 오라비에게 남기고
니시우라의 신에게 돌아왔지

그러고는
한눈팔지 않고
바느질에만 열중하며
신의 배필로서의 결혼 생활
장자(長者)로서의 생활을 이어 나가며
살아가는 데 어떠한 궁핍함도 없이
넉넉하게
살아갔노라고

촌주 올빼미 신의 여동생은
그리, 말하였더라

내용 해설

등장하는 신들은

(1) 촌주 올빼미 신의 여동생 신.

(2) 그 오라비, 촌주 올빼미 신.

(3) 니시우라(西浦) 신(아이누락쿠루).

(4) 포로시리다케(幌尻岳) 신.

(5) 포로시리다케(幌尻岳) 신의 부하인 악신들(괴조-독수리), 늑대 등이 있어, 내용을 8단으로 나누어 분석하면 다음과 같다.

(제1단) 발단.

(제2단) 니시우라 신의 방문과 그에 대한 향응.

(제3단) 포로시리다케 신도 향연에 초대되나, 늦게 도착하여 니시우라 신과 여동생 신과의 사이를 오해하고 울분을 삼키며 돌아간다.

(제4단) 니시우라 신, 밀려오는 적의 기선을 제압하고, 포로시리다케 신을 맞아 싸우러 나간다.

(제5단) 니시우라 신과 포로시리다케 신과의 싸움이 벌어진다.

(제6단) 전쟁에 이겨, 니시우라 신이 여동생 신과 함께 니시우라 신의 처소로 개선하고, 여동생 신과 동거 생활에 들어간다.

(제7단) 오라비 촌주 올빼미 신과 여동생 신이 재회한다.

(제8단) 여동생 신, 니시우라 신의 처소로 돌아가 평화롭게 지낸다(결).

신요 63

괴조(怪鳥) 신의 노래

フ-リ鳥の神の自敍

산을 돌고 돌아
바닷가를 날고 있었지

나물 캐러 오는 사람을
잡아먹으며
살아가던 어느 날

아무리 산속을 돌아다녀 봐도
나물 캐는 사람은 보이지 않아
아무런 소득이 없어
바닷가로 날아가 보니
한 작은 늙은이
벌거벗은 모습으로
손에는 작은 도끼를 들고
해변 초원에서
나무를 하고 있었지

하늘로부터
득달같이
노인에게 달려들어
낚아채려 했으나
그만, 놓쳐 버리고
나는 땅속에 처박혀
여섯 겹 땅을 뚫고 지나
부리를 처박고 말았지

머리를 들어 보려
용을 써 봐도
도무지, 어쩔 도리가 없는 그때
몸집 작은 늙은이
내 쪽으로 달려와
손에 쥔 곤봉으로
수없이 내갈기며 말하기를

"이 미물만도 못한 놈
이제까지 너는
무슨 짓을 해 왔더란 말이냐!
인간은
스스로의 힘으로 먹고사는 존재일진대
나물을 뜯어 먹고 살려는 인간을

죽이고, 또 잡아먹으니
인간들은 살아가기 어려울 뿐 아니라
신들의 삶조차
어지럽게 만들어 왔기에
내, 너를 벌하러
먼저 와 기다리고 있었다

나까지도 잡아먹으려
달려들었다만
내, 너를 징벌키 위해
숨어 있었다"

라는 말과 함께
끝없이 매질을 하고
발로 걷어차며
정신없는 나를
여섯 겹
땅속으로 짓밟아 떨쳐 버렸던 것이었으니

아마도 오키쿠루미
신인이
나를 벌주기 위해
나보다 먼저 와

기다리고 있었던 것이었지

그러하니
후리새들이여!
결코, 인간을 해쳐서는 안 될 일이라고

후리새 신이
자신의 몸을 빌려 말을 했더라

내용 해설

인간에게 해를 입히는 괴조 후리조(鳥)[118]가 오키쿠루미에게 응징당한다는 이야기다.

118) 후리조(鳥) : 맹금류의 새. (지은이 주)

신요 64

괴조(怪鳥)의 노래 1

フ-リ鳥の自敍

하늘나라로부터
인간의 나라에
내려와
살아가고 있어
그 모습은 이러했으니

연못 위에
하늘로부터 내려와
황금 하이송(蝦夷松)
소나무 위에 살고 있었는데
그 이유인즉
그 하이송
황금 하이송은
내가 하늘에서 내려올 때
가지고 와
연못 위에 심고
그 꼭대기에

거처를 삼고 있었던 것이지

언제나 변함없이
살아가고 있었는데
연못
연못에 살고 있는 물고기
그 이름은
슈푸라카이네라는 물고기와
카이라카이네라는 물고기로
연못 안에
많이 살고 있어
나는 언제나
그것만을 먹으며
살아가고 있었는데
나처럼
인간 땅에 살고 있는
신들도
슈푸라카이네 물고기와
카이라카이네 물고기를
잡으러 와
그것이 마땅치 않았던 나는
찾아오는 신을
죽여 버리고

언제나처럼
살아가고 있었지

제법 오랜 시간이 지난
어느 날
연못 끝에
약골로 보이는
사내가 나타나
오비(帶)를 풀어
옷을 벗어젖히고는
물속에 뛰어들었지
얼마 지나지 않아
연못 위로
몸을 드러내는데
제법 많은
슈푸라카이네
카이라카이네를
갈고리로 엮어 나오는 것이었지
그러고는
고기를 잡아
연못 밖으로
올라오는 모습에
화가 치밀어 올랐지

"신마저도
살려 두지 않는 나를
인간 주제에
능멸한다는 말인가"

화는 화를 불러
격앙된 심정으로
그 사내를 겨누어
달려들었다 생각했는데
그만 나는
여섯 겹 땅속에
부리를 처박고 있었던 것이지
조금 떨어진 곳에
사내는 서 있었고
나는 일어나려
무진 애를 썼지만
아무런 소용도 없었지

사내는
내게로 다가와
곤봉을 내리치며

"이 못된 후리새!
버러지 같은 너를 해치우려
내가 왔다
너는 나를 죽여 버릴 심산이 아니었더냐
너만 먹고살라는
연못이 아니지 않더냐
신들도
인간들도
여기서 고기를 잡아
먹고살라고
연못이 있는 것임에도 불구하고
너는
그것을 나눠 주는 것이 아까워
신들도
인간들도
죽여 버리고 말았으니

나는 평범한 인간으로서
이 같은 일을 하는 것이 아니라
아에오이나 신으로서
나는 이러한 일을 하는 것이다
무언가를 위해
이 인간 국토에

내려오도록 점지되었던
네가 아니었더냐
그럼에도
인간의 땅에 살고 있는
신들에게
음식을 나누어 주는 것이 싫어
신들을 죽여 버리고 말았지
그것은
도저히 용서할 수 없는 일
내 너를 응징하러
여기에 왔던 것이나
너는
평범한 인간으로 나를 판단하고
해를 끼치려 한 이상
너를 더 이상
보고 있을 수 없었던 것이다"

라고 말하며
나를 갈가리 찢어 버리니
작은 살점
큰 살점은
새가 되어 날아가고
내 몸의 살점들은 또

벌레가 되어 날아갔지

그러자
아이누락쿠루가

“이제부터
인간의 국토에
네가 머물 곳은 없으니
지금 당장
인간 나라의
서쪽 끝에 있는
곡지(谷地)의 나라[119)]
새도 거하지 않는 나라
황량정적(荒涼靜寂)의 나라로 가
곡지의 나라
새도 머물지 않는 나라에
마을을 만들어
쓸쓸하게 살아갈 것이다”

라고 하는 말을 뒤로하고 나는
인간의 국토

119) 곡지(谷地)의 나라 : 수분만 가득한 불모의 땅. (지은이 주)

국토 끝에 있는
서쪽 끝으로 가
곡지의 나라
새도 머물지 않는 나라로
그가 말했던
그대로 가야만 했지

인간의 국토
국토 끝으로
새도 머물지 않는 나라로 가
그의 말에 따라
곡지의 나라에
마을을 만들었으니

"후리새들이여!
이제부터는 결코
악심을 품어서는 아니 될 것이다!"

라고
후리새가
그의 몸을 빌려 말하였더라

내용 해설

아이누락쿠루가 괴조(怪鳥) 후리새를 응징한다는 이야기이다.

연못 가장자리에 하늘에서 내려와 후리새가 살고 있었다. 후리새는 자신이 하늘에서 가지고 온 황금 하이송(蝦夷松) 위에 자리 잡고 연못에 사는 슈푸라카이네 카이라카이네 물고기를 잡아먹고 살아간다. 신이나 인간들이 이 물고기를 잡아가는 것이 싫어, 찾아오는 신과 인간들을 죽여 버린다.

어느 날 오키쿠루미가 약골로 보이는 사내 행색을 하고 연못으로 찾아온다. 오키쿠루미는 교묘한 솜씨로 물고기를 낚고, 이를 방해하려던 후리새를 갈가리 찢어 죽여 인간 세계 서쪽에 있는 마계(魔界)로 쫓아버린다. 후회한 후리새는 권속들을 경계하며 죽어 간다는 것이 대강의 이야기다.

신요 65

괴조(怪鳥)의 노래 2

フ-リ鳥の自敍

연못 가운데
한 그루
커다란 하이송(蝦夷松)이
솟아 있었지

하이송 꼭대기에
나 홀로
살아가면서
산 짐승은
곰이든
사슴이든
새끼를 낳아 기를 수 없을 만큼
나는
짐승들을 잡아먹었으니
아이누들도
먹을 것이 떨어져 버렸지

바다짐승
고래
바다표범들도
번식할 수 없을 만큼
잡아먹고
내지인(內地人) 또한
잡아먹으니
하이송 옆에는
나무 키의 절반까지
고래의 뼈
해마(海馬)의 뼈
화인(和人)의 뼈가
뒤섞여 쌓여 있었지

그리고
하이송의 다른 한쪽에는
사슴의 뼈
곰의 뼈
아이누의 뼈가 뒤섞여
하이송 절반에 이르도록
쌓여 있었지

어느 날

연못 끝에 사람이 나타나
바라보니
어린애를 업은 여인이
훌쩍이며

“백합을 캐러
산에 들어와
길을 잃고
어딘지도 모르는 마을로
들어서고 말았네”

혼잣말을 하며
연못 아래로 내려왔지
나는
그녀에게 달려들어
발톱으로 움켜쥐고
둥지로 옮겨
부리로 쪼려 할 때
그녀 등에 업힌
갓난쟁이 우는 소리가 들려
차마 쪼아 먹지도 못하고 있을 때
연못 끝에
한 사내가

어깨끈이 달린 화살통과
벚나무 껍질로 동여맨
화살을 들고
나타나
나를 보고는
얼굴에 노기를 띠며

“이 흉악한 놈!
여자라면
신이건
인간이건
아끼고 돌봐 주어야 할 존재거늘
내 처를 죽일 작정이었더냐
그러고도 네가
살기를 바랐다는 것이냐”

말을 마치기 무섭게
화살통을 기울여
솜씨 좋게 만든 화살을
꺼내 들어
나에게 겨누니
한 발
두 발

화살이 날아왔지
나는 그 사내의 몸 위로
날개를 움츠려
날아가 움켜쥐었다고 생각했지만
사내를 비껴나
여섯 겹 땅속 깊숙이
부리를 내리꽂고 말았으니
고개도 들 수 없게 되고 말았지
그때 사내는
곤봉을 손에 들고
내게 내리치니
그 소리에
내 마음은 찢어지고 있었지

그때
앞의 그 여인
내가 잡았던 그 여인이
사마이웅쿠루의
처일 것이라 생각해 잡았던 것인데도
오키쿠루미는
곤봉으로 나를
내쳤던 것이지

"이 흉악한 놈!
화인(和人)이든
아이누든
너는 잡아먹었지
곰이든
사슴이든
닥치는 대로 잡아먹어
번식할 수조차 없게 만드는
그런 너를 벌하기 위해
내가 온 것이다"

말하며
사마이웅쿠루와
둘이
곤봉으로 내려치니
나는 그만 죽고 말았지

오키쿠루미는
나를 응징하고
산으로 내려갔고
그 후로는
본래의 모습으로 돌아가고 싶어도
나는 도리가 없었지

겨우
변생(變生) 가능한 것은
산새가 되는 것이었으니

이제부터 후리새들이여
결코 나쁜 마음은 먹지 않도록 하라고
후리새가
자신의 몸을 빌려 말하였더라

내용 해설

연못 끝 하이송(蝦夷松) 꼭대기에 머무는 후리새는 산과 바다짐승은 물론, 사람까지도 잡아먹는 악행을 저지르며 살아가고 있다. 아이를 업은 여인(실은 오키쿠루미의 처)이 다가오는 것을 붙잡아 둥지로 끌고 가 잡아먹으려는 바로 그때, 한 사내(오키쿠루미)가 나타나 화살을 쏘아 여인을 놓쳤을 뿐 아니라, 도리어 자신의 부리가 땅에 처박혀 일어날 수도 없게 된다.

사내는 곤봉으로 후리새를 매질하며 꾸짖는다. 이후로 후리새는 원래대로 돌아가지 못하고, 겨우 에조야마도리(蝦夷山鳥)[120]가 되어, 이 같은 일들을 권속들에게 알려 경계한다.

120) 에조야마도리(蝦夷山鳥) : 홋카이도(北海道) 산새. (지은이 주)

신요 66

바다접동 신의 노래

海鵜の神の自敍

간조(干潮)
암초 위에
날개를 쉬고 있을 때
범고래 신의 무리가 다가왔지
선두에는
범고래 왕이
앞장서고
그 뒤에는
등지느러미 하얀 범고래
다음에는
등지느러미에 구멍이 난 범고래
그다음으로는
등지느러미가 굽은 범고래
또 그 뒤에는
등지느러미 검은 범고래가
육지를 향해
헤엄쳐 왔고

가장 뒤쪽에
상어가 헤엄쳐 왔지

대장 왕 범고래
존귀한 신은
부하들을 돌아보며

"진정 존경받는 신께서
저기에 계시니
신들은 모두
행동에 삼가 조심하라"

라고 말하니
그와 동시에
신들은 모두
조용히 떠올랐다가
서서히 가라앉으며
앞으로 나가
육지에 이르게 되었지

상어
말하기를

"못된 바다접동 같으니
자기 혼자만 신이라더냐
내가 신의 진면모를 보여 주지"

말하며
펄쩍 뛰었다가
첨벙 가라앉았다가
거칠게 물보라를 일으켰지
그것을 본
왕범고래 신은
상어를 노려보며

"상어야!
그런 괴이한 말은
정말이지 이치에 맞지 않는다
그 옛날
바다의 신
범고래 신이 육지를 향했을 때
상어가
너처럼 불손한 말을 하여
바다접동 신의 노여움을 사
상어는 쫓기게 되고
범고래 일행

신들은 몰살했더라고
예부터 전해지고 있는데
그런 고약한 말을
네놈
상어란 놈은
입에서 내뱉고 있다는 말이냐!"

왕 범고래가 말했을 때
나는
바다 위를 날아가
상어를 쫓기 시작했지
바다 아래는
위가 되고
위의 바다는
아래로 뒤집혀
바다가 온통
황량해질 때
동쪽으로
누차에 걸쳐
몇 번이나
뒤쫓아 가고
서쪽으로도
두 번

세 번
뒤쫓아 가니
바다의 신
고래들 무리는
물보라에 휩싸여 죽고 말았지

그러고도 또
동쪽으로
몇 번이고
몇 차례고
상어를 뒤쫓아 가는 동안
이제는 나도
지쳐 피곤해졌지

그럴 즈음
또다시 새롭게 힘을 낸
상어가
떠올랐다가
수면 아래로 가라앉았다가
물거품을 일으키며
헤엄쳐 달아나
끝내 상어는 도망을 치고 말았지

나는
분한 마음을 안고
집에 돌아와서도
화가 가라앉지 않아
지붕 근처에
턱을 빼고
실눈을 뜨고 있었노라

바다접동새는 노래하였더라

내용 해설

바다접동 신과 상어가 싸운다는 이야기이다.

(제1단) 왕범고래 신이 부하들을 이끌고 헤엄쳐 간다. 암초 위에서 날개를 말리고 있는 바다접동 신에 대해 경의를 표하며, 그에게 무례한 짓을 하지 말라 명령한다.

(제2단) 범고래 신 일행 가운데 상어만은 이 명을 따르지 않고, 물보라를 일으키고 거칠게 헤엄쳐 바다접동 신의 노여움을 산다.

(제3단) 바다접동 신, 화를 내며 고래를 쫓아가니, 바다에는 큰 소동이 일고, 범고래 신 일행은 모두 죽음을 맞는다. 단지 제비처럼 빠른 바다접동 신이 피로에 지쳐 있을 때, 상어만은 도망을 친다.

(제4단) 분을 풀지 못한 바다접동은 집으로 돌아와, 지붕 아래에서 턱을 빼고 가만히 곁눈질하듯 바라보게 된다(접동의 눈은 언제나 곁눈질하듯 위를 본다).

신요 67

청새치의 노래

カジキマグロの自敍

어느 날
아름답게 파도치는 바다 위
그 파도 위에 떠올라
나는
편안한 휴식
안락한 수면을 취하고 있을 때
들려오는 소리가 있어
바라보니
사마이웅쿠루
오키쿠루미 둘이서
배를 타고
오는 것이었지

배 고물에
오키쿠루미
마음에 드는 작살에
은작살 촉을 꽂아

움켜쥐는 소리 들리더니

“어이 어이!
청새치 신!
내 하는 말을 잘 들으시오
마음 편히 우리 집으로 가
쉬시면
좋은 이나우를 받들어
공양할 것이니
그리하면 그대는
마침내
존중받는 신이 되지 않겠소”

말하고는
움켜쥔 작살을
내게 겨누어 던졌지
내 몸 위로 던져진 작살은
정확히 내 몸에 꽂혀
나는 황급히 도망을 쳤지
그리하여 나는
작살을 끌고
바다를 헤매었으니
바다 동쪽으로 가다가

다시 되돌아와
바다 서쪽으로
작살을 몸에 꽂은 채
도망치고 있었지

그리고
오키쿠루미
사마이웅쿠루
두 사람은
작살 묶을 줄을 잡고
혈기 있게 소리 질러
스스로
원기를 고취하니
언제까지나 그런 모습
바다 동쪽으로
나는 내달았지

결국
사마이웅쿠루는
손바닥도
손등도
온통 피투성이였지만
끝내 줄을 포기하지 않았지

바다 서쪽으로
여섯 번
바다 동쪽으로
여섯 번
작살 꽂힌 몸으로
도망치는 사이
사마이웅쿠루는
기력을 잃고 죽고 말았지
그럼에도
오키쿠루미는
인간의 몸인지라
지친 기색 없이
언제까지나
왕성한 구호로
자신의 혈기를 돋우며
작살 줄을 잡고 버티며
포기하지 않았지

그러고 나서 또
바다 서쪽으로
여섯 번
바다 동쪽으로

여섯 번
줄 잡은 오키쿠루미를 끌고
도망하였더니
그의
손바닥도
손등도
선혈이 낭자하게 되니
이제야 그도
얼굴에 지친 기색이 역력하여
얼굴색은 파랗게 변해 가고
얼마쯤 지나자 그는
잡고 있던 줄을 끊어 버리며

"이 못된 놈
더러운 청새치인 것을
내 몰라서
감추었던 것은 결코 아니나
너는 악업(惡業)을 저지르고 말았구나

이 작살 줄은
쐐기풀로 만들었기에
네 몸
절반의 네 몸에는

쐐기풀이 자라날 것이고
이 작살 자루는
벚나무로 만들었으니
네 몸에는 벚나무가 자라날 것이며
작살 끝은
금속이니
너의 배 속에서는
금속 갈리는 소리
울릴 것이며
작살 몸체는
뼈로 만든 것이니
뼈마디 부딪히는 소리
너의 배 속에서
들려올 것이니
너는 그만
혼절할 만큼
마음이 심란한 채로
넓은 바다
끝없는 바다를
떠돌아다닐 것이며
그러는 동안
네 몸 절반쯤에
벚나무가 생겨 자라나고

또 절반쯤에는
쐐기풀이 자라날 것이니
쐐기풀 무더기
벚나무 무리로
파도가 들이쳐 나는 소리에
네 마음은 심란해
정신이 아득해지고
뱃속에서는
금속 갈리는 소리
뼈 갈리는 소리
어지러이 들려와
네 마음은
더더욱 심란해지고
점차 의식을 잃어 가며
넓은 바다
망망대해를
떠다닐 것이니
죽더라도
비참한 죽음을 면키 어려울 것이다"

오키쿠루미는 말하며
쐐기풀 줄을 끊어 버리고
나를 떠나

배의 방향을 돌려
자신의 나라로
배를 저어 가 버렸지

그 후에도 나는
내 배 속 이야기를 한 오키쿠루미를
비웃으며

"인간 주제에
분수도 모르고
저런 말을 지껄이는구나"

생각하며
그곳을 떠나
방향을 돌려
아득한 바다
넓고 넓은 바다를
헤엄쳐 가며
오키쿠루미가 거짓말을 했을 것이라
생각하고 있었지만
그의 말대로
내 몸 한쪽에서는
쐐기풀이 돋아나고

내 몸 다른 한쪽에는
벚나무가 생겨나
가지를 뻗었고
내 배 속에선
쇳조각 긁히는 소리
뼛조각 갈리는 소리
뒤섞여 들려오니
그 소리에
나는 정신이 아득해지고
바다 동쪽으로
바다 서쪽으로
표류하는 동안
쐐기풀과
벚나무에는
바다 물결 부딪히는 소리
요란했지

그렇게
내 배 속에
부딪히는 쇳소리
뼈 긁히는 소리에
내 정신은 아득하고
먼바다

끝없는 바다를
표류하면서
오랜 시간이 지난 끝에
우리나라
홋카이도에
오르니
큰 강
사루강(沙流川) 흐르는 모습
희끗희끗 보이고
넓은 바다로 흘러가는
강어귀에는
하얀 포말이 일고 있었지

사루강
서쪽으로 올라가
지내고 있던 어느 날
산 쪽으로부터
모랫길을 밟고 오는 소리가 들려
바라보니
오키쿠루미였지
내 쪽으로 다가와서는
나를 짓밟으며

"이 못된 놈!
내 말을 들어 보라
너는 악심을 품고
그 같은 악행을 저지른 이상
당연히
신벌이 내려질 일
그리하여 내가
사루강
강어귀에 올라
네가 이리 올 것을 이미 알고
지켜보고 있었노라
마땅히 신벌은 내려질 것이니
언제까지나
지금 그대로 있어
서쪽에서 오는 새는
네 위에 앉아
너를 쪼아 먹으려 해도
너무도 맛이 없으니 먹지 않고
네 몸 위에 똥을 싸고
네 몸 위에 오줌을 쌀 것이며
동쪽에서 날아오는 새 또한
네 몸 위에 멈출 것이나
새이면서도

너에게는 부리도 대지 않을 것이며
여우들도
산에서 내려와서는
네 모습을 바라만 볼 뿐
멈추어
먹을 생각을 하지 않을 것이고
수많은 악조(惡鳥)들이
해 저물어
모여들어서는
네 몸 위에
똥을 싸고
오줌을 싸 대니
그 악취에 너는
차마 고개도 들지 못하고
흙과 함께 썩어
무너져 갈 것이니
죽어도
끔찍한 죽음을
너는 맞이하게 될 것이다"

오키쿠루미
말을 남기고 돌아간 뒤
나는 그대로 있었는데

그의 말은 한 치의 틀림도 없어
서쪽에서 오는 새
동쪽에서 오는 새가
내 몸 위에 내려앉아서도
나를 먹지 않고
내 몸 위에
똥을 싸고
오줌을 싸고
날이 저물어
여우들이
내 주위에 모여
내 몸 위를
어슬렁어슬렁
걸으면서도
나는 먹을 생각은 하지 않고
똥을 싸고
오줌을 싸니
그 악취는 고개를 들 수 없을 지경이었지

그러는 동안
밤이 되면
온갖 악조들이
내 주위에 모여들어

똥을 싸고
오줌을 싸
그 악취에 점점
정신이 혼미해지고
흙과 함께 썩어
무너져 내리니
내 죽어 가는 모습도
비참하기 이를 데 없더라

그러하니
이제부터라도 청새치들이여
단지 인간으로 여겨
오키쿠루미의 말을
소홀히 하는 일은
결코 없어야 할 것이다

내용 해설

(제1단) 오키쿠루미와 사마이웅쿠루 두 사람이 바다를 떠가는 청새치에게 작살을 던진다.

(제2단) 청새치는 작살을 끌고 도망친다. 작살 줄을 잡고 있는 사이, 사마이웅쿠루는 지쳐 죽어 버리나 오키쿠루미는 계속 줄을 잡고 청새치와의 싸움을 이어 간다.

(제3단) 오키쿠루미도 참지 못해 결국에는 줄을 끊고, 청새치의 운명을 예언한다.

(제4단) 오키쿠루미의 예언이 적중한다.

(제5단) 사루강(沙流川) 강어귀 서쪽 해변에 건져 올려져 누워 있는 청새치에 대해 오키쿠루미가 재차 장래의 운명을 예언한다.

(제6단) 두 번째 예언도 적중하여 청새치는 비참한 죽음을 맞는다.

(제7단) 청새치는 권속들에게 경계의 말을 남기고 죽는다.

신요 68

청새치 신의 노래

カジキマグロの神の自敍

오키쿠루미
사마이웅쿠루
둘이서
바다에 물고기를 잡으러 와
나를 잡으려고
가는 길목에서 기다리고 있었지

그들은
나를 발견하게 되자
오키쿠루미는
작은 작살을
손에 들고
내게 던지니
나는 몸에 작살이 꽂힌 채
바다 동쪽으로
바다 서쪽으로
그것을 끌고 도망쳤지

사마이웅쿠루의
손은
피로 범벅이 되고
기력이 쇠하여
그만 죽고 말았지
그렇지만
오키쿠루미는
언제까지나
힘찬 구령을 외치며
기운을 북돋아
배를 달리니
나는 고의로 바다를 휘저어
아래 바다는
위가 되고
위 바다는
아래가 되어
바다 폭풍우가
심하게 일어났으나
오키쿠루미는
끝내 포기하지 않고 쫓아왔지

하지만 지쳐

작살 매단
쐐기풀 줄을 끊으며
하는 말이

“이 빌어먹을 청새치!
그래 네가 원하는 대로
나는 이 쐐기풀 줄을 끊어 버리마
작살 끝은
쇠로 만들었고
작살의 몸체는
뼈로 만들었고
줄은
쐐기물 절반에
벚나무 줄기 절반을 섞어 만들었으니
네가 이곳을 벗어난다면
네 배 속에서
금속 부딪히는 소리
뼈 긁히는 소리가 나
네 정신은
오락가락
혼미해질 것이다

그러하니

더 가는 것도 쉽지는 않겠지만
어찌어찌
네가 간다고 해도
네 몸에는
쐐기풀이 돋아나고
벚나무가 생겨나
파도에 물보라를 일으키리라
그럼에도
끝내 더 나아간다 치자
사루강(沙流川)
강어귀로 가면
수많은 여우들과
수많은 새들이
강 위에서 내려와
네 몸뚱이 위에
똥을 싸고
오줌을 싸고
너를 쪼아 먹고
네 몸뚱이 위에서
서로 싸우는 사이
네 뼈에는 살코기 하나 없이 되고 말 것이다"

말하고는

쐐기풀 줄을 끊었지
나는 비웃으며
인간 주제에
무슨 말을 하는 거야
생각하며
먼바다로 나아가
때로는 파도 위로
때로는 수면 아래로
헤엄쳐 갔지

그러고는
오키쿠루미의 말대로
내 배 속에
뼈 갈리는 소리
쇳조각 부딪히는 소리
요란하게 일어
차마 정신을 차리지 못하게 되었지

더욱
앞으로 가다 보니
내 몸에서는
쐐기풀이 돋아나고
벚나무가 생겨나고

그것들에
물살이 부딪혀
나아가는 것도 쉽지 않았지
사루강을
훨씬 지났을 것이라 생각하고
기력이 다해
육지로 올라가니
그곳은 바로
사루강 어귀였지

그곳으로 올라가니
오키쿠루미
말한 대로
수많은 새들과
수많은 여우들이
강 위에서 내려와
나를 쪼아 대고
먹어 대며
내 몸 위에
똥을 싸고
오줌을 싸 대며
서로 싸움을 하다 보니
어느새 내 몸은

살 없이 뼈만 남게 되었지

그때
오키쿠루미
몸을 드러내고 다가와
나를 바라보며

"저런 저런
청새치 신을 좀 보게나
그대처럼 존귀한 신이
이런 희한한 대우를 받으시는구려"

말하고는
내 뼈를 들어
변소 골조로 만들어 버렸으니

이제부터
젊은 청새치들이여
인간이 하는 말을
꿈속에서조차
무시해서는 아니 될 것이라고

청새치 신은

자신의 몸을 빌려 말하였더라

내용 해설

신요 68은 신요 67과 내용이 거의 동일하다.

다른 점이 있다면 오키쿠루미가 청새치의 운명을 예언하는 주문(呪文)을 한 번으로 끝낸다는 점, 최후로 오키쿠루미가 청새치의 뼈를 가지고 변소의 골조로 쓴다는 점 정도일 것이다.

신요 69

고선(古船) 신의 노래

古船神の自敍

소라치강(空知川)
폭포 떨어지는 어귀 위에
나, 홀로 자라
별 탈 없이
한가로이 살고 있었지

그러던 어느 날
강 아랫녘에서
들려오는 소리 있어
바라보니
사마이웅쿠르
여섯 자루 도끼와
여섯 자루 자귀를
등에 가로지고
내 집 가까이 와
주위를 돌며 말하기를

“이 아무짝에도 쓸모없는 나무 같으니!
너를
배로 만들어
교역에 나서
술과
화주(和酒)와
곡식을 싣고 와
너의 가슴을
아름답게 장식한다면
너는, 그런대로
신다운 모습을 갖추게 될 텐데”

나는 몹시도 화가 나
단단한 살은 드러내고
부드러운 속살은 안에 감추었지

그러자 그는
돌연
여섯 개의 도끼
여섯 개의 자귀를
내게 던지며
수없이 욕설을 남기고
가 버렸지

그러고는 또
늘 다름없이 살아가던
어느 날

강 위쪽으로부터
사람 소리가 들려 바라보니
오키쿠루미 신이
여섯 자루 도끼와
여섯 자루 자귀를
등에 지고
내게 와
집 주위를 돌며

"오, 수목의 신이여!
내 하는 말을 들으시오
내, 그대를
배로 만들어
교역에 나서
쌀과
담배를 싣고
그대 가슴을 아름답게 장식한다면
그것으로

  존귀한 신에 부합하는 일로
  이는 기뻐할 일이 아니겠소?”

이리 말하며
나를 잘라
배를 만들기 위해 옮기려 함에
나는, 단단한 살은 감추고
부드러운 살을 드러내니

돌연
큰 도끼 상처(큰 나무 조각)
작은 도끼 상처(작은 나무 조각)가
무너져 내려
도끼 상처(나무 조각)들이
떨어져 내리니

  ‘술 방울 또록또록
  이나우 이슬 또록또록’

하는 소리로
도끼에 깎여
나뭇조각 날리는 소리로
내게 들려왔지

그러고는, 나를
배로 만들고, 만들어
다 만든 뒤
조각을 하니
산을 향해 있는
배 한 쪽에는
산에 있는 신들의
두 개의 형상
세 개의 형상을
조각하고
바닷가를 향해 있는 쪽에는
바다에 머무는 신들의
두 개의 형상
세 개의 형상을 조각했지

그러고 나서
나를 내려 띄우며
말하기를

"소라치강
폭포 여울을 관장하는 신이여!
이 배의 이물을 힘주어

밑으로 내리시고
소라치강 폭포 분지를 다스리는 신이여!
내 배의 고물을 힘주어
아래로 내려 주소서"

거듭거듭 말하며
소라치강
폭포 떨어지는 어귀에
나를 띄웠지
오키쿠루미 신이 말한 것처럼
소라치강
폭포 떨어지는 곳을 다스리는 신은
배의 후미를
힘주어
내리고 또 내리고

소라치강
폭포 분지를 관장하는 신은
선미에 손을 뻗어
폭포 분지에
나를 내려 주었지

그리하여 나는

강을 따라 내려가
소라치강
어귀에 이르니
오키쿠루미 신
나를 데리고
교역에 나서
화인(和人) 마을에 이르니
오키쿠루미 신의 말대로
술과
담배
쌀
보석과
많은 보검(寶劍)을 싣고
내 가슴을
화려하게 장식하니
나는 환희에 들뜬 마음으로
고향으로 돌아왔지

그러고는
해변의 풀들과
육지 초원 사이로 올려져
언제나와 다름없는 일상 속에
2년

3년
몇 년의 세월이 지나고

그러는 동안
서쪽으로부터
바람이 불어와
내 가슴에는
세찬 모래바람
모래 먼지가
떨어져 쌓이고
동쪽에서
바람이 불어와
세찬 모래바람
모래 먼지가
내 가슴에 떨어져 쌓여 가
내 마음은 곤궁해지고
지루함에 지쳐 가며
오랜 세월을 살아가던
어느 날

뒤쪽 언덕에서
모래 밟는 소리
자박자박 들려와

바라보니
작은 오키쿠루미 신[121)]
턱수염조차 나지 않은
젊은 청년
아직은 앳된 청년 하나
내 곁으로 내려와
우두커니 섰다가
내 가슴에 가득 쌓인
모래를
털어 내고 털어 내고
닦고 닦고는
돌아갔지

얼마 시간이 지나
그 청년 다시
이나우 한 아름 안고 내려와
내 가슴에
이나우를 장식하며

"여보시오, 선부인(船夫人)
내 하는 말을 잘 들으시오

---

121) 작은 오키쿠루미 신 : 선대 오키쿠루미 신의 아들. (지은이 주)

그 옛날에

그 신

나의 아비[122)]가

이 세상에 머물렀을 때

그대를 교역에 데리고 나가

술

담배

곡식을 싣고 와

그대의 가슴을 아름답게 장식했을 때

그대 또한 기뻐했지요

나, 아비로부터

몸을 받아

지금에 이르렀고

그대는

지금까지 지루한 시간을 보냈을 것이나

이제, 내가

새로운 힘

새로운 활력을 그대에게 주어

활기를 되찾고

교역에 나서

술과

122) 나의 아비 : 초대 오키쿠루미. (지은이 주)

일본 술
담배
곡식
보석들을 싣고
그대 품을 아름답게 장식한다면
그대 또한
기뻐할 일이 아니겠소?”

라는 말을 남기고
내 가슴에
아름다운 이나우를 세워 장식하고
가 버렸지

하룻밤이 지나
다음 날이 되니
일인(日人)들에게 팔 물품
사슴 가죽
곰 가죽 등을 지고 내려와
바다 위에 나를 띄웠지
내 가슴 가득 교역물을 싣고
넓은 바다로 달려 나가
아득한 바다
호탕한 물살을 헤쳐

앞으로 앞으로
나아가
일인 마을에 다다르니

작은 오키쿠루미 신
여차저차
먼저 나에게 묻고는
한 치의 틀림도 없이
술과
보석
곡식
담배 등을 싣고
그것들로 내 가슴을 꾸며
귀로(歸路)에 들어섰지

그러고는
바다나라 사람들의 바다
우리나라 사람들의 바다
사이에 이르렀을 무렵
벌어진 일은
깊은 산
산꼭대기에
수많은 요사스러운 먹구름

일단의 먹구름이 일고
소라치강
연안을 따라
강 아래쪽으로
폭풍우 안개
시커먼 안개구름이 내려와
바다 위를 덮었지
바다에는 맹렬한 폭풍이 일고
바닷물이 뒤집혀
바닷물
아래는 위가 되고
위는 또, 아래가 되니
파도는 산처럼 일어
나는 그만 격랑 속에 빠져들고 말았지

그때
작은 오키쿠루미 신
힘찬 함성과 구령으로
힘을 북돋우어
앞으로 나아가
겨우 파도 잦아진 곳에
이르렀을 무렵
내 등골은

후들후들
심하게 흔들리고
작은 오키쿠루미 신의 격려에
힘을 내어
육지 가까이 밀고 올라가
세찬 파도 위에
올라섰다 생각한 순간
내 등골은 '와지끈' 부러지고
마치, 꿈속에서처럼
무슨 일이 벌어졌는지도 모른 채
정신을 잃고 말았지

문득, 정신 차려 보니
파도 부서지는 모래사장 위에
수많은 배들의
부서진 조각들이 쌓여 있고
주위에는
술과
곡식과
담배
제기(祭器)들이 널려 있고
곁에
작은 오키쿠루미 신이

우두커니 서 있다가
산 쪽을 가리키며
돌아갔지

얼마쯤 지났을까
많은 마을 사람들이 내려와
술과
곡식과
담배를 등에 지고
사라졌고
그러고는, 얼마쯤 지나
작은 오키쿠루미가 내려와
술과
이나우를
한 아름 안고
또한, 담배를 가지고 내려와
이나우로
산산이 흩어진 배의 파편에 공양하고
술을 받들어
기도하며 말하기를

"선부인이여!
내 기도를 들으소서

나도 이제
늙어 몸이 쇠하고
약해져
그대를 지킬 수 없게 되었소
하여
폭풍우 악마를 대적할 수도 없게 되었으니
이제 그대를
원래의 머물던 곳에
새로이 돌아온 신
새롭게 돌아온 신의 모습으로 돌려보내 드리니
그에 앞서
내 그대에게
멋진 이나우
술과 더불어
담배
식량을 마련해 올리니

그대는
소라치강
연안을 따라 올라가
소라치강
폭포 떨어지는 곳에 이르면
폭포 떨어지는 바로 그곳에

그 옛날
베어진 나뭇등걸이 있으니
나뭇등걸
그것을 타고
신의 나라로 올라가면
그대는
나무 신들의 우두머리를 만나
환대를 받을 것이오”

작은 오키쿠루미가 말한 대로
술과
이나우와
곡식과
담배를 싣고
소라치강
연안을 따라 올라가
소라치강
폭포 떨어지는 곳에 이르니
그곳에는
예전
아주 아주 옛날에
부러진 나뭇등걸이 있어
그 나무를 타고

하늘로 올라
신의 나라
고천원(高天原)[123]에 이르렀으니

신들 모두
나의 수고를 칭송하더라는 이야기가
고선(古船) 신의 몸을 빌려
전해지더라

내용 해설

(제1단) 소라치강(空知川) 여울 위에 서 있는 나무 신이 사마이웅쿠루에게 벌채되는 것을 반기지 않는다.

(제2단) 서 있는 나무 신, 큰 오키쿠루미에게 채벌(採伐)되어 배로 만들어진다.

(제3단) 배의 여신, 큰 오키쿠루미와 동반하여 교역에 나서 화인(和人) 나라에 이른다.

(제4단) 교역을 마치고 귀향하고, 배의 여신은 바닷가에 버려 방치된다.

---

123) 고천원(高天原) : 신요에는 높은 하늘(上天), 낮은 하늘(下天), 높은 하늘(高天) 등의 표현이 등장한다. 신이 되어 승천한 신들이 거처하는 하늘에 등급이 있는 느낌이다. 고천원은 높은 하늘나라에 있는 벌판이다.

(제5단) 몇 년이 지나 작은 오키쿠루미는 아비 큰 오키쿠루미의 고선(古船)을 타고 교역에 나선다.

(제6단) 작은 오키쿠루미가 교역을 마치고 귀향하던 중 난파하여 배가 산산조각 난다.

(제7단) 작은 오키쿠루미가 배의 여신의 혼령을 제사한다.

(제8단) 선(船) 부인의 혼령이 소라치강(空知川)의 여울 위, 원래 나무의 잘린 그루터기 위로 돌아가, 그곳에서 승천하여 신의 나라로 간다.

신요 70

해선 신의 노래

海船の神の自敍

소라치강(空知川)
폭포 위에
나 홀로 살아가고 있었지
그러던 어느 날
강 위쪽에
인기척이 있어
바라보니
사마이웅쿠루
여섯 자루 도끼
여섯 자루 자귀를
등에 지고
걸어와 하는 말이

"이 썩어빠진 나무야!
내 말을 잘 듣거라
나는 너를 베어
배를 만들어

그것으로 교역에 나갈 것이다”

말하며
나를 베려고
용을 썼지
나는 단단한 살
나쁜 살을
밖으로 드러내고
내 부드러운 살
나의 좋은 살은
속으로 감추었지
그러하니
날이 새도록
나를 베려 했지만
여섯 자루 도끼
여섯 자루 자귀도
날이 들지 않았지

“이 못된 것!
썩을 놈의 나무 같으니라고
용케도 내 도끼날을 버려 놓고
내 자귀 날을 망쳐 버렸구나”

온갖 악설을
퍼붓고는 사라졌지

그러던 어느 날
강 위에서
사람 오는 소리가 들려
바라보니
오키쿠루미
여섯 자루 도끼
여섯 자루 자귀를
등에 지고
걸어와 말하기를

"훌륭한 나무 신이여!
더없이 고귀한 대신(大神)이여!
제가
신(神)을 배로 만들어
교역에 나선다면
그대 또한
더 없이 격 높은
신이 되시지 않겠소?"

그의 말에 나는

부드러운 살
좋은 살을
밖으로 내놓고
단단한 살
나쁜 살들은
안으로 감추니
오키쿠루미
수월하게 나를 베어
훌륭한 배를 만들게 되었지

그러고는
소라치강
강 아래로
나를 내려
바다로 나가
여러 동물의 가죽
그 밖에 교역품을
내 품에 쌓고
아름다운 장식을 더해
화인(和人) 마을로 가
각종의 보석
보기(寶器)들을
가지고 간

교역품과 교환하고
각종의 식품
술
식량들을
내 품에 실어
나를 다시
화려하게 장식하고
되돌아왔지

오키쿠루미는
많은 술과
술잔들을 집 안으로 옮기고
쌀을 실어 나르고는
술과
이나우로
나에게 극진한 제사를 올려 주었지

그리하여 나는
드디어
신격이 올라가게 되었노라고
해선(海船) 신은
그의 몸을 빌려 말하였더라

내용 해설

오키쿠루미가 소라치강(空知川) 폭포 위에 자라고 있는 나무를 베어 배를 만든다. 그런 후 화인(和人) 나라에 교역을 나서고, 돌아와서는 배의 수고를 기리는 제사를 올린다. 배 또한 그로 인해 신격이 높아짐에 기뻐한다는 이야기이다.

(제1단) 소라치강 폭포 위에 홀로 자라고 있던 나무가 있다. 어느 날, 사마이웅쿠루가 찾아와 베려 했으나 나무가 끝내 거부하여 베지 못하게 된다.

(제2단) 이어 찾아온 오키쿠루미에게는 나무가 기꺼이 벌채를 허락한다. 오키쿠루미는 나무로 훌륭한 배를 만들어 강을 따라 내려와 바다로 향한다.

(제3단) 오키쿠루미는 이 배를 타고 화인(和人)의 나라로 교역을 나선다.

(제4단) 교역이 끝나 별 탈 없이 마을로 돌아와 배의 노고를 기리는 제사를 올린다. 이로 인해 배는 신격이 높아진다.

(2권에 계속)

아이누 서사시, 신요 · 성전의 연구 1

지은이 구보데라 이쓰히코
옮긴이 이용준 · 홍진희 · 박현숙
펴낸이 박영률

초판 1쇄 펴낸날 2025년 6월 16일

커뮤니케이션북스(주)
출판등록 제313-2007-000166호(2007년 8월 17일)
02880 서울시 성북구 성북로 5-11
전화 (02) 7474 001, 팩스 (02) 736 5047
commbooks@commbooks.com
www.commbooks.com

ISBN 979-11-430-0220-4 94830
979-11-430-0226-6 94830(세트)

책값은 뒤표지에 있습니다.